U0595015

本书由北京联合大学师范学院资助出版

| 光明社科文库 |

美国学前文化课程研究

楚　琳◎著

光明日报出版社

图书在版编目（CIP）数据

美国学前文化课程研究 / 楚琳著. -- 北京：光明
日报出版社，2022.8
ISBN 978－7－5194－6627－5

Ⅰ.①美… Ⅱ.①楚… Ⅲ.①学前教育—课程—教学
研究—美国 Ⅳ.①G619.712

中国版本图书馆 CIP 数据核字（2022）第 092564 号

美国学前文化课程研究
MEIGUO XUEQIAN WENHUA KECHENG YANJIU

著　　者：楚　琳

责任编辑：刘兴华　　　　　　　　责任校对：崔瑞雪
封面设计：中联华文　　　　　　　责任印制：曹　净

出版发行：光明日报出版社
地　　址：北京市西城区永安路 106 号，100050
电　　话：010-63169890（咨询），010-63131930（邮购）
传　　真：010-63131930
网　　址：http://book.gmw.cn
E － mail：gmrbcbs@gmw.cn
法律顾问：北京市兰台律师事务所龚柳方律师

印　　刷：三河市华东印刷有限公司
装　　订：三河市华东印刷有限公司
本书如有破损、缺页、装订错误，请与本社联系调换，电话：010-63131930

开　　本：170mm×240mm
字　　数：280 千字　　　　　　　印　　张：16
版　　次：2022 年 8 月第 1 版　　 印　　次：2022 年 8 月第 1 次印刷
书　　号：ISBN 978－7－5194－6627－5
定　　价：95.00 元

前　言

在全球一体化进程中，各个国家为了保留和发展传统文化不断寻找着出路。文化内容的选择、传承方式的甄选、传承者的文化适宜化发展等，都需要文化与教育领域不断地思考与研究。学前教育阶段是学校化的、有目的的、系统的进行文化传承的奠基阶段，对儿童的文化认同和价值取向有着重要的影响作用。学前文化课程更是进行文化教育的直接平台和主要途径，对该课程的标准、目标、内容、实施方式、评价等进行研究具有重要意义。

通过比较的视野为我国学前文化课程寻求参照是课程改革与发展的一条有效途径。美国学前文化课程在美国的多元文化环境中，充分发挥了学前教育的文化传承功能。具体来看，在学前文化课程理论基础方面，美国学前教育强调发展适宜性教育实践、反偏见课程、生成课程和瑞吉欧教育等；在学前文化课程标准方面，美国联邦政府、州、社会团体、地方形成了上下标准关联且地方化处理的课程标准体系；在学前文化课程目标方面，以霍恩斯坦教育目标分类框架为基础，形成了独特的学前课程目标体系；在学前文化课程内容方面，通过文化二分法的显性文化和隐性文化将传统文化进行了分类和选择；在学前文化课程实施方式方面，美国幼儿园通过本班教师负责的圆圈活动、大小组活动、档案记录、学习区角等，非本班教师负责的其他教育场域的课程活动，幼儿园的环境创设，社会文化教育补充等方式完成了传递文化内容的教学活动；在学前文化课程评价方面，通过综合运用智能平衡评估以及课程标准配套评价工具等，对学前文化课程进行过程性与总结性相结合的综合评估。从反思和借鉴美国学前文化课程的经验角度来看，我们需要做到在铸牢文化共同体意识的基础上保留多样性文化；我国在学前文化课程的标准制定、内容选择、实施方式的运用、评价手段的适宜化等方面，可以进行借鉴性和参照性的本土化转移与运用。从文化传承的理论反思与构建来看，在揭示美国学前文化课程原貌的基础上，以文化进化论和文化相对论为分析视野，以文化均衡论为归因指向，以多元文化教育为论述背景，以培养基于文化主体间性的文化均衡实践观念为着眼点，呈现出学前教育领域的文化立场与文化选择，进而结合我国文化传承与发展的要求，诠释在我国学前文化课程中培养儿童文化均衡实践观念和意识的可能与方式，并最终为我国学前教育中的文化传承部分提供文化适宜的理论参照与支撑。

目　录
CONTENTS

绪　论

一、问题的提出

（一）我国教育发展指导文件要求且需要思考和解决中华民族文化传承的现实问题

当今世界向着多极化、经济全球化的方向深入发展，现代传播技术时刻改变着现代人的思维和生活方式，世界范围内各种思想文化的交流、交融、交锋更加频繁，社会思想观念日益活跃。这使得一国的文化在综合国力竞争中的地位和作用更加凸显，也越来越成为民族凝聚力和创造力的重要源泉。因此，如何良好地解决民族文化传承的问题意义重大。回溯历史，我国对文化传承的思考和实践都在特定的历史和社会环境中为民族文化的积淀起到了关键作用。孔子曾在回答子张的"十世可知也"的提问时说道："殷因于夏礼，所损益，可知也；周因于殷礼，所损益，可知也；其或继周者，虽百世可知也。"（《论语·为政》）孔子之所以可以预知百世之事，在于他坚信"礼"为历史之常，而"礼"又涵盖了社会风俗、人心之内在、日常生活之外表等，这便反映出一个民族、一个国家所持有的文化的传承性。以人类学家克洛德·列维－斯特劳斯（Claude Levi-Strauss）为代表的结构主义也认为各民族的表面社会结构之后都隐藏着一种真正的社会结构，人类学研究的任务就是要用建立模式的方法去分析、说明和揭示这种真正的社会结构，并进而揭示人类的思维结构。[①] 因此，无论处于何种历史条件下，只要民族文化的内核得到了传承和丰富，则这个民族就是特有的，当然这也是民族主体地位的根本保证，也应了孔子所坚持的"周监于二代，郁郁乎文哉，吾从周"（《论语·八佾》）的文化传承的主张。

1949 年中华人民共和国成立后，我国形成了由 56 个民族组成的中华民族，

---

① 宋蜀华，白振声．民族学理论与方法［M］．北京：中央民族大学出版社，1998：61.

文化的多样性为中华文化的传承、丰富与发展提供了多元化的素材，我国也通过一系列国家政策来确保整个中华民族文化的传承与发展。例如，1951年《关于加强少数民族工作的指示》，1980年《关于加强少数民族教育工作的意见》，1985年《关于教育体制改革的决定》，1993年《中国教育改革和发展纲要》，1999年《关于深化教育改革，全面推进素质教育的决定》等，都从教育领域出发对文化传承起到了推动作用。如今信息技术与交通系统的快速发展，使世界上主流文化（或称强势文化）与边缘文化、一国之内的主流文化与亚文化等文化形式的交融与碰撞异常激烈，这就使得文化的选择与传承问题成为亟待研究和解决的现实问题。2010年7月教育部发布《国家中长期教育改革和发展规划纲要（2010—2020年）》，其战略主题明确指出要加强中华民族优秀文化传统教育，并在谈到扩大教育开放的问题时指出要加强国际理解教育，推动跨文化交流，增进学生对不同国家、不同文化的认识和理解。① 2012年10月，教育部发布《3—6岁儿童学习与发展指南》，其中关于儿童社会领域的发展指南中提到要让儿童在良好的社会环境及文化的熏陶中学会遵守规则，形成基本的认同感和归属感，并在人际交往和社会适应等指标中提出了具体教育建议。② 2014年3月，教育部发布《完善中华优秀传统文化教育指导纲要》，其中针对小学低年级的儿童要让其了解家乡的生活习俗，培养热爱家乡、热爱生活的情感。③ 这些教育发展指导文件从理论和实践上对中华民族文化传承的现实问题进行了思考和探索，而文化传承问题也是一个与时俱进、不断变化的问题，这就要求我们从适当的研究角度出发，不断地进行新的判断和解析。

（二）作为附着于不同人群的客观存在，文化将走向多样性抑或一致性

英国文化人类学爱德华·伯内特·泰勒（Edward Burnett Tylor）在《原始文化》开篇便提到"文化，就其广泛的民族学意义来说，是包括全部的知识、艺术、道德、法律、风俗以及作为社会成员的人所掌握和接受的任何其他的才能和习惯的复合体"④。从另一角度来看，文化也是不同人群在不同的历史背景

---

① 中华人民共和国教育部. 国家中长期教育改革和发展规划纲要（2010—2020年）［R/OL］. 中华人民共和国教育部网站，2010-07-29.

② 中华人民共和国教育部. 教育部关于印发《3—6岁儿童学习与发展指南》的通知［R/OL］. 中华人民共和国教育部网站，2012-10-09.

③ 中华人民共和国教育部. 教育部关于印发《完善中华优秀传统文化教育指导纲要》的通知［R/OL］. 中华人民共和国教育部网站，2014-03-26.

④ 爱德华·伯内特·泰勒. 原始文化：神话、哲学、宗教、语言、艺术和习俗发展之研究［M］. 连树声，译. 上海：上海文艺出版社，1992：1.

和现实环境条件下所创造出来的独特的附着于本人群并长久积淀下来的共同的精神成果。德国社会学家马克斯·韦伯（Max Weber）认为"人是悬挂在由他们自己编织的意义之网中的动物"①，而文化在某种层面上便可视为这意义之网。既然人类从出生开始就被置于这样的意义之网中，那么文化便毫无争议地成为不同人群身上的客观存在。而既然是客观存在，那么世界上不同的人群便具有不同的文化，文化的多样性是现实的，也是客观存在的，同时也是独特的、独有的客观实在。然而，根据新文化进化论的代表人物之一的莱斯利·怀特（Leslie A. White）的观点，他认为文化是一种超机体的现象，文化领域由思想、信念、语言、习俗、情感、制度等事件组成。② 他进一步指出文化分为技术系统、社会系统和观念系统，并特别强调技术对文化的决定作用。③ 我们可以推出，拥有先进技术的民族则具有先进的文化，人类文明的发展需要不同民族接受先进的文化来改造自身，从而达到文化的一致性、发展的一致性。我们将观点推到极致，如果世界上各个民族均拥有了一致的文化、一样的发展水平，那么谁能保证人类的文明始终是保持在先进的层次上呢？人类又如何去追寻更为先进的文明呢？

如果文化进化论无法良好地解决人类文化的传承问题，那么文化相对论呢？梅尔维尔·琼·赫斯科维茨（Melville Jean Herskovits）是文化相对论的代表人物之一，他认为每一种文化都有其独创性和充分的价值。④ 因此不同的文化应该在特殊的文化情境下进行文化价值判断。既然文化是平等的，就应当尊重每种文化的运行方式，但文化又深刻地影响了一个民族的习惯、思维方式、社会生产方式等，那么如何解决经济和生活相对落后的民族的处境呢？更何况落后的经济水平和贫困的生活境遇又会引发不和谐的社会文化问题。因此，文化相对论在保持了文化平等和多样的基础上，却同时也保留下了人类发展中的诸多问题。那么，作为附着于不同人群的客观存在，文化终将走向多样性抑或一致性呢？解决文化保留和民族发展的文化均衡思想与实践是否存在呢？我们需要思考和研究。

---

① GEERTZ C. Ideology as a Cultural System［M］// APTER D E. Ideology and Discontent. Illinois：The Free Press of Glencoe，1964：64.
② 夏建中．文化人类学理论学派——文化研究的历史［M］．北京：中国人民大学出版社，1997：219.
③ 庄锡昌，孙志民．文化人类学的理论构架［M］．杭州：浙江人民出版社，1988：103.
④ HERSKOVITS M J. Cultural Anthropology［M］. New York：Alfred A. Knopt，1964：56.

（三）作为认知客体的他者文化，人类群体无意识的错误认知问题

集体意识一般包括两个层次，即组织内个别成员的集体意识和组织成员群体的集体意识。我们在这里谈的集体意识是个体的集体意识升华后的群体的集体意识。集体意识的现实表现形式往往是集体无意识。其对某一类行为的认同接受是经过长期潜移默化的结果，往往表现为自然而然地遵从和无条件地接受。① 法国社会学家埃米尔·涂尔干（Émile Durkheim）在论述社会事实是集体意识的体现时指出："行为或思想的这些类型不仅存在于个人意识之外，而且具有一种必须服从的，带有强制性的力量，它们凭着这种力量强加于个人，而不管个人是否愿意接受。当然，当我心甘情愿服从这种强制力时，我就感觉不到或者说很少感觉到它是强制的了，而它也就不成其为强制的了。尽管如此，强制并不因此而不再是这些事实的属性。"② 因此，虽然集体意识产生于各种个体意识，但它仍是独立存在的，是一种通过道德、习俗、法律等形式所持有的强制性力量直接或间接地作用于个体。基于此，任何一个文化群体在研究他者文化时，都需要利用主位视角来理解他人的行为。换句话说，我们基于他者的集体意识总结出我们对他们的认识和共识，从而把研究结论推而广之，随着这种推广和研究结论传递的深入，在我们对他者文化的认识上便会自然而然地产生集体无意识，也就是说，我们已经潜移默化地接受并认同了文化介绍者和传递者的观点，并将之认为是事物的本质。然而，在研究结论和事物本质之间，我们是无法保证其为正相关的关系。这也是研究他者文化特别是追求文化"真实"的过程中的困难点。虽然我们可以利用主客位的研究视角和方法，尽可能地剥离主体文化来认识他者文化，深入田野长期生活以期融入当地文化，但主体文化意识和判断标准始终会干预我们做出最贴近客观事实的判断，这也是研究结论中存在缺陷的根源，也是造成我们错误的集体无意识的源头。

例如，每当我们谈到或者介绍美国文化时，大家首先会想到圣诞节，久而久之，我们的集体意识中便将圣诞节是所有美国人的节日建立了联系，但当我们发现美国犹太裔是没有圣诞节的，美国爱尔兰裔更加重视圣帕特里克节，美国墨西哥裔时刻不忘五月五日节（西班牙语：Cinco de Mayo），美国华人是最钟情于春节时，便会发现我们是多么轻易地将美国白人文化等同于美国文化，我们对美国文化的集体无意识便发生了错误的认知。当然，这种错误不应该引导

---

① 陈夏. 大学生的集体意识教育研究［D］. 济南：山东师范大学，2012：4.

② 迪尔凯姆. 社会学方法的准则［M］. 狄玉明，译. 北京：商务印书馆，1995：24.

我们放弃对他者文化的研究和关注，而是提醒我们要将已有认识进行反复验证、深入思考、二次实地调查、总结结论，如此循环往复，便可将我们的认识向着"真实"推进一步。因此，在认识他者文化并反思主体文化的螺旋上升式的过程中，需要我们不断地开展跨文化研究。

（四）儿童身心发展规律对文化习得和传承具有适宜性

发展适宜性教育实践坚持学前教育实践应该符合儿童的发展特点，适合儿童的个性特征，契合儿童的家庭文化背景，并确保教师教学的有效性。作为儿童施教方的主要施教方式即幼儿园课程来说，就需要在儿童发展特点的基础上，给予丰富且适宜的课程内容。玛利娅·蒙台梭利（Maria Montessori）认为儿童是具有文化敏感期的，从 3 岁开始儿童便对文化学习萌生兴趣，到了 6 至 9 岁时儿童则会出现想探究事物奥秘的强烈需求。在这个时期内，有教育者为其提供丰富的文化信息便会激发儿童对文化的感知，也会为其未来的文化发展奠定基础。可以说，儿童自身的发展特点与文化习得和传承之间具有对应的适宜性。在儿童最易接受和乐于感知文化的阶段，我们需要为其提供适宜的文化环境、优质的文化素材、良好的文化传递方式和媒介。而幼儿园等学前教育机构在这一文化传递的过程中扮演着极为重要的角色，其中学前文化课程更是完成这一任务的主要手段。如何将地方文化、民族文化以及园本文化适宜地融入学前文化课程之中，如何引导儿童既能够习得本民族、地方性文化，又能帮助其理解和融入国家文化；既能让其感受到本土文化的特色和美丽，又能让其理解文化间各美其美、美美与共的包容；让儿童成长为既有自身特点，又能在社会互动频繁、国际化联系越发紧密的时代有所作为的中华民族的一分子，需要我们深入揭示学前文化课程的发展理念、课程目标、课程标准、课程实施、课程评价等具体环节，帮助儿童建立文化的归属感和自豪感、主体性和包容性。

（五）民族学前教育理论与实践发展的客观诉求

民族教育学立足于普通教育学中的显著特征就在于其关注的是民族教育。在一个单一民族国家里，民族教育学与普通教育学在一定程度上是重合的。而在一个多民族国家中，民族教育学便涉及处理中华民族内部的各民族之间的多元文化教育问题。因此，如何处理好各民族教育相关方的关系问题是民族教育学学科得以立足的核心点。而民族教育与普通教育的区分点之一还在于文化传承的内容和方法上。如何将多元文化的知识和观点顺利地传递给下一代，是需要教育工作者从各族儿童的学前教育阶段就开始把握和落实的任务。而作为民族教育学次级学科的民族学前教育，构建自身文化理论体系、明确文化教育目标、反思文化教育实践、建构文化教育课程等均需要从跨学科、多领域的角度开展研究工作，加之民族学前教育的教育对象的特殊性，既要思考其教育性、生活性和成长性，又要重视其民族性、地域性和差异性，因此，作为培育各民族儿童的民族学前教育，既要求顺应普通教育学理论与实践的诉求，又要求在儿童一日生活和幼儿园课程中融入文化因素、生活因素和知识因素，从而顺应其学科本身理论与实践的内在诉求。

（六）以国际视野探究学前文化课程是我国学前教育课程改革和发展的需要

在教育实践活动中，教育教学目标的设定需要基于不断变迁的社会需求和教育领域内外部环境与条件，社会的发展与知识的更新要求教育教学目标的变革与调整，以此来达到培养适合时代发展需要的人才及劳动者的目的。课程是教育教学目标实现的载体和手段，教育教学目标的更迭最终需要通过课程的形式对受教育者施加影响，最终以受教育者的发展程度为标准对课程进行评价，当然评价的最终指向是教育教学目标是否得到实现，也可以说是教育是否达到了社会发展和人的发展的要求。从教育实践的整体来看，课程是将教育目的转化为影响受教育者的具体素材的桥梁和途径，因此课程需要通过架构标准、分解教育内容、细化实施方法和学习框架，设定评价标准和手段等来实现教育目的与受教育者的直接对话。基于此，课程的改革与发展便肩负着实现教育发展的重任。学前教育的发展便自然地需要学前教育课程开展与时俱进的适宜性变革，从而满足学前教育内在变革的需求。学前教育课程改革一方面需要根据学前教育发展实际设定创造性的改革措施；另一方面可以放眼世界，通过国际视野发现已有的并且实践效果很好的现实措施予以本土化借鉴和参照。特别是一个学科及其实践的生成和初期发展阶段，更需要利用国际上发展成熟的具体做法来拓展思路和寻找突破口。教育研究者可以透过比较的视野，将研究对象放在多种教育类型和多元文化的视野中进行研究，在关注和诠释各国教育特征和发展优势的基础上，合理化地发展自我。比较的视野除了借鉴和参照以外，还要注重合作和整体发展。[①] 我国是一个多民族国家，协调和处理各民族的关系并共同应对来自世界的挑战是我们必须面对的问题。透过国际视野探究我国学前文化课程的发展问题既是我国学前教育课程改革和发展的需要，也是解决社会

---

① 楚琳，任志楠，史大胜．论民族教育研究方法的比较教育学视角［J］．民族教育研究，2014（6）：20.

文化实际问题的现实出路和恰当突破点。

二、研究目的、意义与创新之处

（一）研究目的

我国正处在经济结构战略性调整阶段，区域协调发展和提高劳动力素质是维持经济稳定发展的相关因素。在促进全国教育协调和公平发展以及改善劳动力综合素养方面，我国需要依靠教育特别是课程的有效改革，为人民提供高质量的教育教学。我国是 56 个民族组成的多民族国家，从这一角度出发，提高国民素养和为人民提供高质量的教育就意味着要缩小地区教育差异，增强教育交流和互助，营造民族间融洽、理解和互相欣赏的文化氛围，同时帮助民众获得适应社会发展的能力，为我国经济发展和人民生活水平的提升奠定人才和劳动力基础。本研究旨在通过探索美国学前文化课程的现实实践情况，为我国学前文化课程的创设和实施提供参考思路和实践途径，并通过实施具备文化适宜性的学前文化课程推动儿童的文化成长。同时，本研究进一步揭示出各文化体的互动关系，激发社会文化活力，探讨出促进文化主体之间文化理解与文化共同发展的文化意识的培养问题。

（二）研究意义

在研究的实践意义层面。教育部在《幼儿园教育指导纲要（试行）》中提到，要适当向幼儿介绍我国各民族和世界其他国家、民族的文化，使其感知人类文化的多样性和差异性，培养理解、尊重、平等的态度。① 基于此，本研究通过在美国康涅狄格州大哈特福德地区调研多所美国幼儿园和学前教育机构的学前文化课程的基础上，详实地记录下其文化课程的实施标准、目标、内容、实施方式、评价手段等实际状况，力求全面真实地还原出其学前文化课程的实践历程与经验，从而为我国学前文化课程的组织与实施提供现实可行的参考与借鉴，也为国家和地方学前教育政策的规划、家庭的文化需求、学前教师的文化教学实践等提供直观的文化实践启示。

在研究的理论意义层面。教育部在《全国民族教育科研规划（2014—2020年）》中指出要着力加强民族地区基础教育研究，促进教育公平。并通过比较研究，积极借鉴西方多元文化教育的理论成果和成功经验，推进我国民族教育

---

① 中华人民共和国教育部．教育部关于印发《幼儿园教育指导纲要（试行）》的通知[R/OL]．中华人民共和国教育部网站，2001-07-02．

的理论建设和实践进程，促进我国民族教育及其研究走向世界。① 本研究在实践调研的基础上，不断探究美国文化传承中的教育理论思想及其适应多元文化社会的文化理论指导，并以文化进化论和文化相对论为分析视野，以文化均衡论为归因指向，以多元文化教育思想为论述背景，在文化"均衡论"的框架内探析出旨在培养儿童基于文化主体间性的文化均衡实践观念的课程实施思路，并以此作为促进学前文化课程发展的指导思想。一方面可以在一定程度上丰富文化人类学在教育领域中的理论思想，另一方面还可以为我国学前文化课程的适宜化革新提供文化理念上的启发。

（三）创新之处

本研究的创新之处在于真实地还原了美国学前文化课程的现实实践，提出了可供我国学前文化课程革新和发展的启示，并进一步探讨了文化在学前教育领域中进行传承时所应遵循的文化理念，即培养儿童基于文化主体间性的文化均衡实践观念，并从平等、理解、真诚对话的文化立场出发，去适应多元文化的现实文化环境。

三、文献综述

学前文化课程的实施对中华民族文化的传承有着重要的意义。在充分梳理学前文化课程和美国学前课程的相关研究的基础上，可以帮助我们有的放矢地开展美国学前文化课程的相关研究。本研究文献综述的文献材料主要来源于中国国家图书馆、中央民族大学图书馆、北京师范大学图书馆、美国哈特福德大学图书馆（Library of University of Hartford）等的纸质文献和电子文献，以及美国教育资源信息中心（Education Resource Information Centre）、Web of Science 数据库、ResearchGate 数据库、Springer Link 数据库、中国知网、万方数据库、泰勒-弗朗西斯在线资源（Taylor & Francis Online）、康州教育部（Connecticut State Department of Education）、美国教育部（U. S. Department of Education）等的电子文献，还有笔者已经购买和占有的数百本相关著作等。通过检索关键词学前文化课程、文化教育、美国学前课程、美国犹太文化、美国犹太学前课程等，我们可以了解到，教育研究者们对于文化如何融入学前教育课程中的探讨和研究比较关注。以某一教育思想、某一文化角度或某一民族的视角等研究学前文化

① 中华人民共和国教育部. 教育部办公厅关于印发《全国民族教育科研规划（2014—2020年）的通知》［R/OL］. 中华人民共和国教育部网站，2014-11-03.

课程的文献存有量较为丰富，以比较的视野研究美国一线学前文化课程实践的成果则非常少。本研究通过对中外文献的分类、整理、思考和研究，在厘清前人研究脉络的基础上，站在已有研究的高度去探寻新的成果。

（一）国内相关研究综述

为了了解美国学前教育、学前文化课程以及对我国学前教育的借鉴意义的相关研究情况，我们可以从我国学前文化课程、美国文化教育等大方向上来梳理已有的研究成果。

1. 对我国学前文化课程的相关研究

我国学者所做出的有关我国学前文化课程的研究成果中，可以分为以下七类。

第一，以某一理论视角出发研究学前文化课程。从多元文化思想出发，有《论多元民族文化教育视野下幼儿教师素质的构建——学前多元民族文化课程研究引发的思考》（徐启丽，2013）、《多元文化背景下幼儿园课程文化适宜性研究》（周智慧，2013）、《幼儿园多元文化启蒙教育——以中国西南地区 S 省幼儿园节日教育为视窗》（曾莉，2014）等研究；从文化适宜性理论出发，有《全球化背景下有关中国学前教育的地域文化研究——学前教育的文化适宜性视角》（裴小倩，2009）、《民族地区幼儿园课程文化适宜性的价值取向及其实践策略》（周智慧、姚伟，2013）等研究；从学前教育回归生活理论出发，有《学前教育回归生活课程研究》（杨晓萍，2002）、《回归生活课程理念下的幼儿园园本课程开发研究——以巴彦淖尔市乌拉特中旗幼儿园园本课程研究为例》（王兰枝，2008）等研究；从多元一体文化视角出发，有《"多元一体"文化视角下的西双版纳傣族基础教育研究》（刘琴，2003）等研究；从全语言教育理念出发，有《全语言教育理念对我国少数民族学前双语教育的启示》（冯江英，2010）等研究；从政策工具视角出发，有《基于政策工具视角的我国少数民族双语教育政策文本量化研究》（黄莘、赵培强、苏竣，2015）等研究；从人类学理论出发，有《教育人类学视野下的彝族儿童民间游戏研究》（张新立，2006）等研究；从文化共生理论出发，有《基于文化共生理论的渝东南学校民族文化教育发展研究》（尹博，2015）等研究。总之，教育研究者会选取某一理论视角来阐述文化在学前教育课程中的传承问题，从不同理论视角出发，则会有不同的课程实施侧重点，从整体来说，学前文化课程的理论指向大致均会涉及多元化、适宜性、生活性、地方化与国家认同等方面。

第二，以某一民族的角度出发研究学前文化课程。例如，有《学前阶段朝鲜族文化课程资源开发与利用研究》(全鑫, 2013)、《陕西回族地区农村学前教育资源配置现状研究——以陕西省三个回族自治镇为例》(赵优妮, 2015)、《黎族民间故事融入幼儿园课程的实践研究——以海口市 C 幼儿园为例》(龙飘, 2014)、《蒙古族幼儿园课程资源开发与利用研究》(芦艳, 2007)、《基于蒙古族文化精神传承的幼儿园课程资源开发——以蒙古族民间美术为例》(张秀丽, 2009) 等研究成果。在此类研究成果中,研究者的大致思路为选取某一个民族作为研究对象,先分析和解读该民族文化的内涵、分类、特点,作为课程资源的教育价值和功能等,进而探讨文化如何通过课程转化为教育资源,最后提出实施该文化课程需要注意的事项及建议等。以上研究思路可以将抽象文化与实践课程之间建立联系,将文化清晰地转入课程领域。这些研究成果所选取的民族研究对象比较广泛,对文化的解析也表现出了不同民族的不同文化特征。

第三,以某一文化类别的角度出发来研究学前文化课程。例如,《民间工艺融入幼儿园课程的意义及策略研究》(赵淑芳, 2010)、《学前教育应重视中华民族优秀传统文化——论民间游戏在幼儿园课程资源中的地位和作用》(李姗泽, 2005)、《少数民族服饰文化融入幼儿园课程的行动研究——以大理白族地区 A 幼儿园为例》(黄海燕, 2012)、《基于城市化进程的少数民族传统体育文化抢救探讨》(宋春虹, 2015) 等研究。此类研究将文化的某个方面进行解析,进而选取学前课程中的某个教学领域进行对应,诸如艺术领域、身体发展领域等。当然,根据研究需要也会进行领域融合,从而探明某文化点的多领域意义。

第四,以某一整体文化的角度出发来研究学前文化课程。例如,《学前教育民俗文化课程研究》(赵海燕, 2012)、《学前教育民俗文化课程的社会发展价值阐释》(赵海燕、杨晓萍, 2013)、《幼儿园中华文化启蒙教育课程内容的选择与分类研究》(邓菲菲, 2014)、《地方文化资源在幼儿园课程中的开发与利用研究——以四川省都江堰水文化为例》(张涛, 2012)、《浙江民间文化与幼儿园课程——浙江民间文化幼儿园课程资源开发的研究》(王春燕 , 2011) 等研究。类似于对文化整体的研究一般分为两类,一类是对某种文化的反思和理论探讨,该研究成果多用于对文化实践的理论指导,属于文化理论研究层面;另一类是对某种文化的实践研究,该研究成果与上述第二、三点的研究意义相似。

第五,以某一课程要素的角度出发来研究学前文化课程。例如,《学前儿童维汉双语教学研究》(王善安, 2013)、《培养双语双文化人:新疆少数民族双语教育的人类学研究》(赵建梅, 2011)、《让民间游戏融入幼儿园的课程》(王春燕、李颖、杨佳丽, 2009) 等研究。此类研究成果多会选取某一学前课程的组成要素来进行深入分析，诸如游戏课程、领域课程、主题课程、双语教学或从学前课程中分解出课程内容、实施手段、评价等，这些成果多突出对课程本身的研究。从研究成果的具体内容来看，会着重研究以下内容：首先，在学前文化课程目标方面。有《儿童文化的认同：幼儿园课程目标文化建设的终极追求》（孙晓轲，2008）等研究。其次，在学前文化课程内容方面。有《内蒙古幼儿园课程资源开发中凸显民族性、地域性的思考》（邢利娅、鲍艳辉，2008）等研究。再次，在学前文化课程实施方面。有《基于民族地区幼儿园课程实施现状的思考——以张家川回族自治县为例》（李晓梅，2008）、《本土文化教育园本课程的建构与探索》（葛晓英，2011）、《接续学校教育与少数民族文化传统——论少数民族学校课程中民族文化教育资源的利用》（李姗泽，2003）、《非物质文化遗产传承应从娃娃抓起——成都市成华区幼儿民族文化教育的探索与实践》（李香贵、杨惠英、朱昌渝，2010）等研究。最后，在学前文化课程评价方面。有《对我国民族教育评价改革的几点思考》（张布和，2008）、《民族教育改革与发展的瓶颈——教育评价》（张布和，2008）等研究。总之，从成果形式上看，在选取某一课程元素的基础上形成的成果形式多为论文、报告、报刊等，选取某类课程的研究成果形式多为学位论文或专著等。从内容上看，课程目标上多追求民族定位与国家认同、主流与少数文化的共同发展等；课程内容上选择优秀的文化内容；课程实施上倡导领域课程与文化的结合；课程评价上突出评价多样性与和谐性，注重发展性评价等。

第六，以课程整体为研究对象的角度出发来研究学前文化课程。例如，《幼儿园民族文化课程资源开发与利用研究——以湘西地区为例》（陈泓瑛，2014）、《民族地区农村幼儿园民族文化课程开发现状分析及对策研究——以丽江市玉龙纳西族自治县白马幼儿园为例》（甘甜、张莉，2014）、《西北民族地区幼儿园民族文化课程资源的开发利用研究》（常娟娟，2009）、《论壮族地区民族文化课程的建构——基于壮汉双语教育模式创新的思考》（韦兰明，2015）、《地方文化融入基础教育课程的理论构建》（党志平，2015）等研究。此类研究多从文化与课程结合的层面来探讨，并未将文化和课程进行对应分解和微观渗透，这也是与第五点中的研究的不同所在。

第七，以不同研究方法的角度出发来研究学前文化课程。有关我国学前文化课程的研究成果大多运用了文献法、历史研究法、人类学田野调查法、质性研究中的个案、访谈、观察法等。例如，《人口较少民族文化融入国家基础教育课程体系情况的调查研究》（巴战龙、海路、郑丽洁，2010）主要运用了质性的实地调查法。《幼儿园多元文化启蒙教育——以中国西南地区 S 省幼儿园节日教育为视窗》（曾莉，2014）运用了质量结合的方法。整体看来运用量化研究方法的成果比较少，这应该与文化研究和学前教育的特点有关。此外，研究者还会根据具体的研究需要引入多种研究方法，如比较法、因素分析法、逻辑分析法、跨学科研究和综合研究等。

总之，教育研究者会从某一角度入手来分析学前文化课程的建构和实施，也会综合多个角度来对研究对象做出更为准确的定位，从而让研究问题的限制条件更多，研究则更为具体和微观。例如，将某一理论、某一课程要素、某一民族进行整合来研究某一小的问题点，此类研究更具有针对性和细致性，同时这也是为什么在以上诸多文献中会有研究内容交叉的情况出现。笔者在分类多角度研究成果时，力求分辨出文章的某一研究侧重点，并将其归纳至笔者对应的分类中。关于我国学前文化课程的研究成果大致可以归入以上七个类别中。此外，还有一些研究成果并非直接论述学前文化课程，但在研究学前文化课程时也具有重要的参考作用。例如，《世界主要国家民族教育政策的基本趋势》（顾明远、马健生、田京，2015）、《民族教育课程知识选择的国家主体与国家认同》（金志远，2012）、《文化共生视域下民族教育发展走向》（孙杰远，2011）、《我国民族教育政策体系探讨》（王鉴，2003）、《优先发展教育是促进民族地区社会发展的重要保障》（赵伟，2015）等研究，从民族教育政策和民族教育理论等方向入手论证了民族教育的发展方向和途径。这些研究都可以为本研究提供指导和参考。笔者在这些研究成果的指引下，也可以更为准确地选取自己的研究对象和问题论述点的具体范畴。

2. 对美国文化教育的相关研究

我国学者对美国文化教育的相关研究大多集中在高等教育和平等权教育等领域，对于基础教育特别是学前教育的研究成果非常有限，我们只能从与美国学前文化教育的相关影响因素入手，通过回顾对美国学前文化教育相关的研究成果，来为研究美国学前文化课程提供背景信息。具体可以从以下四个方面来看。

第一，有关美国文化教育政策的研究。有《美国少数族群问题和少数族群教育政策的发展》（何情、刘宝存，2015）、《从"承认差异"到"强化认同"——美国少数民族教育政策的演变及启示》（王鉴、胡红杏，2012）、《美国少数民族教育政策发展的趋向——基于新多元主义的视角》（王兆璟，2013）、《肯定性行动与美国少数族裔的教育》（姬虹，2004）、《布朗案以来美国教育平等化研究》（刘晓鹏，2004）、《20世纪60年代以来美国少数民族基础教育政策的研究》（姚霖，2006）、《美国"积极行动"政策与实践研究》（袁玉红，2012）、《美国少数民族双语教育政策及其特点》（何倩、刘宝存，2014）等研究。有关美国少数族裔教育政策的研究大多揭示了美国社会对于少数族裔的态度，以及少数族裔争取教育权利的斗争，无论是多元还是同化、偏见还是平等、教育机会均等还是教育质量平等等，都体现在美国的少数族裔教育政策的指向里。

第二，有关美国少数族裔教育的文化导向研究。通过了解诸如《美国多元文化政策初探》（周莉萍，2005）、《论美国族裔群体的双重文化认同》（朱全红，2006）、《美国：民族国家多元文化教育向全球多元文化教育的转向》（杜钢，2010）、《文化视野中的美国少数民族教育问题与对策》（胡玉萍，2003）等研究，可以发现美国少数族裔教育的文化走向并未完全统一于美国文化或美国精神，而是偏向于双重文化的认同。美国主流环境的多元文化走向，也迎合了少数族裔争取文化平等的诉求。

第三，有关美国少数族裔教育实施与发展情况的研究。从《美国少数民族教育：现状与趋势》（黄海刚，2009）、《美国少数民族教育的文化视角》（刘四平，2014）、《从教育的"不平等"看美国少数族裔的教育权利保护——纽约市预先准备项目》（高洪波，2006）、《美国少数人受教育权法律保护研究》（冯广林，2012）、《美国少数族裔教育的一次变革——"学校一体化"运动研究》（甘永涛，2015）等研究中可以发现，美国少数族裔教育通过教学等手段对内履行着文化传承的使命，对外争取着教育平等乃至种族平等的权利。

第四，有关美国社会的学前教育的相关研究。从美国社会的学前教育发展情况可以窥探出学前教育生存与发展的大环境，而且美国少数族裔学前教育的发展受到了美国社会的教育政策、教育理念、教育实践等的影响，因此概括性地梳理美国社会学前教育的相关研究，有助于我们了解美国学前教育发展的外部环境及主要影响因素。我国学者对美国学前教育的研究成果非常丰富，从美国学前教育政策、教育理念、教育立法、教育项目与计划、教育投入、学前教育的历史进程、学前教育的分领域研究、学前教育课程、师资等方面均有深入的探讨和研究。单从中国知网搜索关键词"美国学前教育"，便会有七千篇左右的文献成果。这些成果虽然没有直接论述美国学前文化教育，但从多个侧面让我们了解到美国学前教育的历史成长、现实干预要素及其发展趋向。

总之，从我国学者对美国学前教育的相关研究中可以发现，诸多研究透过比较的视野大多探究美国教育政策、社会文化导向等宏观理念和社会走向等问题，对学前教育的研究多集中于学前教育政策和主流学前教育的实施及发展，而对美国学前教育传承文化的研究非常少，进而通过田野调查工作等研究方式研究美国学前文化课程的研究则更为少见。

3. 对美国犹太人及其文化的相关研究

由于本研究的研究个案选取了美国犹太幼儿园，我们对美国犹太文化的研究成果也做一个简单的梳理。

第一，对美国犹太教育的相关研究。在《美国犹太传统教育历史初探》（刘明生，2009）、《19 世纪早期美国犹太人的文化教育》（潘卫、李国艳，2009）、《美国中小学道德教育主流价值观研究》（杜禾，2012）、《犹太文化和美国文化对教育的积极影响与启示》（安娜·斯洛，2013）等研究中，探讨了美国犹太教育在历史中的不同发展阶段、不同教育形式以及其教育中的文化内涵。

第二，对美国犹太文化的相关研究。在《美国犹太人的五点社会特征》（宋建华，1980）、《美国犹太人社会经济地位的变迁及其原因》（曹新霞，2003）、《美国犹太人的成功与犹太文化特征》（潘光，1999）、《战后美国犹太人民族凝聚力的盛衰》（李晓岗，1997）、《美国犹太人的犹太认同——从家庭和社团维度分析》（郭艳花，2007）、《美国犹太人的自由主义和保守化（一）——美国犹太人的自由主义传统》（汪舒明、罗爱玲，2008）、《美国犹太人的自由主义和保守化（二）——美国犹太人的保守化和新保守派的兴起》（汪舒明，2008）、《当代美国犹太人的犹太性》（魏啸飞，2009）等研究中，讨论了美国犹太文化的特点以及在美国社会背景中的文化变迁。

第三，对美国犹太人及其文化与美国社会及其文化的关系研究。在《美国犹太人及其对美国文化的影响》（罗爱玲，2004）、《犹太性与美国化：怀斯与美国犹太教》（逄媛宁，2010）、《试析犹太人在美国政治影响力提升的策略》（汪舒明，2010）、《美国犹太人同化进程初探》（邓蜀生，1989）、《同化的悖论：“熔炉”中犹太人和美国精神的互动》（邱文平，2011）、《美国犹太人对美外交政策的影响》（金彩红，2003）、《20 世纪下半期美国犹太人异族通婚问题研究》（杨傲雪，2008）、《论美国犹太人的双重身份认同》（杨卫东，2010）等研究中，探究了美国犹太文化与美国文化的相互影响、相互制约、相互转化等的互动关系。

第四，对以色列与美国犹太人及其文化的关系研究。在《美国犹太人与以色列关系模式的转变》（杨阳，2012）、《浅析美国犹太人对美以关系的影响》

（姜淑令，2007）、《战后美国犹太人的地位与美国对以色列的政策》（王耀东，1995）等研究中，分析了以色列所承载的犹太传统文化与美国特色的犹太文化之间的联系与区别，以及美国犹太人在美以关系中的影响作用。

第五，对美国犹太人与美国其他少数族裔的关系研究。在《美国犹太人与黑人民权运动关系研究》（付方圆，2014）等研究中，梳理了美国犹太人与美国黑人在民权运动中的合作与分裂。

总之，通过了解美国犹太人及其文化可以帮助我们更加清晰透彻地研究美国犹太教育的文化思想基础，也可以更加明白美国犹太教育实践中所蕴含的内在文化的发展指向。除了对美国犹太文化的研究外，我国学者对美国犹太人学前教育阶段之后的研究也有所涉猎，但系统地对美国犹太学前教育的研究则显得非常不足。

（二）国外相关研究综述

为了更好地透过美国犹太幼儿园来了解美国学前文化课程的创设与实施情况，本研究集中对美国犹太学前教育及相关文化问题做研究综述，以期更有针对性地挖掘研究发现。随着 20 世纪初期美国犹太委员会等机构的成立，关于美国犹太教育及其学前教育的研究成果逐步丰富起来。由于本土教育研究的便利性和熟悉性，相较于我国学者对美国犹太学前教育的研究来说，国外学者对美国犹太文化及其学前教育的研究领域涉及面则要宽泛得多，而且研究点选取得更为具体和有针对性。从教育政策和理论基础、传统文化与现代文化的影响、学前教育的实践等方面均有探讨。其中研究的重点多为教育领域中的文化实践问题及教育实践过程中的相关因素。对这些成果的梳理，可以直接帮助笔者更为客观地了解研究对象在国外研究者特别是美国学者的研究视野中处于怎样的境遇。我们可以从美国犹太教育的整体情况和美国犹太学前教育的具体情况两大方面来了解国外研究者对美国学前文化课程以及美国犹太学前课程的相关因素的研究情况。

1. 对美国犹太教育整体情况的相关研究

美国犹太学前教育在美国犹太教育大背景中生存与发展，通过了解美国犹太教育的相关情况，可以帮助我们理解美国犹太学前教育在实践中的影响因素。具体涉及以下八方面。

第一，对美国犹太教育政策的相关研究。例如，美国犹太委员会（American Jewish Committee，1989）针对美国教育体系改革的必要性，以及更新 20 世纪 80 年代所提出的改革建议，提出了改革美国犹太教育的四方面政策和具体策略，包括教育年轻人共同的核心民主价值观和鼓励他们参与民主进程；通过课堂上的多元文化教育加强多元文化和种族之间的理解；基于儿童的不同语言背景，实施促进儿童语言学习和交流技能改善的语言教育项目；通过运用各种族的领导能力，动员各社区支持学校尽快适应新的教育革新。这些教育措施对形成当今的美国犹太教育起到了推动作用。① 总之，专门的美国犹太教育政策一般是由美国犹太教育机构制定的，而从联邦到各州的政府教育政策则是其参照和遵循的标准。

第二，对美国犹太教育思想的相关研究。例如，佩卡斯基·丹尼尔（Pekarsky Daniel，2009）运用美国哲学家贺拉斯·梅耶·凯伦（Horace Meyer Kallen）的哲学视野，研究了美国犹太教育中的多元文化理念与美国犹太教育实践之间的关系问题，并阐述了凯伦所提出的理想的文化多样性和民族自豪感是兼容的，种族和种族多样性使美国更为强大的观点，同时描述了犹太社区的多元性概念。② 罗纳德·卡萨（Ronald Kronish，1982）研究了贺拉斯·梅耶·凯伦和约翰·杜威（John Dewey）的哲学理想对美国犹太教育的影响，并叙述了凯伦和杜威的友谊以及共同的政治观使得二者在哲学和政治上多有合作，在两人的推动下，文化多元主义逐步被美国犹太人所接受并融入了美国犹太教育的思想体系之中。③ 总之，美国犹太教育思想的来源具有开放性，传统的犹太思想与现代的教育理论相结合是其教育思想发展的基础。

第三，对美国犹太教育中文化因素的相关研究。例如，贝塔米·霍洛维茨（Bethamie Horowitz，2000）做了一项名为"联系与旅程"的研究，旨在寻求加强美国犹太文化身份特征的途径，并认为美国犹太文化身份特征在童年期更容易通过多种方式塑造，应加强文化的早期教导。④ 总之，关于美国犹太教育中的文化因素的研究比较丰富，由于这关乎文化的传承与适应性生存，因此诸多研究在甄选文化内容融入教育体系中给出了丰富的建议。

---

① Educating for Diversity: Teaching Values, Cultures & Languages [M]. New York: American Jewish Committee, 1989: 1-23.

② DANIEL P. An American-Jewish Tragedy? Kallen's Vision and Jewish Education in America [J]. Studies in Jewish Education, 2009, 13: 339.

③ KRONISH R. John Dewey and Horace M. Kallen on Cultural Pluralism: Their Impact on Jewish Education [J]. Jewish Social Studies, 1982, 44 (2): 135-148.

④ HOROWITZ B. Connections and Journeys: Assessing Critical Opportunities for Enhancing Jewish Identity [M]. New York: The Commission on Jewish Identity and Renewal, UJA-Federation of New York, 2000 (6): 3.

第四，对美国犹太教育模式的相关研究。此类研究旨在探讨适应时代要求的美国犹太教育方式。例如，杰克·韦特海默（Jack Wertheimer, 2011）认为由于社会发展趋势的转变使得与美国犹太教育相关的领域也发生着重大变革，包括接受美国犹太教育的儿童数量减少、家庭消费水平提升、通婚率上升等。这些变化使得美国犹太教育不得不加入新的教育形式即开展身临其境的文化感知教育，具体措施有鼓励发展犹太教育日制学校、犹太夏令营活动、增加教育领导者培训等。① 乔纳森·B. 克拉斯纳（Jonathan B. Krasner, 2011）在《班德利男孩和美国犹太教育》一书中全面地回顾了 20 世纪美国犹太教育模式的兴起、发展和衰落的历程。班德利在 1910 年成立了第一个犹太人的教育局，并借助裴斯泰洛齐、赫伯特、杜威等人的教育理论，寻求建立现代犹太教育。班德利认为要在美国全国范围内改革犹太教育就需要培养年轻的教师、校长和教育领导者，而后来这些被培养出来的年轻人被称为"班德利男孩"，他们也成为 20 世纪 20 年代至 70 年代美国犹太教育的主导力量。② 乔纳森和·温克和梅瑞狄斯·温克（Jonathan Woocher and Meredith Woocher, 2014）认为美国犹太教育正在向着教育生态系统的方向转变，当今的美国犹太教育涵盖了从婴儿到成人的所有教育活动，并通过犹太日制学校（一种走读式学校）、教育补充项目、犹太夏令营、犹太学前教育、成人教育等教育模式，将美国犹太教育从学校、夏令营延伸至了农场、社会甚至其他国家。这些所有与美国犹太教育相关的要素通过竞争与合作而相互作用，并通过利用和回馈资源与所处环境形成互动，从而逐步形成一个稳定发展的教育生态系统。③

第五，对美国犹太教育的研究与发展规划机构的相关研究。此类研究着眼于为美国犹太教育做出贡献的犹太教育机构。例如，苏珊·尼曼（Susan Neimand, 1996）运用历史研究法记录了位于美国迈阿密的犹太教育中心机构从 1944 年成立至 20 世纪末对美国犹太教育所做出的贡献，并分析了该机构所提供的犹太学前教育等教育服务的创新性和紧跟国家的教育发展趋势，作者还建议

① WERTHEIMER J. American-Jewish Education in an Age of Choice and Pluralism ［M］// MILLER H, GRANT L, POMSON A. International Handbook of Jewish Education. Heidelberg: Springer Netherlands, 2011（2）: 1087-1104.

② KRASNER J B. The Benderly Boys and American Jewish Education ［EB/OL］. Project MUSE Website, 2014-10-20.

③ WOOCHER J, WOOCHER M. Jewish Education in a New Century: An Ecosystem in Transition ［J］. American Jewish Year Book 2013, 2014, 113: 3-57.

要建立起犹太社区教育的常规再教育机制，并提出了未来犹太教育的整体规划。①

第六，对美国犹太教育师资的相关研究。此类研究大多会提及美国犹太教师在符合普通教师基本素养的基础上要强化其犹太文化背景，只有这样才能适应犹太学校所需要的多元文化能力。例如，亚当·加莫伦（Adam Gamoran，1997）通过对三个社区的犹太学校教师的调查，发现只有19%的教师拥有犹太文化专业训练和教育学学习经历的双重背景，而且对于教师的职后发展没有要求。针对这个情况，作者进一步研究了国家入职标准、提供的继续教育、补充学校教师培训的激励机制等措施，发现新入职教师应加强实践培训，而对于在职教师中有着较强犹太文化背景的教师则应该提高其从事犹太教育的标准水平。② 塞缪尔·M. 布卢门菲尔德（Samuel M. Blumenfield，1971）认为犹太学校教师与普通学校教师在薪酬、专业发展等的差距导致了犹太教学走向了非专业化，而要改变这一状况，就需要从犹太教师教育的目标、程序、入职要求、教师认可、资助等方面入手来加强犹太教师的专业化发展。③

第七，对美国犹太教育课堂教学的相关研究。此类研究探讨了美国犹太教育课堂中的教学内容与手段的选择问题。例如，丹尼尔·科恩（Daniel Kohn，1999）认为改善犹太课堂管理、创造好的课程就需要关注犹太教育者、追踪学生的发展、处理难度较大的犹太研究课程和宽泛的犹太文化资料教学之间的关系等。④ 约瑟·托宾和菲克里耶·库尔班（Joseph Tobin and Fikriye Kurban，2010）针对美国的移民对于在学前教育中进行知识教学还是游戏教学开展了比较研究，并认为美国移民从务实的角度出发担心子女会学业失败，以及在课程

① NEIMAND S. The Central Agency for Jewish Education：Fifty years of Jewish education in Dade County［EB/OL］. Digital Commons Network Website，1996-01-01.

② GAMORANA A，GOLDRING E，ROBINSON B，etal. Background and Training of Teachers in Jewish Schools：Current Status and Levers for Change［J］. Religious Education，1997，92（4）：534-550.

③ BLUMENFIELD S M. The Education of the Jewish Teacher：Some Reflections［J］. Journal of Jewish Education，1971，40（4）：46-49.

④ KOHN D. Practical Pedagogy for the Jewish Classroom：Classroom Management，Instruction，and Curriculum Development［EB/OL］. American Bibliographical Center - Clio Press Website，2014-11-12.

及其意识形态上倾向于社会保守阶层，因此大多会选择知识教学课程。①

　　第八，对美国犹太教育发展的回顾与规划的相关研究。此类研究对美国犹太教育的历史进行了回顾和总结，并为其未来的发展提出建议和畅想。例如，由美国犹太出版协会（Jewish Publication Society）和美国犹太委员会共同出版的《美国犹太年鉴》（*American Jewish Year Book*）历经了百年的发展，已成为最为权威的有关犹太人的出版物。年鉴中会涉及美国犹太人口、犹太教育、犹太慈善、犹太博物馆、美国犹太人的社会学分析、女性主义对美国犹太人的影响、过去一年出版的美国犹太书籍和期刊等内容和议题，并对这些议题进行回顾总结和发展展望。② 乔纳森·S. 温克（Jonathan S. Woocher，2011）认为，教育规划是一个有序合理地指导教育转向期望的目的的过程，然而犹太教育系统有着非理性、政治化和象征性力量的干预，其教育走向是在实践和挑战中进行适应性转变的。作者提出复杂性自适应系统理论是指导和制订犹太教育规划的合适的概念框架，该理论认为不可预测的发展和生成性组织可以作为一种复杂系统的规范，并把学习看作人类获得成功适应的关键。通过"实践计划"的概念强调教育发展的"微妙转向"而非"强制改变"是比传统教育规划更为合理的规划方式，也是适应犹太教育系统内在发展特征的。③ 杰克·沃什米（Jack Wertheimer，1999）认为美国犹太人口中的通婚、异化和分离等原因，使得部分犹太人远离了美国犹太生活，在此背景下，美国犹太教育的发展重点将转向重建美国犹太文化生活。④

　　2. 对美国犹太学前教育具体情况的相关研究

　　国外研究者大多通过实践调研和历史研究的方法来研究美国犹太学前教育，具体涉及以下五方面。

　　第一，对美国犹太学前教育理论基础的相关研究。此类研究从不同的学前

①　TOBIN J, KURBAN F. Preschool Practitioners' and Immigrant Parents' Beliefs About Academics and Play in the Early Childhood Educational Curriculum in Five Countries ［J］. Orbis Scholae，20104（2）：75 – 87.

②　DASHEFSKY A, SHESKIN I. American Jewish Year Book 2015 ［J］. Berlin：Springer，2015（114）：397-740.

③　WOOCHER J S. Planning for Jewish Education in the Twenty-First Century：Toward a New Praxis ［M］// MILLER H, GRANT L, POMSON A. International Handbook of Jewish Education. Berlin, Heidelberg：Springer Netherlands，2011（2）：247-265.

④　WERTHEIMER J. Jewish Education in the United States：Recent Trends and Issues ［J］. The American Jewish Year Book，1999，99：3-115.

教育理论视野出发，探寻与美国犹太学前教育的结合点。例如，穆勒·梅厄（Muller Meir, 2013）通过研究来自以建构主义为指导理念的犹太幼儿园的 14 名儿童，在不同阶段的高阶思维技能的运用和发展情况，证明了建构主义作为美国犹太学前教育理论基础的合理性。① 雅各布·本杰明·M.（Jacobs Benjamin M., 2009）基于历史研究法研究了在 20 世纪初期，杜威的教育社会化理论对美国犹太教育框架重构的影响。他指出犹太教育应该在这些理论的指导下帮助犹太儿童积极且有智慧地参与到未来的美国犹太生活中去。② 科普尔·卡罗尔和布雷德坎普·苏（Copple Carol and Bredekamp Sue, 2009）在继全美儿童早期教育协会从 1987 年出版第一版"发展适宜性实践早期儿童教育项目"后，在 2009年出版了该项目的第三版书籍。该书中除了直观的发展适宜性实践案例以外，还提出了发展、学习和有效性实践等指导意见。③ 丽莎·阿莫尼（Lisa Armony, 2012）提到蒙台梭利强调尊重、独立和培养孩子的天性，通过这一观点作为媒介来传达犹太文化可以用于指导美国犹太学前教育实践。④

　　第二，对美国犹太学前教育项目的相关研究。此类研究会针对某一犹太学前教育项目的实施效果和问题解决进行探讨。例如，巴里·W. 霍尔茨（Barry W. Holtz, 1996）在简要介绍美国犹太早期儿童教育最佳实践项目的基础上，描述了八所学校和四个个案的实施情况，并提出了方案改善建议。⑤ 维纳·朱莉（Wiener Julie, 2013）论述了提供免费犹太学前教育并增加招生数量的必要性，她指出对学前教育加大投入并提供免费学前教育是一项有效的策略，这可以改善学前教育项目质量以及促进教师的专业化发展和补偿。⑥ 玛丽娜·伯斯等人

① MULLER M. Constructivism and Jewish Early Childhood Education ［J］. Journal of Jewish Education, 2013, 79（3）：315-334.
② JACOBS B M. Socialization into a Civilization：The Dewey-Kaplan Synthesis in American Jewish Schooling in the Early 20th Century ［J］. Religious Education, 2009, 104（2）：149-165.
③ CAROL C, SUE B. Developmentally Appropriate Practice in Early Childhood Programs Serving Children from Birth through Age 8.（Third Edition）［M］. National Association for the Education of Young Children Website, 2014-11-12.
④ ARMONY L. Preschool combines Jewish curriculum, Montessori Method ［EB/OL］. Jewish-Journal Website, 2012-03-08.
⑤ HOLTZ B W. Early Childhood Jewish Education. The Best Practices Project in Jewish Education.（Second Edition）［M］. New York：Council for Initiatives in Jewish Education, 1996：1-16.
⑥ JULIE W. Would free tuition mean more kids in Jewish preschools? ［J］. Washington Jewish Week, 2013, 49（50）：23.

（Marina Umaschi Bers etal，2013）认为少数民族和海外移民所面临的一个重要挑战就是如何在社区中维护一代又一代人的相互联系。在解决这一问题的背景下，作者探讨了一项技术丰富的犹太学前教育计划，该计划旨在强化犹太儿童的犹太身份特征。在计划中，教育者将机器人技术运用于幼儿园课程中，而该课程所要解决的首要问题就是"我是谁"的问题。在这个被称为"我是谁"的教育项目中，机器人通过犹太文化的行为表达等途径为孩子们传播犹太文化。①

第三，对美国犹太学前课程的相关研究。此类研究从文化、教育理念、实施手段等方面入手，探讨课程的创设与开展。例如，M. 费因伯格等人（M. Feinberg etal，1990）认为影响美国犹太学前课程建构的主要因素是犹太教育传统和融入美国教育中的课程理论。费因伯格等人还提出可以用现代课程思想来确定犹太教育历史传统中对儿童有意义的内容。② 巴里·W. 霍尔茨（Barry W. Holtza）认为犹太文化并不是生存于真空之中，在历史上便与诸多文明相互融合和交流，从希腊化文明、启蒙运动，直到与美国文化的交织，犹太人与文化环境之间的张力贯穿着整个犹太历史，这一客观事实也要求美国犹太学校走向实施文化综合课程。③ 在学前课程的实施方面，弗莱德·C. 伦恩伯格（Fred C. Lunenburg，2011）认为有效的课程模式为学前教育的实施提供了理论框架，也给孩子们提供了为学习做好准备的机会。教育者在组织学前课程时可以考虑以下模式即银行街的互动—发展课程、道治创造性学前课程、高瞻课程、卡蜜—迪泛思建构主义模式、蒙台梭利教学法和直接教学模式。④ 玛克辛·西格尔·汉德尔曼（Maxine Segal Handelman，2000）的研究为犹太学前教师提供了大量的犹太教学信息、每个年龄层次的概念以及可以开展的独特的犹太学前教育活动，并详细地将犹太文化的核心内容与学前课程的实施相联系，为教学实践提供了清晰的案例。⑤ 爱伦·麦金太尔等人（Ellen McIntyre etal，2001）认为在课

① BERS M U, MATAS J, LIBMAN N. To Build and To Be Built: Making Robots in Kindergarten to Explore Jewish Identity ［J］. Diaspora, Indigenous, and Minority Education, 2013, 7 (3): 164-179.
② FEINBERGA M, SARACHOB O N, SPODEKB B. Early childhood curriculum in Jewish education ［J］. Early Child Development and Care, 1990, 61 (1): 27-33.
③ HOLTZA B W. Towards an Integrated Curriculum for the Jewish School ［J］. Religious Education, 1980, 75 (5): 546-557.
④ LUNENBURG F C. Curriculum Models for Preschool Education: Theories and Approaches to Learning in the Early Years ［J］. Schooling, 2011, 2 (1): 1-6.
⑤ HANDELMA M S. Jewish Everyday: The Complete Handbook For Early Childhood Teachers ［M］. Denver: A. R. E. Publishing, Inc., 2000 (6): ix-x.

程中应该突显教学手段多样化，将课程与学生生活相联系。在传承犹太传统文化时，可以通过谈话教学法激发儿童所拥有的文化背景知识，并获得新的认识。在领域教学中，例如科学领域，可以运用提问法导入课程，激发儿童科学思考，再运用情景教学法让孩子们获得诸如蛇的爬行、鸡如何孵化小鸡等的现实经验，从而将问题与经验相联系，达到科学领域的教学效果。① 伯纳德·斯波代克和奥利维亚·N. 萨拉乔（Bernard Spodek and Olivia N. Saracho，1990）谈到自从福禄贝尔式幼儿园转变为进步主义式幼儿园后，学前教育更加关注儿童发展领域，儿童的发展理论也开始被用于评价学前教育项目是否符合儿童的发展需要。②

　　第四，对美国犹太学前教育家园合作方面的相关研究。美国犹太学前教育与家庭和社区的联系非常紧密，因此关于家园合作的研究也是其学前教育研究所需。例如，珀尔·贝克（Pearl Beck，2002）通过对犹太家长和美国犹太学前教育中诸多犹太教育项目的调查，提出了美国犹太学前教育是儿童走向犹太生活的大门，而要增强美国犹太学前教育的影响就需要将运用犹太文化课程、联合学前儿童家庭、培训学前教师掌握犹太文化、提供额外的犹太家庭教育机会、创造家长与犹太社区之间的联系、第一时间为家长介绍犹太教育项目的实施方式等进行整合，充分发挥美国犹太学前教育与家长的合作作用。③ 费恩·塞尔托克和伦纳德·萨克斯（Fern Chertok and Leonard Saxe，2004）通过调研综合阐述了"佛罗伦萨-梅尔顿家长教育计划"，该计划在了解犹太社区的人口学特征，对犹太文化的态度、行为和参与度等的基础上，确定对犹太教育的需求和关注点，为学龄前儿童家长提供犹太知识框架，进而帮助儿童获得对犹太文化的认识。④

　　第五，对美国犹太学前教育其他因素的相关研究。一些学者对美国犹太学前教育的影响因素做了相应的研究。例如，菲什·沙龙等人（Fisch Shalom M. etal，2013）通过一项民族志的家庭研究，分析了通过社会媒体促进学龄前犹

①　MCINTYRE E，ROSEBERY A. Classroom Diversity：Connecting Curriculum to Students′ Lives ［EB/OL］. Institute of Education Sciences Website，2014-11-15.

②　SPODEK B，SARACHO O N. Early Childhood Curriculum Construction and Classroom Practice ［J］. Early Child Development and Care，1990，61（1）：1-9.

③　BECK P. Jewish Preschools as Gateways to Jewish Life：A Survey of Jewish Preschool Parents in Three Cities ［EB/OL］. ResearchGate Website，2014-11-15.

④　CHERTOK F，SAXE L. The Florence Melton Parent Education Program：Evaluating an Innovative Approach to Adult Jewish Education for Parents of Preschoolers ［R］. Waltham：Brandeis University，2004.

太家庭的文化认知和增强犹太身份理解的潜在影响力。研究者还进一步跨出了媒体范畴，研究了由媒体节目延伸出的家庭自发的讨论活动、庆祝犹太节日等，可以建立犹太社区的独特价值和帮助孩子们与犹太社区相联系的措施。① 大卫·布劳迪和沙亚·戈尔塞特曼（David L. Brody and Chaya R. Gorsetman，2013）针对外部教育专家在犹太学校发展的影响作用方面受到质疑的情况，开展了一项由外部教育专家参与的通过改善学前教育课程促进学校发展的长期研究。研究发现外部教育专家与学前教育机构要强调共享价值观、合作学习，并通过教师自主性和支持学校的领导力等形成专业化发展模式，该模式可以为外部教育专家参与到学校发展中提供背景和条件，而外部教育专家在促进学前教育机构的专业化发展方面也是不可缺少的因素。②

（三）文献简评

通过梳理国内相关研究成果可以发现，有关学前教育理论和民族文化传承的阐述和政策分析比较多，从某个理论、文化、民族等视野出发研究学前教育的成果也比较丰富，所用研究方法比较合理，这些优秀的研究成果为本研究的开展奠定了文献基础。另外，在研究美国学前教育与文化传承方面，我国学者大多基于比较的视角集中探讨了美国学前教育政策和理论思想等内容，但是有关政策基础和理论来源的实践因素则少有提及，这些研究从宏观上为我们描述了美国学前教育的大环境，为我们整体上了解美国学前文化教育提供了全景的视野，然而存在的问题在于实践调研素材匮乏，缺乏真实感、现实性、直观性和实践验证性。美国学前教育政策和理念在一线教育场所的实施情况如何？美国学前教育机构如何将政策和理论进行地方性和文化性转化？美国学前教育如何完成多元文化的传承和适宜化处理？这些问题的研究和解决可以进一步为我们展现美国学前文化教育的实施现状、存在的问题以及成功的经验，这对我国学前文化教育改革和具体实践具有现实的参考价值。因此，本研究旨在还原一个真实的美国学前文化课程，并减少单一的理论复述，为我国学前教育领域呈现出实践中的美国学前教育。

通过梳理国外相关研究成果可以发现：在教育领域探讨实现文化的传承以

---

① SHALOM M, LEMISH D, SPEZIA E, etal. Shalom Sesame：Using Media to Promote Jewish Education and Identity ［J］. Journal of Jewish Education，2013，79（3）：297-314.

② BRODY D L, GORSETMAN C R. It's Part of the Fabric：Creating Context for the Successful Involvement of an Outside Expert of Jewish Early Childhood Education in School Change ［J］. Journal of Jewish Education，2013，79（3）：199-234.

及保存文化身份特征的研究成果比较丰富，处理犹太文化与美国主流文化的方式在教育领域中的体现也是其研究重点，学前教育政策、理论基础、实施方式、教育历史与展望等研究内容均有涉及。从整体上看，有关美国文化教育的研究成果比较丰富。然而，在进行学前教育研究特别是比较学前教育研究时，大多数学者会以社会和政治为焦点，以幼儿园文化为研究点的成果比较少。类似于约瑟夫·托宾（Joseph Tobin）等人的《重访三种文化中的幼儿园》这样的以文化为聚焦的研究中，也是追寻美国幼儿园的主流文化特征。因此，笔者选择美国学前文化课程这一研究领域，关注美国更为广泛的多元文化特征，相对来说研究成果比较少，加之个案研究的对象不同，更加保证了本研究不存在重复性，也在一定程度上保留了创新性的可能。

四、研究的基本问题与研究假设

本研究的基本问题在于：第一，美国学前文化与文化大环境的互动关系；第二，美国学前文化课程的构建与实施；第三，美国学前文化课程对我国处理学前课程改革的启示；第四，实践调研基础上的理论反思。

本研究的研究假设在于：第一，在实践层面，基于美国犹太人在美国的影响力及其文化特征，在其学前教育领域的文化传承过程中会在多元文化之中做出均衡处理与实践；第二，在理论层面，美国在学前教育领域中的文化传承行为验证了协调文化进化论和文化相对论的必要性；第三，我国学前课程实践可以获得改革经验；第四，基于美国学前文化课程的具体实践，在文化均衡论的基础上，可以提出处理文化和谐发展的思路和理念。

五、本研究的核心理论基础

为了更好地理解美国学前教育的文化立场以及处理多元文化的方法，本研究选取了文化进化论和文化相对论的视角和方法来衡量美国学前教育的文化倾向，并借助文化均衡论的思想来诠释美国学前教育的文化实践基础，同时通过多元文化教育理论来描绘美国学前文化课程实施的外部文化环境。

（一）文化进化论

进化论学派确立了人类学的文化概念，在理论上以进化的思想研究人类社会及其文化，认为人类本质一致，有共同心理，由此产生同样的文化，社会发展有共同途径，由低级向高级进化。阿道夫·巴斯蒂安（Adolf Bastian）提出了

"人类心理一致说"，指出人类具有相同的心智过程，对相同的刺激会产生相同的反应。他将其同时称为"基本观念"，文化之间的相同性就是这些基本观念的独立产物；而各种文化的平行进化，也就是相互隔绝的民族中这些观念的持续表现。因此，巴斯蒂安的文化进化论本质上是某种内在观念的产物。① 爱德华·伯内特·泰勒（Edward Burnett Tylor）提出了"人类本质的一致性"，认为人类无论什么种族，在心理和精神方面都是一样的；同样的心理和精神活动必然产生同样的文化发展规律；各族文化都循着同一路线向前进化。② 因此，古典进化论持普适性原则或普适主义立场。

赫伯特·斯宾塞（Herbert Spencer）对进化概念的形成以及进化理论的系统化起了主要作用。他认为，社会规模由小到大的变化，社会组织形式由简单到复杂的变化，与结构进化而相伴相生的是功能多样化，执行各种不同功能的社会各部分之间是相互联系与制约的。③ 由此我们可以得出，社会进化论强调事物的结构和功能的变化和多样化，事物的发展要经历从小到大，从简单到复杂的过程。除此之外，斯宾塞还提出，社会有机体的整体为其部分即成员的福祉服务。④ 从以上论述我们可以推出，社会机构与社会成员之间的关系和社会中个体的主体地位问题。

20世纪中叶在美国人类学和社会学中出现了一次进化论的复兴，一些人类学家提出了经过修正和改进的文化进化学说。其理论观点与19世纪的古典进化论有所不同，被称为"新进化论学派"。在该学派中，戈登·维尔·柴尔德（Childe Vere Gordon）主张技术在人类向文明过渡中的重要作用。莱斯利·阿尔文·怀特（Leslie Alvin White）提出了文化学说和能量学说，指出人类行为并不随机体的变化而变化，而是随着超有机体的文化因素的变化而变化的。⑤ 朱利安·海恩斯·斯图尔德（Juliar Haynes Steward）提出了多线进化论，文化生态

① 夏建中.文化人类学理论学派——文化研究的历史［M］.北京：中国人民大学出版社,1997：42.
② 夏建中.文化人类学理论学派——文化研究的历史［M］.北京：中国人民大学出版社,1997：21.
③ 夏建中.文化人类学理论学派——文化研究的历史［M］.北京：中国人民大学出版社,1997：16.
④ 夏建中.文化人类学理论学派——文化研究的历史［M］.北京：中国人民大学出版社,1997：16.
⑤ 莱斯利·阿尔文·怀特.文化的科学——人类与文明研究［M］.沈原,黄克克,黄玲伊,译.济南：山东人民出版社,1988：334.

学和社会文化整合水平的观点。马尔文·哈里斯（Marvin Harris）提出了基础结构决定理论以及"技术生态"或"技术经济"决定理论。总之，新进化论者普遍持有的观点在于技术决定倾向即工具理性，并着力探讨技术与环境及技术与生态之间的关系。

　　总之，文化进化论流派的分支和观点远不止以上的论述，本研究根据实际需要和与研究对象形成联系的程度确定了借鉴以下观点，来考察美国学前文化课程的理论导向和实践现状。第一，主张结构的变化和功能的多样化；第二，论述了社会整体与成员个体之间的关系；第三，普适性原则；第四，工具理性的立场。基于文化进化论以上四项主要观点，结合美国学前文化课程的结构与功能、不同文化体之间的关系、是否单纯地给儿童强化工具理性的成长等方面来验证美国文化传承是否处于文化进化论的导向之下。

　　（二）文化相对论

　　文化相对论的批评家之一梅尔福尔德·斯皮罗（M. E. Spiro）定义了三种文化相对论。第一，文化自身（而不只是生物）制约着人类感知世界的方式。文化的多样性将导致不同的民族具有不同的社会和心理理解，这种立场被称为"描写性相对论"。第二，规范性相对论认为文化之间没有一个普遍的评价标准，因为各文化根据自己的内在标准来相互评价。规范性相对论分为两种不同形式：认知相对论和道德相对论。认知相对论涉及描述性命题，认为所有科学都是民族的科学。道德相对论涉及评估性命题，认为在审美和道德判断方面的评估必须以特定文化的价值观为标准，而不是以普遍的价值观为标准。第三，认识论相对论认为人类的天性和思想具有文化差异，有关文化的一般规律和普遍理论都是荒谬的。相对论人类学的第一个伟大人物是弗朗兹·博厄斯（Franz Boas），他的主张基本属于描写性相对论。业余语言学家本杰明·李·沃尔夫（Benjamin Lee Whorf）是博厄斯的追随者，信奉认知相对论。早期的"文化与人格"学派的心理人类学与道德相对论有特定的联系。认识论相对论在人类学领域处于强势地位，其支持者是克利福德·格尔茨（Clifford Geertz），阐释主义者和后现代主义者均为激进的相对论。[①] 博厄斯的学生，美国人类学家梅尔维尔·吉恩·赫斯科维茨（Melville Jean Herskovits）于1964年出版著作《文化人类学》，主要观点是每一种文化都有其独创性和充分的价值，每个文化都有自己

---

　　① 艾伦·巴纳德. 人类学历史与理论［M］. 王建民，刘源，许丹，译. 北京：华夏出版社，2006：108-109.

的价值准则，一切文化的价值都是相对的，对各群体所起的作用都是相等的，因此文化谈不上进步或落后。① 相对论是人类学传统的一个突出特征。无论是一般意义上的文化相对论，还是受到跨学科的后现代主义关注点的影响而形成的注重反思和话语分析的新相对论，从某种意义上说，所有人类学都是相对论的。由于人类学的本性就是进行人类文化多样性的研究，或者说，用他们自己的术语，至少人类学应当倾向于欣赏各种文化。②

总之，本研究中借鉴文化相对论的观点在于：文化相对论注重每种文化都有自己的价值体系，即人们的信仰和行为准则来自特定的社会环境，每种文化都有其独特性和充分的价值，对不同文化的价值及其所产生的文化背景的解释也是相对的。文化没有落后与进步，不存在超然的标准可以证明有理由将自己的标准强加于其他文化。不同民族具有不同的社会和心理，文化之间没有普遍的评价标准，因此文化相对论是持历史特殊论立场的，它与普适主义是相对的。文化相对论还被称为社会结构主义，其重视乡土文化，因此强调"地方性"，强调相互尊重和文化理解。基于以上观点，在美国学前文化课程中是否集中强调传统文化的地位，课程的内涵与表象是否直接指向传统文化等问题的研究，可以帮助我们确定美国学前文化课程是否是在文化相对论的理念下进行实践的。

（三）文化均衡论

20 世纪的文化史学家约翰·赫伊津哈（John Huizinga）提出了文化的"均衡论"，他认为一个社会，当其物质、道德和精神领域的支配力量允许一种比现存状态更高级、更完善的状态存在时，当这种存在状态进而被赋予一种物质和精神价值的和谐均衡的特性时，以及为一种决定该社会各种行为的理想所引导时，那么这个社会就处于文化状态中。③ 赫伊津哈的文化均衡论主张社会在物质文明和精神文明的维持和发展进程中需要保持均衡与和谐，对于两种文明的追求和实践处于不平衡时将导致社会的危机和动荡的出现。例如，中世纪的衰落便是由于物质的贫乏与过度的精神追求之间的失衡。④ 我们想要确保文化的均衡

---

① 黄平，罗红光，许宝强. 当代西方社会学·人类学新词典 ［M］. 长春：吉林人民出版社，2003：166.

② 艾伦·巴纳德. 人类学历史与理论 ［M］. 王建民，刘源，许丹，译. 北京：华夏出版社，2006：196.

③ 张广智，张广勇. 史学：文化中的文化 ［M］. 上海：上海社会科学院出版社，2003：284.

④ 周兵. 赫伊津哈和他的文化史研究 ［J］. 复旦学报（社会科学版），1999（2）：94.

发展，就需要关注和协调社会中决定文化形式的根本要素即"游戏"。赫伊津哈文化史学思想的另一个核心理论便是"游戏论"，该理论认为游戏是在某一固定时空中进行的自愿活动或事业，依照自觉接受并完全遵从的规则，有其自身的目标，并伴以紧张、愉悦的感受和"有别于""平常生活"的意识。该游戏的定义概括了所有动物、儿童和成人的"游戏"，该游戏的范畴是生活中最基本的范畴之一。① 文化是以游戏的形式展现出来的，游戏形态赋予社会生活以超越于生物本能的形式。通过游戏，人类社会表达出它对生命和世界的阐释。在文化的最早阶段里蕴含有游戏的特质，文化在游戏氛围和游戏形态中推进。游戏是一种可以被客观认识和具体定义的事实，而文化只是一个我们的历史判断力强加给特定情形的术语。② 在赫伊津哈的游戏论中，最重要的不是游戏本身，而是游戏精神。透过狭义的、我们通常所理解的那个形式化的"游戏"，赫伊津哈看到的是一个广义的、在人类心理机制中发挥重要作用的游戏心理和游戏意象，正是在这种精神的激发和引导下，人类进行了超越其生物本能的阐释与创造，那就是文化。③

总之，本研究中借鉴文化均衡论的观点在于：社会的和谐发展在于人们对物质文明和精神文明的均衡追求，而这种追求的理念从整体社会发展的角度来看可以称之为"文化"，要维持均衡的文化发展就需要处理好社会中的"游戏"因素。基于此观点，我们可以通过了解美国学前文化课程的内涵和文化导向，来认识美国学前教育的文化取向。从抽象文化转向具体实践来看，美国如何选择社会中的游戏因素，如何在学前教育中培养儿童的游戏精神和游戏能力从而帮助种族获得未来的和谐发展，也需要我们深入探究。

（四）多元文化教育理论

西方多元文化教育产生于 20 世纪 60 年代美国的"公民权利运动"，其创始人之一詹姆斯·班克斯（James A. Banks）认为多元文化教育的发展经历了五个阶段，即单一民族研究、多民族研究、多种族教育、多元文化教育、制度化过

① 约翰·赫伊津哈. 游戏的人 [M]. 舒炜，吕滇雯，俞国强，等译. 杭州：中国美术学院出版社，1996：30.
② 约翰·赫伊津哈. 游戏的人 [M]. 舒炜，吕滇雯，俞国强，等译. 杭州：中国美术学院出版社，1996：49.
③ 葛俐杉. 赫伊津哈游戏论对文化创新实践的启发 [J]. 贵州社会科学，2014（12）：52.

程。① 涅托（Nieto S.）给出了多元文化教育的定义即是一个针对全体学生的全面的学校改革和基本教育的过程。不论在学校或社会，它挑战和拒绝种族主义及其各种形式的歧视；接受和肯定学生、社区和老师们反映出的多元主义（包括民族的、语言的、经济的、性别的等）。多元文化教育渗透到学校的课程体系和教学策略，教师、学生和家庭间的互动以及学校所设计的教与学的任何方面。② 在遵循涅托对多元文化教育定义的基础上，斯利特和格兰特（Sleeter C. E. and Grant C. A.）提出了相应的多元文化教育方法，并认为在多元文化教育目标方面，应该通过强调尊重人类的差异，包括个人的生活方式，在学校和社会的平等机会和在社会不同群体之间的权利平等的需要等，来促进文化的多元主义。在多元文化教育的课程方面，应该提供包含多样化的群体和他们对社会贡献的内容，重点强调群体成员的观点；结合学生的经验来提高课程的相关性，并强调认识和理解一个问题的非主流观点的必要性；通过在特殊的事件、节日和学校设施中包含多样性来实施"隐性课程"。在多元文化教育的教学方面，应该适应学生的学习方式，了解学生掌握技能的程度，重点强调对课程内容的分析和批判性思维；在学习标准英语的同时，尊重使用其他语言和方言；在墙报和电子公告板上展示不同族群、性别和残疾人及其他不同的群体等反映人类多样性的内容，同样也展示反映学生自身利益的问题。③

总之，多元文化教育的内涵与外延十分庞杂，多元文化教育内容的整合和课程的合理设置也是一项复杂的系统工程。因此，有关多元文化课程的创设不能只是对多元文化的简单叠加，它应在多元文化合理整合的基础上，培养学生开放的教育观念，注重对多元文化思维的训练，培养学生的跨文化学习的能力等。④ 基于此，在美国多元文化社会背景下，美国学前文化课程必须处理好现代化文化、本土文化、其他文化等多重文化的要求。透过多元文化教育的视野，来审视美国学前文化课程的文化选择、文化培养目标与文化传承实践方式等，可以帮助我们认清美国学前教育如何适应当下的多元文化社会。

---

① 王鉴. 多元文化教育：西方民族教育的实践及其启示［J］. 民族教育研究，2003（6）：5-6.

② NIETO S. Affirming Diversity：The Sociopolitical Context of Multicultural Education［M］. 5th ed. Boston：Pearson Allyn & Bacon，2004：346.

③ 肯特·科普曼，李·歌德哈特. 理解人类差异——美国的多元文化教育［M］. 滕星，朱姝，等译. 北京：中央民族大学出版社，2011：442.

④ 苏德. 少数民族多元文化教育的内容及其课程建构［J］. 中央民族大学学报（哲学社会科学版），2008（1）：88-94.

　　综上所述，从宏观文化理论的角度来说，文化相对论是各种文化共生的，但多样的文化又是在人类整体性文化中发展的，因此多样文化与普遍文化应是辩证共生和相辅相成的，你中有我，我中有你，完全割裂是片面的认识文化。而从具体的文化实践的角度来看，文化的立场、取向、内容、方式等的选择和实践过程又需要从文化相对论、文化进化论、文化均衡论和多元文化教育理论等理论视角去透视和呈现，只有遵循着从某一个或某几个思维角度出发来指导实践，才能把握文化实践的现实走向。因此，从以上几种文化理论出发，去探究美国学前文化课程在创设和实施过程中的文化处理方法，能够帮助我们更好地反思自己的文化实践问题。

六、本研究的研究方法

　　根据本研究的需要，笔者将从历史阐释、现实实证、辩证反思、理论抽象等层面开展教育研究和文化研究，并通过实证调研与文化思辨的统一、历史与逻辑的统一，逐步推进意义建构的过程，以期最大限度地反映客观真实。从具体研究上看，对于学前课程组织和实施以及文化的研究，需要研究者深入具体研究情景中，走进研究对象的生活与学习的常规，全面体验和认识研究对象的直观行为，并采取不同的资料收集方法对研究对象的表象进行整体研究，进而分析资料形成理论。因此，研究美国学前文化课程以及美国犹太人的文化传承问题适合运用质性研究方法。

　　从研究关系的角度来看，笔者作为来自异文化或异地域的研究者，自然成为一个"局外人"，在研究之前，笔者会公开自己研究者的身份，同时表达自己是对象文化的感知者和研究者，是以沟通和互动为手段、以文化理解为基础开展研究。在具体研究中，笔者会在"观察型局外人"与"参与型局外人"之间转换，根据研究需要，完全局外观察难以体验和获得真实的研究材料，而且获得的信息量也会受到局限，如果完全转化为参与型局外人难免会影响被研究对象的自然表达。因此，笔者一方面通过参与研究对象的文化生活从而增加彼此的熟悉程度，获得实在信息；另一方面，在研究对象处于正常生活和学习的状态时，笔者会转化为静态的观察者从而获得自然情境下的研究素材。总之，在具体研究操作时，笔者力求将"陌生的"研究对象变"熟悉"，同时又要保持一定的距离和自我认知，在将"熟悉的"研究对象变"陌生"时抽象出研究结论，当然这一过程可能不是一次性完成的，需要多次转化之后才能客观地认识研究对象的真实情况。总之，笔者会全身心地投入研究，并在自我反思中去认识研究对象。

在真正进入研究现场之前，还需要处理与那些在被研究者群体内对被抽样的人具有权威的人的关系，即解决进入研究现场时的"守门员"问题。本研究的研究对象是美国康涅狄格州大哈特福德地区的三所美国犹太幼儿园，其主要的"守门员"角色是幼儿园园长和主班教师。笔者通过滚雪球等抽样方式完成进入研究场所的任务：第一，笔者的国内导师已与样本幼儿园建立了长期联系和互相信任的关系，导师的亲自引荐对于笔者突破"守门员"这一层关系很重要；第二，笔者获得了赴样本幼儿园所在城市的某美国高校做访问学者的身份，笔者的美国合作导师是当地学前教育方面的专家和学者，美国导师的推荐符合"守门员"更易接受来自相同文化者和熟悉者的引荐的事实；第三，经由笔者的国内导师所介绍的美国当地犹太人可以给予笔者多方面的支持，这不仅可以帮助笔者进入犹太幼儿园，还为笔者进入当地的犹太社区和家庭提供了便利；第四，笔者本人会通过礼貌的沟通和不懈的努力，以及与研究对象分享中国文化、讲好中国的故事等方式，争取到当地幼儿园管理者和教师乃至家长的支持和接纳，从而顺利进入研究场所。

在进入研究场所后，本研究所运用的质性研究方法的资料收集和处理的方法有以下七种。

第一，开放型访谈与半开放型访谈相结合。笔者根据研究问题的大方向，在进入研究场所后集中运用开放型访谈法来了解美国人的说话方式、对来访者的态度、主位意识中的幼儿园课程等。随着笔者对美国幼儿园了解的加深，会利用根据研究目的所制定好的粗线条的访谈提纲开展半开放型访谈，争取将研究问题进一步向深度挖掘。由于此类访谈具有随机性，因此研究者会主动增加在园时间，并创造更多的与被研究对象互动的机会，以便在轻松自然的情境下获得真实信息。

第二，参与型观察法。研究者选取了三所美国犹太幼儿园进行参与型观察，主要是参与到幼儿的一日生活和学习当中，包括听课、游戏和参与节庆等活动。一方面可以增加与教师和幼儿的交流机会，另一方面能长时间随时随地开展研究。具体操作类似常人方法学的特点。当然，这里的参与型并不是自我主动和完全参与到幼儿园的日常运行当中，而是在合适的时间和合适的机遇增加交流和互动的机会，其中大部分时间的观察是处于幼儿园情境中的静态观察，研究者尽量不去打扰被研究者的日常状态，从而记录其真实情况。

　　第三，案例研究法。本研究选取了美国康涅狄格州大哈特福德地区的三所美国犹太幼儿园以及相关的社区和家庭等作为研究个案，对其文化传承方式进行调查研究，特别是对美国犹太幼儿园内的文化课程实施过程中的案例进行观察、深描和分析，以期在实地调查的基础上，真实地记录下文化教学与文化活动中的现象和情景，并对这些文化现象和文化情景进行合理的诠释，从而探寻课程背后的文化内涵与规律。

　　第四，实物分析法。"实物"包括与研究问题有关的文字、图片、影像、物品等，在幼儿园中开展研究利用实物收集法是十分重要的，因为幼儿园是一个特殊的教育教学环境或者说是幼儿的生活场所。为了促进幼儿各领域的协调发展，幼儿园十分重视环境创设问题，通过录像、摄影、记录等方式可以将其室内结构、功能分区、墙壁展示、楼道公示材料等信息进行收集，从中可以获得作息安排、课程结构、游戏特点、活动组织乃至文化特征、价值倾向等丰富的研究素材，因此研究者会携带充分的实物收集工具进入研究情境。

　　第五，比较研究法。通过观察和分析美国学前文化课程的相关要素，并在诠释我国学前文化课程发展的现实条件的基础上，利用横向比较、微观比较和质性比较等方法剖析出课程实施理念、课程标准、课程内容、课程实践等课程建设方面的共性和差异性问题，并从中更为清晰地认识和反思我国学前文化课程的现实状况、未来发展方向与途径，进而总结出课程创设与实施的有效启示。

　　第六，历史研究法。历史包括人类过去的活动和人类过去活动的记载，换句话说就是客观实在自身的发展过程和人类认识客观实在的反映过程。为了更加顺利地开展本研究，笔者将人类认识客观实在的过程及其记载作为主要研究对象，从而探明影响美国学前文化课程建构和发展的相关要素的历史进程。在本研究中，笔者的研究重点侧重于揭示美国学前文化课程的现实与深层文化动机，在这一过程中，笔者为了更好地解释美国人所处的文化大环境、美国学前文化课程的理论基础、教育政策、现实措施等的来源问题，便会涉及运用历史研究的方法明示问题的来龙去脉。虽然历史研究法并非本研究的核心方法，但其不可或缺。

　　第七，哲学研究法。哲学作为方法论思维，在人类的历史发展中为人类认识世界、认识自我提供了一种手段和路径。然而它不像各门科学一样可以提供在自身领域中取得明确无疑、普遍认可的结论，但是，需要看到，科学认识关涉个别对象，没有必要让每个人都去了解这些对象，而哲学关涉存在的整体、关涉人之为人、关涉对真理的探求。笛卡尔曾在无限的不确定性中寻求有约束力的确定性，因此哲学也在探求真实的存在。① 而教育作为一种特殊的人与人的实践活动，缺少了哲学研究和反思将会把自身引入不可知的困境。哲学研究的基本方法就是思辨，具体形式有演绎式思辨、归纳式思辨和顿悟式思辨。本研究着手于归纳式思辨，通过对一定数量的事物或知识的认识、感知概括性、综合性认识过程。具体做到从美国学前文化课程的实物收集、获取直观素材或知识片段到概念总结、诠释关系、解释系统、认识整体的研究过程。在本研究的具体论证过程中，还会通过主客体关系说和交往实践观的视角来对美国学前文化课程中的儿童与儿童、教师、家长、社区等外部影响源的关系进行分析，建构新型和适宜的主体间性，为改善我国儿童的文化境遇阐明相关主体的地位与关系。

总之，在研究资料的收集和笔者的主观体验与认知方面，为了更为深入地了解美国文化及其传承的内在思想，以及美国犹太人如何处理本族文化与美国白人文化以及其他少数族裔文化的关系，又如何将这种复杂的社会文化互动和博弈的思想与方式通过学前教育传承给下一代，从而实现保存传统文化等文化诉求，笔者跟随美国当地的犹太友人，多次参加美国犹太社区活动、参与美国犹太家庭的节日晚宴等，这种全面深入地融入美国当地犹太人生活的经历，旨在收集到真实客观地用以了解其现实文化生活以及日常文化行为中的文化思想的直观研究素材。

完成资料的收集工作只是研究工作的开始，如何运用和分析透彻所掌握的资料对于结论的形成具有直接影响。本研究根据美国学前文化课程的相关要素进行大致纬度划分，形成研究材料的一级分类标准（确定思考单位）。进而根据访谈、观察、实物收集等方式收集的材料按一级标准进行一次分类，然后根据每一条标准下的材料的不同主线进行二次分类。最后在最细化的层级要根据实际研究中的客观材料，寻求最能表达材料内容的关键词，从而归纳所收集的研究材料。在资料归档的基础上，要找出资料中反复出现的行为、目标或知识体系即某种模式，确定了事实模式，即可找到研究结论的雏形状态。本研究要进行资料的"类属分析"，从基层分类开始，逐级上推，合并相同的指标，如果有与主体指标相排斥的项目，一方面要考虑分类是否有误，另一方面要验证所收集的材料是否属实，还有一方面要看是否是由于语言和文化的差异所引起的歧

---

① 卡·雅斯贝尔斯，等. 哲学与信仰：雅斯贝尔斯哲学研究［M］. 鲁路，译. 北京：人民出版社，2010：261-275.

义，经过澄清后便可以进行材料归属。当将美国学前文化课程的研究材料进行分类提升和解释后，剖析其文化内涵，从而从文化相关理论的角度得出结论。

在处理研究资料的过程中还需要注意以下两个问题。

第一，研究的效度问题。本研究中所涉及的教育实践活动在不同的历史时期，不同的理论思想的指导下，不同的政策规定下，不同的教职员工和不同幼儿的参与下，对其研究的可重复性几乎是不可能的，也就是说，在同样的方法下也难以找到同一研究对象。因此，本研究重点要解决效度问题，以获得研究结论的真实因果性和可推广性。具体对效度的检测，本研究会运用以下方法：首先，诠释学循环。设身处地、换位思考和视域融合是诠释学循环的有效方法。研究者要努力避免将自己研究中所持有的理论观点强加给研究对象，把问题方法以及资料硬塞给被研究者，这样才能看到自己所持立场之外的事件和关系。当遇到研究文本对我们不产生意义或者与我们预期不符时，我们要保持开放的态度和应有的敏感度来悬置一些问题，并等待其对事物发展的影响程度①，只有把握和认清了研究阻碍、研究者倾向、文本的真实之间的张力，我们便有可能获得真实见解。其次，相关检验法，又可称为三角检验法。本研究综合运用访谈、观察、实物和资料证明、外部因素评价以及在前后不同时间、不同情境下针对同一问题进行对被访者无意识的反复检验，以探求研究材料的一致性和真实性。最后，反馈法和参与者检验法。本研究将在幼儿园中获得的初步研究材料反馈给被研究者、当地相关文化持有者以及笔者所能联系到的导师和专家，对同一问题进行反复探讨和澄清，综合不同立场和背景的反馈者之中的一致结论，最终再进一步反馈给被研究者，做到与被研究者的看法一致，尊重其意见，并做出最终的结论修改。

第二，研究的伦理道德问题。来自不同文化背景和不同地域的人会持有不同的政治意识形态以及个人生活准则等，在实际的调研工作中，为了提高研究质量，尊重他人生活习俗，就要注意研究中的伦理和道德问题。首先，要本着自愿原则开展研究。无论是研究场所的"守门员"，还是进入场所后接触到的教师、幼儿乃至家长，对其开展研究要征得其同意，不可强求。当然，在争取同意时，不可有所隐瞒或欺骗，要将本次的研究目的、研究用途，如何处理被研究者信息等真实地交代清楚，避免夸张和空谈，让被研究者清晰地认识自己所要参与的内容，并完全自愿参与到研究过程之中，真正做到符合社会学研究所

---

① 陈向明. 质的研究方法与社会科学研究 [M]. 北京：教育科学出版社，2012：408.

倡导的"知情同意"的共识。其次,所开展的研究要对参与者无害。笔者的主要研究场所是幼儿园,本研究所涉及的社会人文内容几乎不会对成人造成任何伤害,但是作为弱势群体的幼儿还是需要特别关注和规避伤害的。比如,研究者在幼儿附近时是否会对其造成紧张或者反感,是否会影响幼儿的正常活动和休息,是否会引起性格较为活跃的幼儿对教学秩序的干扰和破坏从而又影响其他幼儿等,在诸如此类的情况下,研究者会暂时中止研究,在幼儿适应了笔者的存在后,再开展研究工作。最后,匿名与保密原则。在研究成果的撰写过程中,笔者会隐去幼儿园、教师、家长、幼儿的所有直观信息。即使是看似平常的活动录像,除了研究之外,也不会有任何形式的传播。为了达到研究的绝对匿名,笔者最终要进行匿名和保密验证,如果笔者最终无法辨认哪种反应属于哪个特定研究对象的意见和表现时,就可以认定保护了研究对象的隐私,当然这期间需要研究者主动规避主观记忆,客观地对结论材料予以检验。① 总之,研究者要站在被研究者的角度看待问题,杜绝研究者为了获得研究资料而急切地在违背基本原则的基础上进行任何研究。

七、概念界定及辨析

(一) 学前文化课程

学前教育是以学龄前儿童为对象的教育。它包括家庭中的学前教育和学前教育机构中的教育。② 本研究重点阐述组织化和制度化了的学前教育,为辅助说明,其间会涉及家园关系和幼儿园与社会关系中的学前教育实践。学前课程是指联系教育目标和实现儿童发展的具有一定结构和功能的中介,它反映了教师的有目的的计划及其展开过程。③

关于美国学前文化课程,我们需要注意两点:第一,美国学前文化课程的实施形式常为综合课程或活动课程,这有别于中小学的分科课程,因此,学前文化课程是在各领域教学相结合的基础上通过文化内容传承的恰当途径而实施的,也就是说学前教育中具有传承文化内容和功能的教学和活动统称为文化课程,当然在教学或活动中的一切隐性课程,例如环境创设等也是文化课程的重

---

① 艾尔·巴比. 社会研究方法(第11版)[M]. 邱泽奇,译. 北京:华夏出版社,2009:62-81.
② 刘晓东,卢乐珍,等. 学前教育学 [M]. 南京:江苏教育出版社,2009:1.
③ 刘晓东,卢乐珍,等. 学前教育学 [M]. 南京:江苏教育出版社,2009:293.

要组成部分。进一步说,在美国学前文化课程中,大多是在一个课程主题下开展的相互联系的分领域教学,例如在阅读教学中,可能会学习数学和自然知识;在艺术教学中,可能会锻炼运动技能和获得社会科学知识等。总之,在美国学前文化课程中不会存在完全孤立的语文课程、数学课程,也不会有独立的文化课程。第二,在文化传承过程中,文化的内涵和内容也会随着时代背景与文化实践而更新和转变。美国学前文化课程并非单一的传统文化课程,而是传承美国整体文化的文化综合课程。

(二)学前班和幼儿园

美国的学前班(preschool)相当于我国幼儿园的小班和中班,通常是 3 至 5 岁儿童的混龄班。美国的幼儿园(kindergarten)相当于我国幼儿园的大班,儿童年龄在 5 至 6 岁。① 笔者调研的美国犹太学前教育机构有招收 3 岁以下的托儿班,以及学前班和幼儿园。由于年龄过小的孩子的文化表达和文化特征不太明显,笔者重点调查类似于我国幼儿园的中班和大班的儿童。为了表达的直观和简化,笔者在文中所用的幼儿园概念泛指 3 至 6 岁儿童的学前教育机构。

(三)儿童和幼儿

联合国《儿童权利公约》中指出"儿童"是 18 岁以下的任何人,除非对其适用之法律规定成年年龄低于 18 岁。②《现代汉语词典》中将"儿童"定义为较幼小的未成年人(年纪比"少年"小)。而"少年"则指人在 10 岁左右到十五六岁的阶段。③ 因此,从该词典中我们可以得出"儿童"应该在 10 岁左右之下。在本研究中,由于将幼儿园作为研究场所,本研究中的"儿童"一词着重指向幼儿园的在学儿童,在我的标准一般指 3 至 6 岁儿童。我国最高人民法院和最高人民检察院将幼儿的年龄定为 1 岁以上不满 6 岁。④ 因此可以说,在幼儿园中的儿童也可以称为幼儿。总之,在本研究中,无论是儿童、幼儿还是孩子们,均代指 3 至 6 岁的幼儿园在园儿童。

---

① 史大胜.美国儿童早期阅读教学研究——以康州大哈特福德地区为个案[M].北京:北京师范大学出版社,2011:32-33.

② 联合国大会.儿童权利公约[R/OL].联合国网站,1990-09-02.

③ 中国社会科学院语言研究所词典编辑室编.现代汉语词典(第 5 版)[M].北京:商务印书馆,2005:359,1200.

④ 最高人民法院,最高人民检察院.关于执行《全国人民代表大会常务委员会关于严惩拐卖、绑架妇女、儿童的犯罪分子的决定》的若干问题的解答[J].中华人民共和国最高人民法院公报,1993(1):18.

八、研究个案的选择、个案幼儿园概述及研究对象的编码

（一）本研究的研究个案的选择

本研究的调研对象主要集中在美国大哈特福德地区（Greater Hartford Area），该地区是以康涅狄格州（Connecticut）首府哈特福德市为中心的大都市圈，该地区人口约为 121 万（2010 年），人均经济水平在全美排名第二，仅次于旧金山（San Francisco），其经济总量在全美 318 个大都市地区中排名第 32 位。大哈特福德地区与其北面的斯普林菲尔德都市圈（Metropolitan Springfield）组成了美国新英格兰地区第二人口稠密的地区，约有 190 万人口，这个地区拥有 32 所大学和学院，因此也被称为"知识走廊"。哈特福德是美国最古老的城市之一，有最古老的公共艺术博物馆即沃兹沃思艺术馆（the Wadsworth Atheneum）；最古老的公共公园即布什内尔公园（Bushnell Park）；最古老的连续出版的报纸即哈特福德新闻报（The Hartford Courant）；第三古老的中学即哈特福德公立中学（Hartford Public）；马克·吐温故居（the Mark Twain House）以及美国第一家收集和展示美国艺术的博物馆即新英格兰美国艺术博物馆（the New Britain Museum of American Art）。①

哈特福德所在的康涅狄格州面积只有约 1.3 万平方千米，排在美国 50 个州的倒数第 3 位，但其经济总量排在 24 位左右，人均经济水平则排在前 3 位。该州的教育发展水平十分发达，拥有耶鲁大学（Yale University）等 15 所私立大学、康涅狄格州立大学（University of Connecticut）等 6 所公立大学、首府社区学院（Capital Community College）等 12 所社区学院、美国第一所法学院即利奇菲尔德法学院（Litchfield Law School）、哈特福德公立中学以及诸多的全日制学校和寄宿制学校，这些各层级的学校均吸引着来自全世界的学生前来求学。② 在人口组成上，美国人口普查局（U. S. Census Bureau）的数据显示，该州的白人数量呈逐年下降的趋势，从 1990 年占全州总人口的 87% 下降到 2010 年的 77.6%，且该趋势的走向稳定。相对来说，少数族裔的人口持续增长（参阅表绪-1）。据美国人口普查局估算，自 2011 年起，康涅狄格州的少数族裔比例为

---

① Century 21 Clemens & Sons. The Greater Hartford Connecticut Area［EB/OL］. Century 21 Clemens & Sons Website，2015-11-27.

② Wikipedia. Connecticut［EB/OL］. Wikipedia Website，2015-11-25.

29.1%，而 1 岁以下的少数族裔幼儿的比例则达到了 46.1%。① 其中有持续的移民和生育等原因，但康涅狄格州的文化多样化特征越来越明显将是必然趋势，其政治、经济、教育、文化等都要面临文化互动所带来的挑战。

表绪-1　康涅狄格州种族人口比例变化一览表②

种族构成	1990 年	2000 年	2010 年
美国白人	87.0%	81.6%	77.6%
美国非裔	8.3%	9.1%	10.1%
美国亚裔	1.5%	2.4%	3.8%
美国本土人	0.2%	0.3%	0.3%
其他族裔	2.9%	4.3%	5.6%
具有两种或更多族裔身份的人	—	2.2%	2.6%

美国犹太人的社会境遇、处理多元文化的表现等方面有着优良的文化意识与文化实践成就，本研究以美国康涅狄格州犹太人为研究个案，以期揭示出美国学前文化课程的实践理念与现实表现。美国康涅狄格州犹太人大多集中生活在大纽黑文都市圈和大哈特福德都市圈，其中西哈特福德地区（West Hartford）的犹太人最为集中，这也是笔者选取的调研地。为了更多地了解当地美国犹太人的文化生活和教育情况，笔者还选取了与西哈特福德比邻的布卢姆菲尔德（Bloomfield）等地区的学前教育机构进行调研，从而形成多方验证，保证调研所获素材的全面和真实。

综上可以得出，康涅狄格州是一个多族裔生存的州，多元文化互动频繁，教育水平和经济水平都很发达，也可以反映出该州的文化、教育和经济等因素的生态系统协调良好，而这些相互交织的因素之间的存在状态也注定了该州是

---

① EXNER R. Americans under age 1 now mostly minorities, but not in Ohio: Statistical Snapshot [EB/OL]. Cleveland. com. Website, 2012-06-03.

② 1990 年的数据来源为 Campbell G, Kay J. Table A-1. Race and Hispanic Origin, for the U-nited States, Regions, Divisions, and States: 1990 (PDF) [R]. U. S. Census Bureau. Retrieved October 25, 2015；2000 年的数据来源为 American Fact Finder. Race and Hispanic or Latino: 2000 [R]. U. S. Census Bureau. Retrieved October 25, 2015；2010 年的数据来源为 American Fact finder. Race and Hispanic or Latino Origin: 2010 [R]. U. S. Census Bureau. Retrieved October 25, 2015.

本研究最为需要的个案选择，而犹太人较为集中的大哈特福德地区也自然成为本研究的直接调研对象。

（二）个案幼儿园概述

根据本研究的需要，笔者在大哈特福德地区选取了三所具有不同特征的犹太幼儿园作为调研对象，并将每个幼儿园名称的首字母作为该园的代称即 J 园，H 园和 S 园。在本研究中，J 园的学前文化课程是核心研究对象，对 H 园和 S 园的调研重点在于一方面验证 J 园研究素材的真实性，另一方面对 J 园调研素材进行查漏补缺。现对三所幼儿园进行简要的概述。

J 园位于西哈特福德地区的犹太社区中心，社区中配有健身中心、犹太文化中心、剧院、报告厅、游泳馆、艺术走廊等教育和文化设施，因此 J 园可以利用多样的教育设施开展丰富的学前文化课程。J 园的教育宗旨在于欢迎所有文化背景的儿童和家庭，并给予每个孩子健康的、安全的和悉心的犹太文化环境，促进每个孩子在其发展的每个阶段获得社会性、情感和身体等多方面的发展机会。J 园的教师都具有教师资格证书和开展急救的合格证书，并且被要求参与持续的专业化发展培训。该园的师幼比例保证了每个孩子都会被关注。J 园不但有康涅狄格州教育部门和卫生健康部门颁发的办园许可证书，还获得了全美儿童早期教育协会（NAEYC）的认可。为了发挥家园合作的作用，J 园还制定了开门政策（Open Door Policy），并鼓励家长参与到幼儿园的学前教育中来，并加入各种家长委员会，参加家庭社会活动和创造教育机会，加强家庭和幼儿园之间的密切联系。J 园由婴幼儿日托中心（招收 4 个月至 3 岁的幼儿），学前班（招收 2 至 5 岁的幼儿），过渡幼儿园或过渡班（招收 5 至 6 岁的幼儿）三个阶段的多个班级组成。在总共的 14 个班级里，有 200 个左右的孩子。其中 2 岁以下年龄段有 4 个班，2 至 3 岁、3 至 4 岁和 4 至 5 岁年龄段各有 3 个班，5 至 6 岁有 1 个班。本研究的核心研究对象选定为学前班和过渡班里的 4 个班级。根据所在教室的不同，我们将在第 4 教室（room 4）的班级称为 4 班，该班有 17 名幼儿，年龄在 4 至 5 岁；3 班（room 3）和 5 班（room 5）分别有 16 名和 15 名幼儿，年龄均在 5 岁左右；过渡班（TK 班）有 17 名幼儿，年龄在 5 至 6 岁。这些幼儿当中约有 55% 的孩子是犹太幼儿，有 35% 左右是白人幼儿，还有非常少量的约 10% 的亚裔、拉美裔和非裔幼儿。面对不同文化背景的幼儿，J 园也在处理文化差异上表现得非常突出，确保了幼儿的文化适宜化发展。为了能够掌握具体的幼儿文化发展情况的细节，笔者在对以上班级幼儿的研究中会花更多的时间侧重于研究 3 班幼儿，一方面该班幼儿年龄适当，文化发展和表现逐渐明显；

另一方面，该班主班教师是 J 园的骨干教师，因此更容易深入了解 J 园的文化内涵。

H 园是美国最古老和正统的犹太日制学校中的独立的学前教育机构，该学校原位于哈特福德老街，1974 年迁至布卢姆菲尔德。该学校有图书馆、媒体中心、计算机室、科学实验室、音乐室、体育馆、礼堂和餐厅。其被美国教育部誉为卓越的国家学校，同样也获得了 NAEYC 的认可。学校的理念是将希伯来文化与普通知识视为儿童教育中两个同样重要的组成部分，学校旨在帮助每个儿童成长为敏感而有教养的美国犹太人（American Jew）。学校招收来自不同文化背景的 2 至 14 岁的学生，根据本研究的需要，笔者选取调研 3 至 5 岁班级幼儿的学前课程情况。学校为儿童提供的课程包括语言艺术、数学、社会科学、美国历史和犹太人历史、音乐、艺术、体育、计算机科学等。学校还专门设有犹太文化教育项目，学生每天会用一定的时间在该项目中学习犹太习俗和历史。不同年级水平的儿童所学习的内容量和难易程度不同，但从学前教育阶段开始都会接触到普通课程和犹太文化教育项目中的相关内容。与 J 园开放融合的文化特征不同的是，H 园的传统文化特征非常明显，这可以帮助我们更明确地了解犹太传统文化，从而对比揭示出 J 园是如何在多元文化环境中处理传统文化的。但从另一方面来看，H 园的幼儿生源逐年减少，如今每个年龄段的班级只有一个，而且每个班级只有 10 个左右的孩子，并且几乎全是犹太裔，这样的现实可以提醒我们思考是否保守的文化难以适应如今多元和开放的世界。

S 园是位于西哈特福德地区的日制走读学校，该学校为大哈特福德地区的民众提供教育服务。其教育目标在于通过提供普通课程和犹太知识相整合的综合课程，培养儿童成为终身学习者、批判性思想者和积极的领袖。该学校由早期儿童教育（2 岁至 K 年级），小学（一至五年级）和中学（六至八年级）组成，并招收有着不同社会、文化和经济背景的学生。该校为儿童提供个性化的关注，并将儿童视为一个"整体"，促进其智力、精神、社会和身体等多方面的发展。该学校的设施包括现代化的教室、科学实验室、艺术与音乐工作室、小组学习空间、图书馆、电脑室、体育馆、剧院、多功能室和户外活动场地。笔者对于 S 园调研的广度要大于深度，因此从 2 岁到 K 年级的早期文化教育情况笔者都有所了解。笔者在 S 园主要走访了 4 个班级，即有 9 个幼儿的 2 至 3 岁班级，有 13 个幼儿的 3 至 4 岁班级，有 12 个幼儿的 4 至 5 岁班级和有 16 个幼儿的 5 至 6 岁过渡班级。S 园的办园思想是基于瑞吉欧教育思想、犹太传统文化和康涅狄格州早期学习与发展标准的，从中可以看出其在文化导向上的立场。在瑞吉欧教育思想上，S园注重构建儿童、教师、父母和社区之间的联系，并强调在探索中手脑并用，基于儿童兴趣的生成课程是其主要课程实施方式，同时该园的价值立场是促进幼儿获得常识教育和优秀的犹太文化。在犹太传统文化上，身份认同发展和犹太价值导向被视为其日常生活的一部分。在社会领域课程标准上，S园根据儿童发展目标将课程分为八个教学领域，即认知、社会和情感、身体、语言和识字、艺术、数学、科学、社会学。总之，S园是一所现代感比较明显的幼儿园，犹太传统文化在这里像是诸多知识学习中的一部分，虽然感受不到强烈的传统文化的冲击，但犹太传统文化在这里的地位依然显著。观察S园的主要目的是了解犹太幼儿园与主流文化和主流教育思想的结合方式与程度，这也是笔者想要探寻的犹太文化传承的内在思路。为幼儿强烈地贴上种族的标签会让他们从小感到种族与历史的沉重感，而在自然的成长中既能完成身份认定又能适应当下的社会环境，这应该是达到幼儿文化发展目标的最佳途径。通过J园和S园学前课程的对应考察，笔者期望能够全面透彻地揭示出美国学前文化课程的真实面貌。

（三）研究对象的编码

本研究的个案幼儿园为J园、H园和S园，主要研究对象来自J园，辅助研究对象来自H园和S园。同时，为了更加全面地了解美国幼儿园的情况，笔者还走访了一家美国瑞吉欧幼儿园R园，用以对比S园的瑞吉欧特征。此外，为了了解犹太文化发展的历程和寻求理论指导，笔者在哈特福德当地的UH大学访谈了高校教师和寻找犹太文化研究素材。总之，除了对以上各单位的编码之外，笔者对主要的观察和访谈对象也进行了代码编制，编号缩写为：所属机构加编号。例如，JD1为J园1号园长；JT1为J园1号教师；JT2为J园2号教师；UHT1为UH大学1号教师。具体研究对象编码参阅表绪-2。

表绪-2　研究对象编码一览表

所属机构	职业分类	编号	性别	姓名缩写	国籍	是否为犹太裔	年龄段	所属班级
J园	园长	JD1	女	RW	美国	是	中年	
J园	教师	JT1	女	PB	美国	是	中年	大3班（R3）
J园	教师	JT2	女	SB	美国	是	中年	大3班（R3）
J园	教师	JT3	女	KW	美国	是	青年	大5班（R5）

续表

所属机构	职业分类	编号	性别	姓名缩写	国籍	是否为犹太裔	年龄段	所属班级
J 园	教师	JT4	女	DL	美国	否	中年	大 5 班（R5）
J 园	教师	JT5	女	AR	美国	是	青年	过渡班（TK）
J 园	教师	JT6	女	GE	美国	否	中年	过渡班（TK）
J 园	教师	JT7	女	JR	美国	是	中年	中 2 班（R2）
J 园	教师	JT8	女	RA	美国	是	青年	中 2 班（R2）
J 园	教师	JT9	女	KB	美国	是	青年	中 4 班（R4）
S 园	园长	SD1	女	MF	美国	是	中青年	
H 园	园长	HD1	男	RF	美国	是	中年	
R 园	园长	RD1	女	ST	美国	否	中年	
UH 大学	学前专业助理教授	UHT1	女	PB	美国	否	中青年	
UH 大学	学前专业教授	UHT2	女	RM	美国	是	老年	
社会人员	青年志愿者	YV1	男	AL	以色列	是	青年	
社会人员	青年志愿者	YV2	女	TB	以色列	是	青年	

第一章

美国学前教育的外部文化环境

引　言　世界越小，我们越不同

世界在向全球一体化和"地球村"的发展进程中，不同文化的人群的距离被无限地拉近，我们开始逐步生活在一个没有时空间隔的世界里。就在这样一个越来越小的世界中，不同的文化、语言、生活方式、民族背景等人文因素相互交织和对抗，人类历史上从未有过像现在这样各个文化共同体产生了如此频繁互动的时代。当我们的科技和知识水平尚处蒙昧之时，当科技革命乃至世界地图还未出现之时，人类所能想象到的世界是辽阔的，那时的人们花去一周或者一个月的时间也许才能从一个国家的北方走到南方，而他们所遇到的人或物都最大限度的基于相同的文化背景和自然环境而存在。因此，世界如此之大，而人类还是感到我们是相同的。时光转向今日乃至未来，人类一天之内可以到达世界上大多数地方，世界对于我们来说就像过去的一个村落。然而这个村落最大的不同在于其涵盖了复杂的人、物和文化。我们自身的发展、我们对自然环境的干预、我们想要实现的太多事情都难以离开我们并不熟悉的异文化和人群。世界如此之小，而每一代人又都会比自己的前辈遇到更为多样化的世界。世界越来越小，而我们却变得越来越不相同。在这样的大背景下，世界各个国家都会面临文化融合与冲突的问题，如何确定良好的文化传承主导思想，也是人类社会不断思考并开展实践验证的艰辛历程。

1924 年，美国犹太哲学家霍勒斯·卡伦（Horace Kallen）针对美国种族多样化问题提出了"文化多元化"。20 世纪 70 年代后文化多元主义逐步占据了美国文化传承的主导地位。在过去的近半个世纪里，美国的课堂从学前教育阶段开始，教师便需要面对多元文化和多种族背景的受教育对象，教师存在的共同问题在于无法很好地处理多民族儿童的关系，以及运用他者的思维方式来对儿童进行施教。其实对于教师个人而言，做到同时对多种族儿童进行因材施教非常困难，但这正是多元文化背景下教师专业化发展的一项重要任务。从大环境上看，美国通过"美国梦"引导学生意识到只有在美国的大环境中，才能得到自我实现和他人尊重，这代表着"熔炉"角色的教育方式，也是帮助各个族群逐步美国化的实现手段。与此同时，在宏观文化策略的引导下，美国通过多元文化的构建来满足各个族群的文化发展要求。为了揭示出在美国文化大环境下，美国的教育是如何在学校这个文化小环境中实施文化传承和文化影响的，本研究选取了从美国学前教育这个为美国儿童内心播撒文化种子的最初的学校教育阶段来探究美国的文化理念和教育观念，从而探寻学前教育对文化传承的影响。

第一节 美国学前教育的人文传统

一个国家的人文传统和核心教育理念对于文化和知识的代际传承具有决定性影响。只有明白该国家的人文传统，才能理解当前教育实践活动的动因以及教育专业化发展的目的。美国是一个移民国家，美国文化传统的来源从整体上看是多元化的，如果考虑到对美国现有文化的影响并粗线条地将美国文化传统进行分类的话，我们暂且可以分为两支。一支来源于欧洲裔美国人，另一支来源于非欧洲裔美国人。基于这种分类方法，两支文化来源的人群所包含的内容或特征可以参阅图1-1。

通过美国人口的来源，我们可以推出美国文化其实是世界多族群文化在交换、博弈、妥协等相互作用中逐步形成的。而美国的主流文化即盎格鲁-撒克逊文化（WASP：White Anglo-Saxons Protestant）或可宽泛地称之为欧洲裔文化，是基于其历史原因而占据了美国文化的主导地位，但随着美国人种的复杂性不断加剧，特别是像"布朗诉托皮卡教育委员会案"（Brown vs. Board of Education of Topeka）和"格林诉新肯特县学校案"（Green vs. School Board of New Kent County, Virginia）这类具有革命性的教育诉讼案的推动，加之美国社会还在不断回响着马丁·路德·金（Martin Luther King, Jr.）的"我有一个梦想"的呼喊，因此，美国一方面不断地强调和发展美国精神，塑造美国统一的整体文化特征；另一方面通过强调文化的多样性和个体（个人或某族裔）的价值来从整体上融合复杂多样的文化类别。在此基础上，美国从学前教育阶段便开始将歌颂美国和强调理解有着不同文化和不同语言的儿童的内在想法和外显行为结合起来，

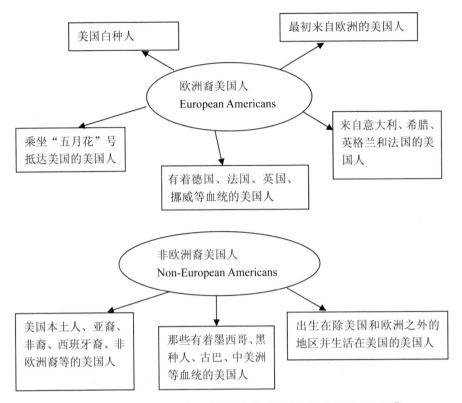

图1-1 欧洲裔美国人的组成来源和非欧洲裔美国人的组成来源①

同时要处理好不同民族和阶层的关系。可以看出，美国人在强调多元文化个体的前提，是注重美国整体文化的影响和发展。因此，在美国的各类幼儿园中，每天早晨教师都会带领儿童大声唱出赞美和保佑美国的歌曲。这种协调文化整体与文化个体，处理多元文化之间关系的做法是微妙的，也是解决文化分歧的关键。

美国对于儿童个体的关注自然而然也产生了相应的人文传统和教育理念即相信儿童的本质是好的，要尊重其作为独立个体的地位，以一个人的角度来对待儿童，引导儿童参与到学习的具体过程当中。② 由此从学前教育理念出发便可

---

① MELENDEZ W R. Beck V O. Teaching Young Children in Multicultural Classrooms: Issues, Concepts, and Strategies ［M］. Connecticut: Thomson Delmar Learning, second edition, 2007: 35.

② YORK S. Roots and Wings: Affirming Culture in Early Childhood Programs ［M］. St. Paul: Redleaf Press, 1991: 11.

以延伸出两方面的影响，一是关注儿童发展，二是重视社会变革。在儿童发展方面，学前教育始终与儿童的发展紧密相连。美国不断地将儿童发展的信息和资源进行最大范围的共享，并试图通过诸多学前教育项目来推进儿童的发展。在学前教育理念上，美国始终坚持强调每个儿童的整体性发展、做中学、关注儿童的当下进展，并着眼为其未来的成年生活打下教育基础等。在社会变革方面，学前教育的发展理念始终是整个社会变革的一个重要方面，有着良好学前教育经历的儿童对改善未来社会有显著的积极影响，同时学前教育帮助妇女在不影响儿童发展的同时可以参与到社会工作中，比如，美国高质量日常看护计划（Quality day care programs）等项目对美国社会的工作人员结构有着重要的影响。可以看出，美国的学前教育理念与美国的文化理念是一致的，都强调社会文化的统一性和个体文化的适宜性之间的调和。总之，美国学前教育的人文传统及施教理念所反映出的从重视个体到关注儿童发展，进而推动社会变革的思路为培养儿童明确了方向，当然也为学前教育课程的创设奠定了思想与实践基础。

第二节　美国学前教育的多元文化立场

一、美国学前教育中多元文化教育的目标

美国社会的文化结构与内容多是遗传了欧洲裔美国人的文化与传统，盎格鲁-撒克逊文化作为美国文化的代表塑造着美国文化的历史进程。美国族群人口结构的不断变化，导致作为文化载体的人在数量上倾向于冲破单一的美国文化传统，并使得美国传统文化在多元文化的干预下形成了内容更为丰富的新的美国文化。由于处于社会中的人无法离开教育的影响，社会发展进程中出现的新问题均会以不同的方式呈现在对人的教育领域。美国学校中有色人种学生的数量比例在 1990 年为 30%，1994 年为 34%，到 2010 年已经增长至 40% 以上。① 而美国学校的教师大多为白人中产阶级女性，例如，在人口最多的加利福尼亚州，该州也是美国的第二大学区，其 K-12 教育中有 72.1% 的学生为非白人，而

---

① HOWARD G R. We Can't Teach What We Don't Know［M］. New York：Teachers college press，1999：2.

白人教师的数量维持在接近全国平均水平即 70% 以上。① 这样的师生结构难免会导致相应的文化差异出现。教师很大程度上并不了解学生的文化背景和知识结构，甚至在语言的交流上也会出现障碍，这些问题的存在会直接影响到教育质量的保障以及美国未来的发展。美国人逐步意识到，美国多样性文化的发展并不是谁的选择，而是美国当今社会发展的必然趋势。因此，在教育领域，美国教师需要做的就是理解并顺利地应对多元文化的挑战。当然，解决多元文化教育的任务不单单涉及教师角色意识和知识结构的转变，这需要美国整个教育系统的教育目标获得合理化的拓展。

对于学前教育领域来说，为了让来自不同地区、不同文化背景的儿童得到适宜的发展，美国需要向着以下多元文化教育目标迈进：第一，培养儿童尊重他人文化和价值观，认知文化多样性；第二，培养儿童获得适应多元文化的各种能力，掌握文化交流的技能；第三，帮助儿童发展积极的自我意识和自我认知，同时认同美国文化；第四，帮助所有儿童认知来自不同文化的人的不同特点，同时以积极的方式让儿童消除偏见，寻求共同点；第五，鼓励儿童通过合作的方式认知每个社区独特的文化，着重培养文化共同体意识。② 这些目标要求培养儿童发展两方面的认识，一是要了解本体文化和文化背景；二是要准确地通过实践的方式，认识到如何尊重地方社区中的多样性文化。想要完成这样的教育目标，就需要学前教育为儿童提供适应未来学校和人生经历的各种技能。对于学前教育教师来说，就需要在师范学校中开始了解多种文化，并通过各种教师教育来弥补文化方面的不足。总之，既然多样性文化是一种客观现实，那么对于儿童来说，就需要通过教育的引导以及自身的适应来为文化间的顺利互动和交流奠定意识性和工具性的基础。

二、美国学前教育中融入多元文化的障碍

多元文化发展过程中难免会遇到坚持从自我文化角度出发去看待社会的发展和其他文化的情况，这很容易导致社会偏见现象和行为的出现。如果每个人都无法自愿接触和学习多元文化基础上的他者文化，那么人类社会将充斥着误

---

① MORRELL J. Teacher Preparation and Diversity：When American Preservice Teachers Aren't White and Middle Class ［J］. International Journal of Multicultural Education，2010，12 （1）：1.

② KLEIN M D，CHEN D. Working with Children from Culturally Diverse Backgrounds ［M］. Albany：Delmar Thomson learning，2001：34.

解，因为在同一个社会问题面前，从不同文化持有者的视角去诠释便会产生多种解决方式与结果，同时基于个体文化基础上分析出来的答案却无对错之分，于是便失去了形成共识的基础，最终问题的解决也必将无奈地走向文化冲突。从美国社会的角度来看，影响多元文化教育实施的障碍还在于贫富差距。美国发展的是资本主义的自由市场经济，大多数财富掌握在中产及上层阶级手中，在有产阶级眼中，贫困并非来自社会资源和财富的占有和分配上，而是贫困者拥有过多的子女、不外出工作、不求学、滥用药物或者吸食毒品。贫富差距和观念的差别使得帮助社会成员互相理解的多元文化难以拥有稳定的基础。因此，如何巧妙地化解文化冲突是摆在美国教育者乃至世界教育界的一个难题。

从美国学前教育领域来看，依然存在着影响多元文化教育实施的障碍，具体如下。第一，国家许可标准。美国学前教师许可标准的最低要求为获得 12 个学分或 90 个小时的相关课程学习，这就意味着想要成为学前教师就需要把更多的精力放在儿童发展、健康、安全、班级管理、一日生活以及活动课程等方面，在有限的教师教育课程里很难再加入通过家园合作等手段获得多元文化教育知识的机会。而想要掌控好一个多元文化的班级，教师便不得不利用个人时间去了解多元文化教育，这就失去了关注多元文化儿童文化发展需要的师资培养条件。第二，"餐谱似的方法"。美国的一些学前教育教师在准备课程时，就像是在"餐谱"上点餐一样，用儿童休息的时间或自己短暂的时间迅速简单地确定教授内容。这很难做到将多元文化教育以有趣的方式融入课程中，教师也很难有额外的阅读材料并结合自身实践来整合课程内容。当然，这给教师提出了非常高的要求，需要教师能够意识到，良好的多元文化课程可以分享教师以及孩子们的真实生活，这是送给孩子及其家庭最好的教育礼物。第三，动画课堂。在学前教育课堂当中，很多时候教师愿意让孩子们去观看动画片，因为这是孩子们喜欢的休闲方式，整个课堂会充满欢快的气氛，然而这种做法忽视了幼儿园是教育场所而非娱乐之地。孩子们需要脱离预设好的餐谱式的娱乐课程，进入意义丰富的反映真实"人和文化"的课程和活动之中，只有将真实世界展示给孩子们，才能确保多样性的文化得到真正的理解。①

---

① YORK S. Roots and Wings：Affirming Culture in Early Childhood Programs ［M］. St. Paul：Redleaf Press，1991：13-15.

三、美国学前教育维持多元文化的若干做法

为了解决多元文化教育实践中遇到的问题，美国学前教育在理念和实践上均做出了相应的努力。从尊重儿童的文化背景、实施有效的学前儿童语言和文化多样性的教育项目、给予儿童多样化的看护、创造反偏见的教育环境、通过家园对话完成跨文化沟通、保障性别平等、创设包容性课堂、培养具有文化敏感性的教育者等方面入手，保障并给予了来自不同文化家庭的儿童获得文化适宜的发展。此外，为了更广泛地保障不同文化处境的学前儿童拥有平等的发展权利，美国政府在国家政策层面也在不断地给予儿童支持。例如，美国联邦政府通过制定教育诊断和评估机制、贯彻回归主流的教育思想、推行特殊需要儿童个别教育计划、拓展转衔服务的范围等教育政策来培养特殊需要儿童的社会适应行为。① 诸如此类教育政策的推行都有助于学前儿童社会适应能力的发展，也能够帮助其在未来的多元文化社会中获得良好的生活质量。总之，美国在多元文化教育方面实施了诸多措施，但需要明确的是，多元文化教育并不是培养出在文化上各自为战的儿童，而是促进各族裔在维护国家文化主体地位的基础上做到相互认识、相互理解、和而不同的相处。

第三节 美国学前教育文化与社会文化的互动关系

文化可以说是一个国家对其所有成员的行为所持有的规范、期望和价值标准，文化也是每个族群在代际相传中十分稳定的“遗传”因素。文化在社会生活中处处对人们产生着影响。学前教育领域与社会其他人际场域一样也具有自身的文化特点。这种文化传递可能是老教师对年轻教师潜移默化的影响，也可能是学前教育场所在长期施教过程中形成的自身独有的氛围与传统。例如，一位新入职的学前教师有可能遇到工作环境中的新文化与自己求学生涯所积累的已有文化产生冲突的情况，很多时候新教师的期望与具体实践是有偏差的，有时这种偏差甚至会表现得十分明显，由此便引发了学前教育文化与社会文化的相互作用。在学前教育中形成的文化主要是管理者、教师、家长、儿童以及社

① 楚琳，王栩．美国联邦政府促进特殊需要儿童社会适应行为发展的教育对策研究［J］．内蒙古师范大学学报（教育科学版），2014（6）：76.

会其他因素相互影响与作用而积淀下来的。在这种文化的形成和发展过程中教师无疑是最为重要的影响者。常规教师教育、实际工作经验的积累以及教师的工作和生活环境均对学前教师的价值判断和施教理念产生影响，而这种来自社会其他领域的文化干预便通过教师这个媒介对儿童和施教场所的文化产生作用。这种作用对学前教育文化的影响可以是正向的，也可以是负向的，因此，优化直接影响儿童的学前教育文化与社会文化之间的作用关系，使二者形成良性互动，才能保证学前教育的文化和质量不断提升。

美国在积极实现学前教育文化正向功能方面主要从四点着手：第一，重视学前教育中特定词汇的运用。学前教育文化中一个重要的方面就是常用词汇的概念界定和恰当运用。在学前教育领域的相关群体中，使用一致含义的语言进行沟通，最大限度地避免歧义，是学前教育文化走向成熟的重要因素。在学前教育专业化发展过程中，诸如适宜性发展（Developmentally Appropriate）、游戏（Play）、全纳（Inclusion）、融合（Integrated）等词汇可能在日常生活或其他专业领域有着不同的用法，但在学前教育中我们需要形成共识。例如，在美国，人们习惯于运用 Day Care（日常看护）来指代学前教育教师的一部分工作内容，然而该词并不能很好地反映出学前教育教师的工作性质和工作环境，如果把这一名词更替为 Child Care（保育）的话，则既能体现对儿童的尊重，又能准确地描述学前教育的工作职责。① 因此，有着不同特点的各个国家语言，在运用到学前教育领域时就需要根据本国语言文化的特点予以规范和澄清。第二，重视身份认同。学前教育的专业化发展可以让学前教育者产生归属感，就像医生、律师或者会计一样，学前教育者的身份确认，可以提升教育者的责任感并获得社会的尊重，从而形成有利于儿童发展的学前教育文化氛围，并能够顺应学前教育者的自我主体意识。第三，重视共享核心价值。学前教育文化中的核心价值的确立，有利于维持该领域发展的稳定性和方向性。美国的全美儿童早期教育协会（NAEYC）对美国学前教育的核心价值做了总结。具体为：将儿童阶段视为每一个人一生中十分独特和珍贵的时期；在关于儿童如何发展和学习的理论基础上开展工作；重视家园合作；要通过儿童的家庭、文化、社区和社会背景来理解和支持儿童；尊重每个个体（包括儿童、家庭成员、同伴等）的尊严、价值和独特性；尊重儿童、家庭以及同伴的多样性；在信任和尊重的基础上发

① BREDEKAMP S. Effective Practices in Early Childhood Education：Building a Foundation [M]．New York：Pearson，2009：20.

挥儿童的潜能。① 这些核心价值是学前教育者应该遵循和予以实现的。第四，坚持教育信念。坚持学前教育的教育信念，是学前教育者不断实践和实现理想的强大动力。在学前教育文化中，信念所涉及的内容十分丰富，但美国最为主要的学前教育信念在于坚信所有儿童都是有潜力的；坚信发展适宜性教育实践的巨大作用；坚信学前教育教师同样需要专业化发展；坚信学前教育是真实的可以改变世界的一项事业。②

总之，任何职业的存在都承担着一定的社会职责和功能，就像医生要救死扶伤、警察要惩奸除恶一样，学前教育可以帮助儿童学会预防和解决当前以及未来遇到的困难，并在人生挑战面前保持乐观的态度。其实学前教育文化与社会文化是相通的，或者说学前教育文化其实就是社会文化的一个重要组成部分。二者是在相互影响、互相丰富的过程中不断发展的。与其他社会文化体不同的是，学前教育是人生最初阶段的教育，对每个个体的文化影响根深蒂固。因此，此阶段的文化来自当下社会文化，而又指向未来社会文化。如何处理好社会文化、学前教育文化、当下文化以及未来文化的关系，是决定一个国家、国家内各民族未来命运的重要论题。

第四节　唤起学前教师关注本体文化的意识

强化个体的本体文化具有两个层次，第一是对自身文化的认知和理解，这是传承族群文化特别是国家文化的基础；第二是对自身文化的反思和对比，这是保证国家内部文化和谐的要求。我们可以从家庭、学校、社区等环境中获取自身文化的信息，在这一过程中，人们有意识或无意识地便完成了文化习得和传承。相对于被动地认知本体文化，能够在反思自身文化的基础上完成对其他文化的对比和接受则对一个社会的稳定发展更为重要，而这一层次需要发挥个体的主观能动性，去积极地感知并在实践中予以实现。想要适应多样性文化，就要充分理解自身文化，做到文化自知和文化自省。只有认清自身文化的价值取向以及存在的事实偏见，才能顺利地在多元文化环境中做出恰当的文化回应。

---

① BREDEKAMP S. Effective Practices in Early Childhood Education：Building a Foundation [M]．New York：Pearson，2009：21.

② BREDEKAMP S. Effective Practices in Early Childhood Education：Building a Foundation [M]．New York：Pearson，2009：22.

因此，只有真正认识了本体文化，才有条件去探索其他文化。每个人都具有一定的价值取向、信念以及面对问题时所做出的行动预判，而这些特质的获取大多来自人的生活经验。换句话说，通过将多种多样的琐碎的生活经验进行合成、转化、提升，便可以确定一个人的文化主体特征。因此要适应多元文化社会，就需要反思和认清自身的生活经验，这样才能在诸多文化的相互碰撞中做出正确的判断和行为。

具体到学前教育的实践领域时，教师需要确定自身的专业知识和技能等生活经历，这些会让教师在面对儿童及其家庭时做出恰当的判断。例如，一位是欧洲裔白人中产阶级的新入职女教师 A，另一位是非洲裔非白人有三个孩子的女教师 B，她们有着截然不同的人生经验，当二者组合成搭档去负责一个幼儿园的班级时，在判断问题和对孩子们的期望上便会产生明显的差异。同样是看待两个非洲裔男孩的行为，A 教师会感到这两个孩子过于活跃，倾向于多动，因此在儿童发展的评价指标上便会出现差的评价。而 B 教师则感到这两个孩子的行为丝毫没有问题，而且会赞扬他们的肢体表达非常丰富。如此一来，在教育过程中相互配合的两位教师出现了分歧，受到影响最大的无疑是班级里的孩子们。因此，学前教师需要反思自身文化，同时去分析基于自身文化所做出的判断是否恰当，自身的价值标准是否适合于当前的问题，进而去探明如何剔除自身偏见并把握住相对客观的评判标准来判断孩子们的行为是否合理。

那么学前教师在步入教育岗位时如何重新梳理自身文化并反思对比其他文化呢？首先，教师可以从自身年龄、语言、自身长期生活的地理位置、教育水平、婚姻状况、父母情况、自身能力、社会层次等因素入手，进行自我反思，并形成较为客观的自我认知。其次，要尽可能地了解所在班级中与自己文化背景有明显差异的孩子们的现实情况。例如，美国中产阶级家庭侧重于父母与子女形成民主的关系，父母会积极响应孩子们想要交流的信息，父母和子女会用特定名称为其共同生活的环境中的物品进行特指命名，父母会要求孩子发展独立性和学会自我判断；在非洲裔美国家庭文化中，父母会告诉子女应对种族主义的重要性，突出个人主义，重视亲属关系，沟通时注重肢体语言等。在传统的亚裔家庭，家庭观念十分重要，强调长幼有序，讲究孝道，子女与母亲的联系更为紧密，在学前教育中讲求纪律和责任。拉美裔美国家庭强调尊重领袖，家庭优先，子女年幼时则以儿童为中心，鼓励并锻炼儿童的人际交往能力等。本土美国人文化中则重视社区的功能，强调仪式，注重故事和传说在教育儿童中的作用。①

　　总之，在了解本体文化并关注他者文化的基础上，才能在多元文化的学前教育班级中自如地实施教育行为。对于美国学前教育教师这个群体来说，在班级中出现文化背景多样的儿童的情况会越来越普遍，这是对教师专业化发展提出的一个必须克服的挑战。此外，不只是拥有主流文化背景的教师，同时也包括少数族裔学前教育教师，都需要在认识本体文化的基础上去理解他者文化，才能保证高效地处理学前教育场所中出现的各种文化难题。总之，学前教育者只有形成开放的态度和愿意接受多元文化的心态去接纳他者文化，并维护国家文化，才能保证文化的共同繁荣和社会的安定发展。

本章小结　美国学前文化课程发展的外部文化因素

　　2015 年 1 月 20 日，美国前总统奥巴马发表国情咨文，认为美国领导力量的支柱是美国的价值观念，并首次建议种族之间要产生共鸣。② 美国对于民众及其文化的态度在很大程度上依据对美国现实国情发展的判断，一个国家当前儿童的数量及其文化背景决定了这个国家在未来所拥有的社会人口及其文化类型。美国当前部分州的学区的少数族裔学生比例非常高（参阅表 1-1）。表 1-1 是美国教育部国家教育数据中心（U. S. Department of Education, National Center for Education Statistics）统计出的少数族裔中小学生比例排名前十的学区数据。由此可以看出白人文化在这些区域成了少数族裔文化，而随着美国族裔人口的变化，多种文化共处一个学区的情况将成为美国社会文化的普遍现象。不同文化在客观上会影响儿童在未来所持有的工作习惯、人际关系以及对待生活的态度。因此，多元文化的教育服务将会得到进一步关注。而多元文化教育内容的介入，使得学前教育领域又进一步要求对学前教育教学和课程内容设置做出调整和重组。学前教育文化课程在改革与发展中又指向了培养儿童的文化能力。文化能力或文化理解力可以说是一个人在面对不同文化及其价值取向时所表现出来的感知力以及有效地处理来自不同文化背景的家庭、同伴、社会文化个体等相互

---

①　KLEIN M D, CHEN D. Working with Children from Culturally Diverse Backgrounds［M］. Albany: Delmar Thomson learning, 2001: 76-96.

②　The White House, Office of the Press Secretary. Remarks of President Barack Obama - As Prepared for Delivery State of the Union Address［EB/OL］. Whitehouse Website, 2015-01-20.

关系的能力。文化能力并非处理自我与自我的关系，它是解决自我与他人文化分歧的能力。因此，一个人的文化能力还会受到来自学校教育场所以外的诸多因素的影响。于是学前文化课程就要站在更为宏观的角度来处理幼儿园、家庭以及社会文化的关系，并将重点放在培养儿童的文化意识、利用解决文化冲突的策略、引导家长和社区参与文化课程等方式来促进儿童的文化认知、文化态度、文化知识和文化技能的发展。随着儿童文化能力的提升，其文化影响又会在家庭、社区以及社会中产生作用。而这种学前文化课程的内外因素的交互作用的持续，便顺应了整个国家文化繁荣和文化理解的诉求。

表1-1　美国本土十个公立学区非白人学生比例①

学区	所在州	少数族裔学生比例（%）
底特律市学区 （Detroit City School District）	密歇根州（MI）	97.0
圣安娜联合学区 （Santa Ana Unified）	加利福尼亚州（CA）	96.7
奥尔良教区学校董事会 （Orleans Parish School Board）	路易斯安那州（LA）	96.6
圣安东尼奥独立学区 （San Antonio Independent School District）	得克萨斯州（TX）	96.4
哥伦比亚特区公立学校 （District of Columbia Public School）	华盛顿特区（DC）	95.1
奥克兰联合学区 （Oakland Unified）	加利福尼亚州（CA）	94.2
达拉斯独立学区 （Dallas Independent School District）	得克萨斯州（TX）	93.7
奥尔丁独立学区 （Aldine Independent School District）	得克萨斯州（TX）	93.5

---

① DALTON B, SABLE J, HOFFMAN L. Characteristics of the 100 Largest Public Elementary and Secondary School Districts in the United States: 2003 - 04 [R]. U.S. Department of Education, National Center for Education Statistics, 2006 (9): A-18.

学区	所在州	少数族裔学生比例（%）
伊斯莱塔独立学区 （Ysleta Independent School District）	得克萨斯州（TX）	93.2
亚特兰大市学区 （Atlanta City School District）	乔治亚州（GA）	92.4

从整体上看，影响美国学前文化课程的最主要因素依旧在于美国传统的盎格鲁-撒克逊文化。纵观美国社会，从信息传播媒体到主流教育观念，盎格鲁-撒克逊文化及其价值取向占据了绝对优势。因此，美国学前文化课程的外部文化来源便在于美国盎格鲁-撒克逊文化及其处于的多元文化。总之，在创设学前文化课程时，教师需要重点考虑盎格鲁-撒克逊文化和少数族裔文化的关系问题。不能避而不谈盎格鲁-撒克逊文化而只强调少数族裔文化，也不能极力宣扬盎格鲁-撒克逊文化而忽视少数族裔文化，这样才能帮助儿童客观真实地认识自己所处的社会环境。这就要求教育工作者要投入大量精力去关注盎格鲁-撒克逊文化与少数族裔文化的契合点以及各自优势，并运用好一切影响课程发展的外部因素来完善课程内容。此外，美国的主流教育观念并非因循守旧，在教育传统的基础上，美国对多元文化的发展给予了足够的重视，但同时也会通过文化课程中多元文化之间的博弈和交织来扩大国家文化的影响。面对文化多样性，美国学前教育的开放性态度在客观上为多元文化课程的发展打开了通道。总之，美国学前文化课程的发展在当前的美国文化教育大环境下，彰显出稳定的生命力和广阔的发展前景。

第二章

美国学前文化课程的教育理论基础

引　言　美国学前文化课程的教育理论基础溯源

生态系统理论（Ecological Systems Theory）强调发展个体嵌套于相互影响的一系列环境系统之中，系统与个体相互作用并影响着个体发展。[①] 对于幼儿园的儿童来说，除了占据儿童大部分时间的微观系统（即家庭生活）之外，通常能够接触到的中间系统主要有社区、学校以及社会医疗与卫生机构。其中对儿童（入园儿童）的文化发展影响最为深刻的便是幼儿园生活。幼儿园课程的设置与实施单从从业者和教育者的经验出发显然是不行的，科学实验的失败是成功的前提，然而培养人的错误是经不起教育失败的。因此，学前教育者在进入教育领域时需要首先暂时搁置施教实践的狭窄的具体问题，来通过必要的、科学的、适宜的教育理论驱动和优化学前教育实践途径与方式的构建与发展。科学的教育理论可以指导教育研究与实践、课程开发、教育评估，并帮助教育者制定有效的教学策略乃至规划宏大的教育战略。因此，美国幼儿园在一定的教育理论的指导下，将其学前文化课程以及教学的具体实施更加明确化、科学化、文化适宜化，进而在处理园内文化微观事宜上便可做到事半功倍。

美国幼儿园在寻求教育实践的理论指导时显然难以脱离美国学前教育实践的大环境及发展趋势。在20世纪上半叶，幼儿园物理环境的创建和研究儿童的发展特点（进步主义教育，儿童研究运动等）是学前教育研究者的核心关注点。玛丽亚·蒙台梭利（Maria Montessori）开创了专注于材料的物理教室，这种谨慎的设计用以支持儿童的认知和审美的发展。在20世纪40年代，美国儿童心

---

① 刘云艳，彭飞霞. 基于生态系统理论的农村教师流失成因分析及解决对策［J］. 基础教育，2010（8）：46.

理学家阿诺德·卢修斯·格塞尔（Arnold Lucius Gesell）在大学创建儿童研究实验室，以详细的笔记和电影记录的方式对儿童的身体和社会情感发展进行了研究。在20世纪50年代，美国精神分析学家爱利克·埃里克森（Erik H Erikson）提出了人格的社会心理发展理论，并深入解释了3至5岁儿童在获得自主感阶段时儿童游戏的重要性。所有这些思想家的注意力集中在儿童作为积极的、有主动学习动机的、愿意在丰富的有规划的环境中自主探索的学习者的角度，来为幼儿园课程的创设提供理论指导。在美国进入20世纪下半叶后，学前预设的规定课程对学前教师及儿童的压力逐步增大，促使学前课程向活动性、主题性、综合性、适宜性等方向发展。在皮亚杰的认知发展理论以及美国社会要求教育公平的基础上，美国出台了对学前教育影响深远的"开端计划"，并在教育问责制上提出了更高的要求。在此影响下，学前教育教师希望能够有一种特定的课程模式或课程创设思想来指导自己的教学，于是学前课程的创设及其评价成为学前教育研究者新的关注点。出现于20世纪60年代的瑞吉欧·艾米里亚教育（Reggio Emilia Approach）在20世纪90年代发展成为世界知名的课程模式，其强调儿童在游戏和活动中主动探究和学习。之后的高瞻课程（High Scope）、生成课程（Emergent Curriculum）、发展适宜性教育实践（Developmentally appropriate practice，DAP）、光谱方案（Project Spectrum）等为学前课程的创设和实施提供了新的视角。当然，促进儿童主动探究、尊重儿童个体化发展、强调过程性教学及评价、完成儿童的适宜化成长等是一贯的学前课程创设的基本理念。

在以上诸多学前教育思想的传统和变革的影响下，笔者所调研的美国幼儿园在发展适宜性教育实践、生成课程、瑞吉欧教育、反偏见教育（Anti-bias Education，平等教育权教育）等教育理论和教育思想的基础上，创设和实施着符合本体文化传承需要的学前文化课程。

第一节　发展适宜性教育实践

一、发展适宜性教育实践简述

"发展适宜性教育实践"（DAP）是由美国儿童早期教育协会（NAEYC）在

美国学前教育出现较为严重小学化倾向的背景下提出的一套在尊重儿童基础上促进儿童发展的价值理念。该理念的核心思想在于让每一个孩子在恰当的时间做适宜的事情。而做适宜的事情则意味着教育者需要做出最佳的教育行为来帮助孩子们实现适宜的成长、学习和自我发展。DAP 主要关注幼儿的年龄适宜性、个体适宜性和文化适宜性三个方面。其中年龄适宜性主要涉及幼儿在其成长过程中需要获得与其年龄相适宜的身体、情感、社会、认知以及精神等领域的发展；个体适宜性则侧重于促进幼儿个体获得独特的符合自身发展特点的相关要素，诸如幼儿的个性、成长的方式与关键期、学习习惯等；文化适宜性要求尊重和关注儿童的家庭文化背景及语言特征等。DAP 主要针对 0 至 8 岁儿童的发展，由于该年龄段的儿童自主意识和学习能力还未能完全支撑自我发展的需要，便要求教师能够明确掌握幼儿如何发展和学习；掌握所在班级幼儿的个体发展水平；掌握每个幼儿的社会及文化背景。① 只有翔实的掌握这些信息，明确了幼儿的发展需求，教师的教育行为才能达到高效和适宜。由于不同学校、不同班级、不同幼儿在不同的时间点都会表现出不同的教育需求和成长需要，DAP 没有设定固定的课程模式或预设教育方法，而是一种教育理念或教学策略，用以指导教师为幼儿和家庭提供最适宜的教育和教学。

从 20 世纪 80 年代起至今，NAEYC 已经出版发行了多个版本的关于发展适宜性教育实践的文件，并在其年会上充分讨论和分享最新的研究和实践成果。例如，2014 年 11 月 5 日至 8 日，NAEYC 在美国达拉斯举行其年会，并提出了"兑现早期学习者的承诺"的主题。NAEYC 管理委员会主席卡罗尔·布伦森（Carol Brunson）和执行董事里安·埃文斯（Rhian Evans）共同指出，作为学前教育专业协会和非营利性慈善机构，NAEYC 致力于 0 至 8 岁儿童获得平等适宜的发展以及获得高质量的早期教育。同时，NAEYC 着力确保早期儿童教育行业的卓越发展以及扮演着推动学前教育发展的关键的社会角色。关于本次年会的主题，两位提到需要最大限度地发挥以下三方面因素来实现幼儿适宜性发展的承诺。第一，充分发挥热衷于学前教育事业的教育者的作用；第二，充分发挥学前教育领导者的作用，启发、从事并支持年轻教育者的事业；第三，系统的学前教育方法的实施需要有良好的资金预算和财政支持，同时要在不同时期为

---

① HANDELMA M S. Jewish Everyday：The Complete Handbook For Early Childhood Teachers［M］. Denver：A. R. E. Publishing, Inc. , 2000：5.

儿童创设适宜的个体发展参照标准。① 从二者的表述中可以体现出提升教师教学的有效性、协调教育系统内外部干预因素、设定教育发展参照标准等是现今美国推动发展适宜性教育实践的关键要素。

发展适宜性教育实践的理念彰显了整合理论、多元智能理论和全纳教育理论，该理念通过对教师提出"适宜"要求以及对《全美儿童早期教育协会早教方案标准及认证指标》的诠释，引领了美国的儿童早期教育实践的发展。② 发展适宜性教育实践虽然不是一个具体的固定的课程模式，但其作为独特的儿童教育哲学、理论框架、行动指南和评估标准，为美国儿童早期教育的发展提供了符合时代要求的客观指导。

二、发展适宜性教育实践对美国学前文化课程的指导

发展适宜性教育实践力求在教师中心和儿童中心之间寻求平衡点，从而充分发挥二者的能动性。而教师作为施教者，其可控性显然要高于学前儿童，因此发展适宜性教育实践对教师的适宜性教育教学提出了严格的要求。在文化课程方面，教师想要了解儿童处理问题的方式和立场，从而理解儿童所表现出来的行为的背后动因，则需要教师理解儿童所持有的文化背景；教师想要顺利的实施教育行为，达到预期的教育效果，则需要了解儿童的思维方式和价值立场。因此，在学前文化课程的设置和实施过程中，就需要按照文化适宜性的要求，为儿童提供其需要且能够接受的文化内容进行传授。当然，从宏观上设定文化方向或笼统地选择文化内容是容易的，而要在发展适宜性教育实践的指导下完成文化课程的设置和具体实施则需要进一步回归现实，并将着眼点放在具体的施教环境中，切实解决好幼儿每日经历的美国生活文化以及幼儿园班级中每个幼儿所持有的独有文化之间的关系。而要处理好以上相关文化内容，构建出适宜的文化课程，教师首先需要在文化课程中融入与幼儿生活相关的文化主题和内容；其次，教师在实施文化课程时要设定开放的文化结论，从而充分尊重每一个幼儿的文化取向；最后，教师的教学策略应该倾向于将所有节庆日以故事等孩子们易于接受和参与的形式呈现在孩子们面前，从而在潜移默化中感受文

---

① 根据笔者出席 2014 年 NAEYC 学前教育年会上所收集的会议文献和材料以及聆听会议发言等整理得出。

② 史大胜.美国儿童早期教育的理念与实践探析［J］.外国教育研究，2009（5）：64-68.

化的魅力。除了处理好教育场域内多文化的关系并为传统文化的传承开辟途径之外，美国学前文化课程在发展适宜性教育实践的指导下还需建构有创造性的、易于幼儿接受的具体教学策略和主题文化活动。

美国学前教育机构顾问玛克辛·西格尔·霍尔德曼（Maxine Segal Handelman）将存在于美国学前课堂上的有代表性的事物分为了若干主题，从而帮助幼儿从不同的视角，但又符合一般教学目的的发展要求，来发展幼儿利用文化的视野看待现实世界的能力。这些主题包括食物、动物、周围的世界、关于"我"的一切、流行的幼儿书籍及作者等五部分。这些主题都是很容易在幼儿身边发生和发现的人或事物。玛克辛的核心教学策略是回答"×××眼中的×××是什么呢?"① 例如"犹太人眼中的番石榴是什么呢?"和"其他人眼中的番石榴的概念一样吗?"这五项主题教学活动从幼儿熟悉的身边事物入手，以构建幼儿的文化身份特征为指向，通过融入价值理念、文化元素、传统歌曲及诗歌、故事等要素，为幼儿呈现出适宜的符合其认知发展的文化课程。类似于玛克辛的教学策略，美国幼儿园会在幼儿的家庭文化背景和幼儿的发展水平基础上，通过提升教师对文化的理解、对综合文化课程的建构与实施等专业水平，以文化特征的培养为落脚点，实施文化适宜的美国学前文化课程。

第二节　反偏见教育

一、反偏见教育简述

20 世纪下半叶，随着人们对社会偏见与歧视的反思、对多元文化教育的深入探讨以及特殊儿童"回归主流"运动和全纳教育等思想的发展及影响，美国早期教育学者路易丝·德曼·斯巴克斯等人（Louise Derman Sparks）提出并倡导实施反偏见教育（Anti-Bias Education，ABE）及其延伸出的反偏见课程（Anti-Bias Curriculum）。德曼认为反偏见教育是一种教育态度、教育途径和教育方法，该教育理念旨在处理个人和社会认同问题、不同个体的社会情感关系、

---

① HANDELMAN M S，SCHEIN D L. What's Jewish about Butterflies? 36 Dynamic，Engaging Lessons for the Early Childhood Classroom ［M］. Denver：A. R. E. Publishing，2004：viii.

文化偏见与歧视、批判性思维的发展以及为儿童获得公平对待而采取行动。① 该教育理念还涉及成年人的反偏见发展与理解，本研究将侧重点放在学前教育领域。

反偏见教育的核心教育旨在培养人具备广泛的世界性视野，在该视野下，所有儿童和家庭都可以通过恰当的方式获得成功，并成为可以对社会做出相应贡献的一分子。而要实现这一教育宗旨，受教育者需要经历自我身份的认定，了解文化的不同存在方式，并在多元文化和全纳的教育环境中学会生存和与他人合作。反偏见教育所持有的教育视野也反映了对基本人权的尊重，这些权利包括生存权、自我充分发展权、避免虐待和剥削等伤害的权利、充分参与家庭、文化和社会生活的权利等。②

反偏见教育的整体目标在于支持儿童充分地发展，真正理解自我与世界，强化儿童成为有能力的人的自我意识，为儿童创造良好的机会用以发展其开放性的多元视角以及批判性思考的能力，对儿童社会情感和认知能力的培养还可以帮助不同文化背景的儿童在世界范围内更为高效地融合与沟通。反偏见教育的具体教育目标有四个，这些目标相互支撑并指向支持所有家庭背景和社区背景的儿童。第一，每个儿童需要具备自我意识、自信心、对家庭的自豪感以及积极的社会身份定位；第二，每个儿童面对人类多样性时可以自然地表达出舒适和愉快；第三，每个儿童需要增加对不公正的认识，具备对不公正现象的话语表达能力，并理解不公正所带来的伤害；第四，每个儿童在独自或与他人相处中都要有权利和技能来抵制偏见意识和偏见行为。以上这些目标共同绘制出了反偏见教育课程、师幼互动以及创设学习环境等的实施框架及思路。③

在学前教育领域中切实的开展反偏见教育，还需要不断思考和解决一个教育认知的问题，即社会偏见是否会影响幼儿的发展以及如何在学前教育领域避免产生负面影响。由于学前儿童的身心发展特点以及社会发展程度的限制，学前教育领域的偏见与歧视现象被大众所忽略。人们普遍认为儿童没有意识也不会思考人类的不同点、社会优越性以及家庭偏见等问题。然而在现实情境中，

---

① DERMAN S L, LEEKEENAN D, NIMMO J. Leading Anti-Bias Early Childhood Programs: A Guide for Change [M]. New York: Teachers College Press, 2014: 3.

② DERMAN S L, EDWARDS J O. Anti-bias Education for Young Children and Ourselves [M]. Washington, DC: NAEYC, 2010: 2.

③ DERMAN S L, EDWARDS J O. Anti-bias Education for Young Children and Ourselves [M]. Washington, DC: NAEYC, 2010: xiv.

儿童往往会在偏见的环境与氛围中产生心理问题，并阻碍其融入社会。美国从1926年开始开展了关于学校内部偏见问题的研究，美国学者克拉克·K.B.（Clark K. B.）的前期研究对美国最高法院做出废止学校歧视的决定起到了促进作用。① 随着美国公民权利运动的开展，关于儿童种族问题的讨论在20世纪70年代至80年代发展起来。到20世纪末，美国主流社会文化在儿童的身份确定及价值取向塑造上占据了绝对控制权的现象促使文化发展适宜性教育实践的产生及发展。与儿童生活关系密切的文化多样性与教育权平等理念逐步融入学前教育课程之中。② 也正是由于对偏见与歧视等的研究，直接促使了反偏见教育的出现，而反偏见教育的理论基础便自然而然地来源于儿童发展理论和发展适宜性教育实践（主要在于文化适宜性和语言多样性）。

在现实教育实践领域开展反偏见教育，还会面临四个现实问题。第一，当人们以开放和诚恳的态度去实施反偏见教育时，会发现偏见问题是存在于人们日常生活之中的，并以极其复杂的形式而存在着；第二，当个体意识到自己拥有独特的文化并主动探索和追寻时，会对美国白人造成困扰。美国白人从欧洲移民至美国，建立了新的社会和产生了新的美国文化，在美国各族裔反思本体文化特征的影响下，美国白人便会产生迷失感，他们无法确定家族文化之源究竟归于何处，因此便会对美国非主流文化族群在确定本族身份和发展族群文化的进程中产生反感和抵触；第三，当儿童意识到并提出人类具有不同点等相关问题时，教师可能会片面地分享关于文化多样性的看法，并不自觉地将自我文化倾向传递给儿童；第四，反偏见教育要求开放性地了解不同家庭的教养方式以及不同儿童的文化发展需求，而教师在面对诸多幼儿家庭时，难免会对某一家庭的文化立场产生冲突或歧义，因而会造成教师的不安与担忧。③

面对以上诸多问题，在学前教育领域开展反偏见教育时便需要特别注意转换文化立足点。美国学前教育中的环境、课程、教学习惯以及语言等主要是建立在盎格鲁-撒克逊文化基础上而形成的，教师也会不自觉地遵从该文化力量所倾向于的是非判断标准。这便阻碍了儿童主体意识的形成并造成文化立场的混

① CLARK K. B. Prejudice and Your Child 2nd ［M］. Middletown, CT: Wesleyan University Press, 1988: xv-xxix.
② DERMAN S L, LEEKEENAN D, NIMMO J. Leading Anti-Bias Early Childhood Programs: A Guide for Change ［M］. New York: Teachers College Press, 2014: 21.
③ DERMAN S L, LEEKEENAN D, NIMMO J. Leading Anti-Bias Early Childhood Programs: A Guide for Change ［M］. New York: Teachers College Press, 2014: 17.

乱。为了解决这一问题，需要将家庭与学校的文化内容联系起来，把家庭的语言及习俗融入课堂之中。文化发展适宜性的理念也强调不仅要关注儿童个体的能力发展水平，还要注重儿童的社会及文化背景。因此，反偏见教育要求转换文化的立足点即加入多元文化和反偏见的教育方法。因而，在转变文化立场问题上还需要做到将已有文化和传统文化以及其他多元文化相结合，进而以更为宽广的视野来践行平等和全纳的理想。①

二、反偏见教育对美国学前文化课程的指导

反偏见课程在反偏见教育基础上发展而来，也是反偏见教育在教育实践领域的呈现和运用。在构建反偏见课程时需要注意做到以下五点。第一，将反偏见教育融入每日课程之中。将反偏见教育理念转变为现实课程时，首先，需要有意识地发现潜在课程，课程来源可能是孩子们关于文化问题的一个提问，也可能是来自教室之外的社会事件；其次，要从反偏见意识和儿童观等角度去指导教师的教学行为，具体要注意观察和收集幼儿及其家庭的文化背景、立场等数据材料从而确认哪些内容可以融入反偏见课程，进而通过教师会议等分享和分析所得数据，并以幼儿的问题及反馈等来探索和积累课程实施经验，最终将课程评价与反思作为教师再次实施课程的依据；最后，可以通过全园层面的综合性课程来突出某一反偏见主题，这么做可以集合全体教职工之力并易于突出重点，但设计课程时要注意课程主题要迎合各年龄段幼儿发展潜力的需求，鼓励家长参与，并制作简报以供全园分享。第二，要监督和调整教师的教育行为。这么做既可以影响教师在反偏见教育领域的专业化成长，也可以保证反偏见课程的实施质量。第三，教师要关注如何将抽象的反偏见观点适宜性地传递给幼儿，进而激发幼儿对于某一反偏见议题做出自己的思考。例如，关于人们经常食用的面包，教师就可以引导幼儿探讨面包的种类或者不同文化背景的家庭所做面包的差异，通过图片展示，或者在教室里与幼儿一同制作面包，并共同分享自己在家里所吃的面包，来帮助幼儿理解世界的多样性，并意识到既要尊重自身文化形态，又要赞赏他人的文化内容。第四，充分利用教职员工、家长和社区的资源来补充反偏见课程的内容。第五，通过利用教师会议、任务性阅读、研讨会、工作人员务虚会、教育专业年会或讲座等形式拓展反偏见课程的实施

---

① DERMAN S L, LEEKEENAN D, NIMMO J. Leading Anti-Bias Early Childhood Programs: A Guide for Change [M]. New York: Teachers College Press, 2014: 11-12.

内容与手段。① 总之，反偏见课程就是要在幼儿园每一日的各类课程和活动之中，教师本着反偏见的理念、态度和行为，在多方的共同合作下，帮助幼儿理解人类和文化的多样性，并以平等的意识去解决生活中遇到的文化问题。

反偏见教育思想对美国学前文化课程有着深刻的指导意义，在上述五点注意事项的基础上，二者的具体结合还需要做到以下三点。第一，反偏见的思想要求在多元文化中，发挥文化共同体的传统与现代优势，促进文化理解和相互尊重。因此，美国学前文化课程既要尊重和欣赏传统文化，又要发扬多样文化，并存有文化自豪感。第二，在反偏见教育思想指导下强化师资建设，明确课程设计思路。在设计反偏见课程计划时，教师应遵循以下思路，即先了解儿童与文化有关的需求、经验、兴趣、情感和行为，进而了解儿童家庭对儿童的文化期望，然后了解儿童所处的社区环境中有关的事件和信息，同时要澄清教师自身的知识、价值观和兴趣。在此基础上，教师便可以利用"大脑风暴"技术来形成"主题网络"，从而形成文化适宜性反偏见课程。② 第三，教育者要维持反偏见视野。反偏见观念的建立以及有效地理解他者文化并非一朝一夕能够完成的教育任务，在漫长的文化自省与文化冲突的过程中，教育者要维持反偏见的视野来看待所面对的文化问题，进而影响幼儿对周边文化问题做出合理的判断与解决。而维持反偏见视野的方式多种多样，这需要教育者在教育实践中去感悟和总结，例如，在涉及文化问题时，要讲求慢慢来的原则即在潜移默化中给予幼儿适宜的文化干预，也可以说只有在通过每一个小的文化问题的讨论和解决的量化积累的基础上，才能完成大的文化观念和文化能力的质变。因此，教育者通过反偏见视野来看待幼儿的日常文化生活，有助于发现、分析、思考和有效处理幼儿所面对的文化问题与差异。总之，在反偏见教育思想的指导下，学前文化课程会更加符合幼儿及其家庭的文化发展需求，会帮助幼儿更好地理解文化差异并有效地处理一生中所遇到的文化问题。

---

① DERMAN S L, LEEKEENAN D, NIMMO J. Leading Anti-Bias Early Childhood Programs: A Guide for Change [M]. New York: Teachers College Press, 2014: 92-102.
② 左晓静. 反偏见教育及课程初探 [J]. 教育导刊, 2002 (10): 58.

第三节 生成课程

一、生成课程简述

生成课程（Emergent Curriculum）由太平洋橡树学院人类发展与家庭研究学院的伊丽莎白·琼斯（Elizabeth Jones）博士提出。琼斯博士从 1954 年便开始从事学前教育的教学与研究工作，并始终在思考什么是学前教育课程，学前教育课程应该如何实施等问题。她认为学前教育课程应当是在教育场域中时刻发生着的教育实践，这种实践可以是预设的，也可以是生成的，还可以是偶然的、未计划的。然而预设的系统的规定性课程（Prescribed Curriculum）更加适合于学前教育阶段之后的受教育者，在学前教育中实施则显得过于武断，且阻碍儿童的个体发展；偶然性课程（Accidental Curriculum）在学前教育中也会存在，但其缺乏对幼儿发展水平的评价和教师专业化发展的要求。因此学前教育课程需要在以上二者之间寻求一条中间途径，于是生成课程的教学模式对学前教育阶段来说则显得更为重要。①

1994 年，琼斯和同事约翰·尼莫（John Nimmo）通过 NAEYC 出版了名为《生成课程》的著作。尼莫的博士阶段的研究是在意大利的瑞吉欧学校完成的，因此琼斯和尼莫借助于瑞吉欧教育的构建方式去收集了大量的关于生成课程的实践案例，并描绘出更为形象的生成课程。生成课程的目标在于回应每一个儿童的兴趣点和发展要求，因此要做到开放和自主。生成课程的实施需要在一个基于游戏和活动的环境中，充分发挥教师的主动性和内在动机，因此生成课程既生成于儿童，也生成于教师、家长和社会。生成课程的深度开发是需要成人关注孩子的问题和兴趣并将其扩展，生成出更为丰富的问题和兴趣点。② 因此建构生成课程的基础和来源在于儿童的兴趣、教师的兴趣、儿童发展的任务、幼儿所处的物理环境、处于社会环境中的人、课程素材（如教材）、突发事件，在

---

① JONES E. Introduction: Curriculum Planning in Early Childhood Education ［M］// DITTMAN L L. Curriculum Is What Happens: Planning Is the Key. D. C.: NAEYC, 1977: 4.

② JONES E. The Emergence of Emergent Curriculum ［J］. Young Children, 2012, 67（2）: 67.

园共同生活中冲突的解决、看护和常规活动，学校、社区和家庭所持的文化价值立场等。① 生成课程注重学习的过程性，它既不是教育者预先设计好的、在教育过程中不可改变的僵死的计划，也不是儿童无目的、随意的、自发的活动。它是在师生互动过程中，通过教育者对儿童的需要和感兴趣的事物的价值判断，不断调整活动，以促进儿童更加有效地学习的课程发展过程，是一个动态的师生共同学习、共同建构世界，对他们、对自己的态度和认识的过程。②

生成课程具备以下特点：第一，生成课程不是一个流水线式的教学进程，而是一个不断转变和展开的过程。该过程需要响应儿童不断变化的发展需要和兴趣、家长和社区的利益与关注点以及教师的决策，这些影响因素共同决定了课程未来发展的方向。第二，生成课程是具备周期性的。随着教师对儿童及其家长了解程度的深入，教师需要与同事或家长不断讨论和分享新的教育体验和计划，并对儿童及其发展情况做出反馈，进而继续监控儿童的学习发展进程。生成课程就是在观察、交流、行动、反馈、再次观察的循环往复的进程中为儿童提供适合的教育过程。第三，生成课程是灵活多变并不断做出教育回应的过程。教师的教学计划是灵活的，这种灵活性是建立在对儿童的兴趣、发展优势、学习需求等方面的理性回应之上的。第四，生成课程意味着协同合作。该课程可以视为为成人和儿童提供充分的合作机会用以共同做出教育决策的过程。第五，生成课程让儿童的"学"和教师的"思"变得清晰可见。教师在与儿童、同事以及家长的讨论与反馈的过程中，完成了关于教学的文档记录工作，而教学文档作为一种课程教学记录工具既可以反映出教师自身的思考、规划以及做出教育决策的实际情况，也可以呈现出儿童的生长发展情况以及教师的自我学习情况。③

总之，幼儿园的课程与环境设置、教学规划、教学经历及经验的记录等都是教师有意识教学的重要组成部分，而这些实践因素的生成主要来自儿童的兴趣萌芽、激情、优势和发展需求。儿童感兴趣的教学主题往往与儿童的游戏，儿童在家庭和社区的经历，儿童、教师、家长以及教学合作者之间的交流和对话息息相关。也就是说，与儿童自己生活经验相关的事物最能引起儿童的注意、兴趣并激起获得发展的期望。因此，生成课程的教学方法将儿童在不同场域的

---

① JONES E, NIMMO J. Emergent Curriculum [M]. Washington, DC: NAEYC, 1994: 127.

② 冯晓霞. 生成课程与预成课程 [J]. 早期教育, 2001 (4): 2-4.

③ STACEY S. Emergent Curriculum in Early Childhood Education: From theory to Practice [M]. St. Paul: Redleaf Press, 2009: 5-6.

生活联系起来，满足其发展的现实需求。生成课程是将发展适宜性教育实践由理论转化为现实实践的桥梁和途径之一，这对美国幼儿园的文化课程的创设和实施具有深刻的指导意义。

二、生成课程对美国学前文化课程的指导

生成课程为教师提供了一种方法灵活的课程组织形式，教师可以在儿童的兴趣和问题的基础上，充分发挥主动性和创造力，从而利用综合的方法将儿童的生活经验与教学内容、环境因素等相联系，通过师幼共同探索、游戏活动等方式完成教学。在生成课程中，教师还可以指导儿童创造出各种发展实践技能的机会，例如，发展大小肌肉活动技能、语言技能等，同时这种极具创意的课程也是学前教育理论构建的素材。当然，生成课程在实践当中不必拘泥于一堂课或一段固定的时间，它可以帮助教师将长期的教学目标与每时每刻师幼的交流互动顺利地连接起来，而这种课程生成的意识是需要时刻保持敏锐的洞察力，及时发现儿童的兴趣点并将其转化为课程的具体实施。例如，孩子们可能会发现蚂蚁在冬天会销声匿迹，而在春天则重新出现，这也可能引起孩子们的兴趣。教师可以利用这个机会给孩子们阅读一些关于蚂蚁的书籍，让孩子们穿上蚂蚁状的衣服扮演蚂蚁，引导孩子们以蚂蚁为主题进行绘画或写作，甚至可以帮助孩子们搭建蚂蚁的住所来认识蚂蚁的生活习性等。基于以上的教学思路，幼儿园课程从预设的话题式教学和框架式单元教学自然而然地过渡到了以儿童兴趣为基础的主题教学和班级活动。

生成课程的理念可以有效地指导学前文化课程的实施：第一，生成课程可以指导教师关注孩子们感兴趣的文化要素，并根据儿童在家庭、社会场所等接触到的文化要素以及被这些要素所激发的兴趣点为出发点，构建出有助于满足孩子们发展需求和答疑解惑需要的文化课程。当然，课程的组织思路也可以反过来，幼儿园可以组织活动从而激发儿童的兴趣，进而指导儿童在家庭、社会等非学校场所去进一步感知文化的内涵。第二，生成课程可以指导文化课程利用文化主题网的形式进行教学。（关于文化主题网会在本章小结部分详细论述）第三，生成课程可以帮助教师将长期的文化教育目标与儿童平时的文化关注点联系起来。如果我们简单地说文化课程是为了将儿童培养成为具有文化主体思维和身份特征的人，那么教师可以将一年的节庆日分成连续的教学区块，以儿童的文化兴趣点为出发点，在不同阶段创造适宜当下节日氛围的文化课程，从

而引导和锻炼儿童以文化主体的视角思考问题，这样既可以避免教学目标的盲目随意生成，提升教学的目的性，又可以为日常的教学提供充分的生成与扩展空间，形成预设目标与弹性目标的结合，达到教学预设性与生成性的统一。第四，生成课程强调教学过程中的交往与对话。从整体的文化教学活动来看，教师需要与家长、幼儿、教育相关者等进行充分的沟通，全面了解儿童的文化成长情况。进而与儿童展开"对话教育"式的教学活动，充分激发儿童的思考和想象，为儿童提供开放性的问题以及学习资源，在非预设性的教育情景中不断生成新的教学内容。

总之，在生成课程的指导下，学前文化课程的教学策略应该是灵活多样的，而最终对教学成果的评价也应当是动态和适宜的。教师与幼儿在互动交往的过程中，在生活经验的分享中，在文化情景的体验中，在教学的反馈与思考中，共同经历着生成课程式的教学过程，则会收获丰富的教学成果与多样化的成长感悟。

第四节　瑞吉欧·艾米里亚教育

一、瑞吉欧·艾米里亚教育简述

第二次世界大战之后，意大利有着追求社会服务与福利传统的地区开始主动发起家长办学的主张，这便成为瑞吉欧·艾米里亚教育体系的雏形。20 世纪 50 年代，教育者和家长们越来越意识到学前教育的重要性和需求性，由法国教育改革家塞莱斯坦·弗雷内（Celestin Freinet）所倡导的教学法和美国教育家约翰·杜威（John Dewey）所倡导的关于进步教育的主张依然推动着教育界关于教育革新的争论。1951 年，意大利博洛尼亚市（Bologna）自由党政府（Liberal Administration）委任布鲁诺·恰利（Bruno Ciari）负责规划整个城市的学校系统。于是，倡导大众教育的恰利发起了合作教育运动（或称合作办学运动）。恰利和他的追随者们认为教育应当激发孩子们的多种能力，并促进儿童在语言交流、社会以及情感等领域的和谐发展。恰利鼓励教育者将儿童的家庭成员和其他相关的社会公民邀请到学校共同参与教育活动。他建议幼儿园的每个班级可以包括 20 名幼儿以及两名教师，这样既可以使教师在合作中工作，也可以使师幼自如地运用班级的物理环境。① 恰利对博洛尼亚市教育系统的改造推动了当地教育水平的提升，也对周围城市的教育改革提供了参照。

瑞吉欧·艾米里亚镇是意大利 20 个大区之一的艾米利亚－罗马涅大区（Emilia-Romagna）的一部分，这个区是意大利面积最大和最为富裕的地区，该区的艺术、建筑业、农业、工业以及旅游业十分发达，社会服务及福利的发展程度很高，特别是儿童福利水平。② 在瑞吉欧从事心理康复工作和学校教学工作的罗里斯·马拉古兹（Loris Malaguzzi）是恰利的亲密好友以及同事，在合作教育运动氛围的影响下，马拉古兹与当地的幼教工作者共同兴办学前教育机构，并最终创造出"瑞吉欧·艾米里亚教育体系"。经过多年的发展，瑞吉欧教育方法由多位学者从不同的研究视角予以了补充和发展，例如龙瑞·布朗芬布伦纳（Urie Bronfenbrenner）、玛利娅·蒙台梭利（Maria Montessori）、维果斯基（Lev Vygotsky）、让·皮亚杰（Jean Piaget）、爱利克·埃里克森（Erik H Erikson）、大卫·霍金斯（David Hawkins）、温贝托·马图拉纳（Humberto Maturana，智利哲学家，提出结构决定论等）、格列高里·贝特森（Gregory Bateson，英国人类学家）、杰罗姆·布鲁纳（Jerome Bruner）等人的思想和研究均对瑞吉欧方法产生了影响，许多当代学者从以上知名学者的视角出发对瑞吉欧教育的发展也起到了推动作用。

瑞吉欧·艾米里亚教育体系或瑞吉欧教学法所涵盖的内容很丰富，但其基本的教育原则和主旨大致可以概括为以下八方面。

第一，儿童被视为教育过程的主角。瑞吉欧教育认为所有的儿童都是有准备的、有潜力的、好奇的、乐于建构自己的学习过程，并且会主动与环境带给他们的一切进行协调和融合，因此儿童应该获得更多的自主权。从整体教育过程来看，儿童、教师和家长是教育活动的三个中心要素。第二，儿童被视为合作者。教育应当关注每一个儿童及其相关的家庭、教师、社区及其他儿童所构成的整体，而非割裂地注重每个个体儿童。在教学中就需要在社会建构模型的基础上开展小组活动教学。第三，儿童被视为沟通交流者。这一观点旨在通过系统地关注儿童、象征性地展示其认知表象的外显行为来促进其智力认知水平和知识表征能力的发展。这些外显行为包括言语、活动、绘画、搭建、雕塑、

① EDWARDS C, GANDINI L, FORMAN G. The Hundred Languages of Children: The Reggio Emilia Approach to Early Childhood Education [M]. Norwood: Ablex, 1993: 151-170.

② CADWELL L B. Bringing Reggio Emilia Home: An Innovative Approach to Early Childhood Education (First Edition) [M]. New York: Teachers College Press, 1997: 4.

影子游戏、拼贴、戏剧游戏、音乐等，都能够引导儿童获得更高水平的交流能力、象征表达能力和创造能力。这些行为也可以看作儿童丰富的"自然语言"，对这些"语言"的关注可以将儿童的内在想法及表象视觉化和形象化，从而帮助儿童获得进一步的发展。第四，环境是儿童的第三位教师。幼儿园中任何空间的任何角落都可以个性化和目的化，对空间的设计和运用可以促进儿童和成人的交流并建立多种联系。第五，教师被视为合作伙伴、看护者和指导者。教师可以通过方案教学，帮助儿童进行主题探索、共同完成短期和长期目标任务，并指导儿童解决问题等。教师与幼儿有着直接交流的便利，教师通过问问题和观察等手段可以发现儿童的想法和虚拟假设，进而提供教育时机帮助儿童获得成长与发现。第六，教师被视为研究者。幼儿园教师有着长期接触儿童和与同事交流的便利，在反思实践和合作学习的基础上，教师如果有着研究者的意识和知识准备，则往往可以改善教学，甚至可以成长为教育家。第七，文献档案被视为交流与传达信息的工具。文献档案并非一件简单的文本制品，它是一个动态的记录过程，文献档案的建立可以明确的记录下教学过程中师幼的行为表现及具体经历。无论是对教师的教学及反思的记录，还是对儿童学习过程的记录，都可以运用丰富的传播媒介，并设计成极具创意的记录板或书籍等形式将幼儿园生活形象地记录下来。文献档案既可以帮助记录方案教学过程，又可以作为活动的延伸进行教学拓展。师幼共同建立的文档既可以增进交流，又可以使文档丰富化和视角多元化。文献档案的建立既可以帮助家长了解子女的幼儿园生活，又可以帮助教师更好地理解儿童、评价儿童，也为教师之间的教学交流提供了素材。第八，家长被视为合作者。家长参与是学校教学的必要补充，家长在儿童的学习经历中扮演着重要角色，因此家园合作可以发展出更为恰当的教学方式和内容。①

　　总之，就像马拉古兹所说的："你与儿童共处的时间越久，你就越会发现他们对世界是多么的好奇，他们对再微小的事物都极度敏锐。"② 因此，我们需要建立在对儿童认知的基础上，充分利用方案教学，具有探索性的环境设置，学校、家庭和社会的合作、文献档案建设等教育方式，满足儿童的成长需求。而这些教育理念自然也对学前文化课程的实施具有明确的指导作用。

---

① GANDINI L. Fundamentals of the Reggio Approach to Early Childhood Education ［J］. Young Children，1993，49（1）：4-8.

② WURM J P，GENISHI C. Working in the Reggio Way：A Beginner's Guide for American Teachers ［M］. St. Paul：Redleaf Press，2005：10.

二、瑞吉欧·艾米里亚教育对美国学前文化课程的指导

瑞吉欧教学法可以从以下四个方面对学前文化课程予以指导和启发。

第一，根据瑞吉欧教学法的基本教学原则，学前课程主题或方案的设计来源主要在于三个方面，即儿童与环境互动过程中的自然发现、师幼共同的学习兴趣点，以及教师根据幼儿的认知发展需要或社会热点问题而确定的主题。在设计学前文化课程时，教师既需要关注儿童在物理环境中的注意力指向，又要关注师幼在交流中激发出的关注点，还要结合现实情况来设计教学方案。例如，在美国全国庆祝战争纪念日时，美国学前文化课程便可根据此主题来为儿童开展教学，介绍美国历史，感知美国精神。这一方面符合了儿童了解社会文化的需要，另一方面可以趁此调解多元文化之间的关系。因此，这一活动主题符合师幼的共同关注点即现实的身边事件。

第二，学习是在合作中完成的。瑞吉欧教学法认为儿童有能力和潜力与其他社会关系相配合完成自我的学习过程，可以说，儿童的成长和学习应该在教师、家庭、社区以及其他儿童伙伴的合作配合中完成。在实施学前文化课程时，就需要充分利用文化环境创设、社区的资源、城市的文化元素和图书馆等社会资源，来辅助学前文化课程的开展与延伸。

第三，教师是儿童学习的最好搭档。教师通过询问儿童问题、聆听儿童、与儿童合作完成文献档案等活动可以获得更好的教学效果。例如，在庆祝中华人民共和国成立日的活动当中，师幼可以共同模拟去国家的各个城市旅行来感受国家的文化传统、共同制作印有国家文化字样的帽子、共同绘画国家的特色建筑、共同制作传统食物等，这些活动的完成需要师幼频繁的互动和交流。

第四，儿童有百种语言，艺术是很好的表达方式。瑞吉欧学校中通常会设有艺术工作室（Atelier），并有视觉艺术专家（Atelierista）来指导师幼的艺术活动。艺术指导教师可以帮助师幼运用丰富的艺术材料，如绳线、黏土、光影、油漆等。艺术指导教师还会参与到文献档案的制作过程中。在马拉古兹看来，儿童有百种语言。这里的语言便是儿童的文化、学习、交流等的符号，通过艺术教育等教学活动，普通的材料会被儿童赋予意义和言语描述，便会呈现出丰富的"语言"，这里的语言还可以理解为儿童在学习及内化知识的过程中所运用的工具以及内在思维的呈现。总之，丰富的艺术活动是满足儿童百种语言发展和表达的途径之一。

在美国瑞吉欧学前教育学校中，都会有艺术指导教师参与教学活动，例如芝加哥瑞吉欧·艾米里亚风格的学前教育中心便有艺术指导教师，该教师在国家核心价值观和民族情感的指导下，为儿童提供恰当的审美空间和开放式的学习材料，在发展儿童想象力和思考力的同时锻炼儿童自我发现能力和自我表达能力。在其他美国幼儿园，教师也非常注意对艺术素材的运用和鼓励儿童去表达。一些有艺术背景的志愿者常会到幼儿园中开展文化艺术课程，这对儿童视觉表达等多方面能力的发展以及培养儿童对民族文化的情感均大有裨益。总而言之，在瑞吉欧教学法的指导下，儿童与周围世界的互动内容及方式更加丰富，这为美国学前文化课程的实施提供了更为广阔的途径。此外，瑞吉欧教学法与发展适宜性教育实践及生成课程均有相通之处，综合合理地运用这些教学思想是完善美国学前文化课程的保障。

本章小结　美国学前文化课程的思想指南及其呈现方式

美国不同的幼儿园分别会基于一种教育思想并兼具其他教育理念的优势来构建自己的学前文化课程。J园和H园主要基于发展适宜性教育实践，S园和R园主要基于瑞吉欧教育思想，还有一些其他美国幼儿园是基于蒙台梭利教育思想来实施课程的。在笔者所观察的几所美国幼儿园当中，主要是基于发展适宜性教育实践为基础，兼具瑞吉欧教育、生成课程、文化融入一日生活及反偏见教育等教育思想来设置学前文化课程。在这些思想的指导下，美国幼儿园还会通过以下三个方面来将教育思想基础呈现为现实教育实践。

第一，文化环境的创设。作为一种隐性课程，幼儿园环境在传递知识、激发兴趣、突出主题活动内容、师幼互动等方面起着重要的支持作用。美国幼儿园的环境设置为学前文化课程的开展提供了有力的支撑，其主要关注室内外的墙壁、教室内的日用物品（消耗品）、种类丰富的学习素材等三方面。首先，在室内外的墙壁方面，通常需要体现幼儿及其家庭、文化的标志及象征物、美国的日常生活元素等。墙壁的布置需要经常更新，用以体现课程的更替和幼儿园生活的进展，同时还能让家长了解到自己孩子所学习的文化内容以及成长进程。除了墙壁之外，与墙壁相关联的屋顶、地板、窗户、门厅等均可以实现环境的创设。其次，在教室内的日用物品（消耗品）方面，教师可以提供给幼儿关于艺术、建筑、写作、科学探索以及数学等方面的多种物品。例如，经常用有文化符号的报纸进行绘画和折纸、将节日烛台和蜡烛在仪式或主题活动中用作照明、在游戏活动中将传统乐器用作实验物品并探索其构造和发声等。很多与节日文化相关且可用于日常生活的物品都可以呈现在班级中供幼儿玩耍和游戏，只要做到安全、整洁并且规范幼儿将物品用完后物归原处即可。最后，在学习素材方面，可以提供给幼儿丰富的书籍、拼图、游戏板、道具、小型植物、放大镜、乐器等，当然这些素材一定要与文化相关，如介绍国家节日的儿童书；在接触动植物时要传递防止伤害动植物、不要毁坏和浪费等传统理念。总之，作为无声的"教育者"，幼儿园环境对生活在其中的孩子们十分重要。

第二，文化课程的观察与评价。对于幼儿园课程的观察及评价，需要建立在家园合作的基础上进行，特别是学前文化课程，需要教师与家长合力将幼儿在幼儿园与家庭的文化发展情况连接起来，保证学校内的系统的文化传承能够得到家庭的支持和延续。对美国学前文化课程的观察及评价，是基于从学校到家庭，从学期初到学期末的整体跟踪记录的。为了满足幼儿适宜的文化发展需求，教师需要和家长以及幼儿形成频繁的互动，从而获得大量的观察信息，并做出客观的文化发展评价。在与家长的互动中，教师需要了解家庭成员的基本情况、父母的教养方式、关于身份确认问题中家长的言行、针对学前文化课程实施的课程延伸问题的交流等。在与幼儿的互动中，教师需要注意的问题则更加广泛。教师需要观察幼儿的日常活动，注意幼儿发出的问题，聆听幼儿间的对话，开展教师与幼儿的直接对话，分析班级中每个幼儿的需求、兴趣、优劣势等。只有掌握了大量的观察信息，才能确定不同幼儿所持有的不同发展需求。这些观察信息可以通过建立幼儿档案记录或日记档案的形式予以保存，也是家园沟通的重要素材。观察记录最终指向的是对幼儿发展的客观评价。教师需要明确在过去的学前文化课程的实施过程中，幼儿是否阅读了关于文化的书籍，幼儿是否主动地出现了公义、正义行为，幼儿是否了解了文化仪式等。在揭示出幼儿过去表现的文化行为发展的基础上，教师需要明确以下几个问题来确定幼儿在未来的文化发展中的关注点，以及针对个体幼儿的文化发展需求做出有针对性的适宜的教育预判。这些问题一般涉及：幼儿在园时的主要注意力指向何处？教师提供哪些玩教具可以帮助幼儿解决所关注的问题？教师如何能有效避免两个孩子在共同解决问题时所产生的冲突或产生放弃等消极情绪？活动课程、单元教学等是否自然恰当地达到预期目标？等等。教师和家长需要在信息反馈与课程评价的动态对应实践中不断为幼儿做出新的教育计划和决定，同时要有意识地将文化内容融入幼儿新的教育规划中，从而在符合幼儿文化发展适宜性的基础上完成文化的传承。

第三，文化主题网（Webbing）的运用。主题网主要是为教师及儿童提供一个有计划的策略，师生共同或教师集体由一个有趣的学习主题开始去建构一张围绕主题而展开的网络，通常会跨越几个学科或围绕儿童发展的范畴来编织。[1]主题网不仅通过主题将师幼联系起来，并在合作中共同探索幼儿感兴趣的领域，最终提升幼儿的理解程度，还能将文化内容以恰当的形式与其他课程相融合。通过将文化的内容与美国日常生活内容相联系，可以帮助幼儿良好地参与其中。主题网构建的方式在于多人参与、合作完成，师幼之间、师师之间贡献自己的观点和想法，要重视孩子们的想法，并及时询问孩子们知道什么、想知道什么，像头脑风暴法一样将主题点与兴趣点不断地拓展，拓展开来的枝杈之间要保持过渡顺畅和迅速，高相关点可以多点拓展，低相关点则可终止。当然主题网的拓展也不可漫无目的，一定要遵循着课程计划、目标以及评价标准来创建。在美国学前文化课程当中，教师需要有意识地加入代表文化的特有文字、歌曲、故事、价值观念、节日以及仪式等内容。图2-1展示了以"家庭"这个主题词出发，延伸出了犹太光明节和住棚节等相关犹太文化要素，从而良好地将美国犹太幼儿的日常生活与犹太文化知识建立起了联系。总之，主题网的设计不在于追求穷尽所有相关要素，而在于所拓展的主题点与课程实施相关的班级文化、幼儿的兴趣点、教师的施教风格、幼儿园的现实条件等相适宜，从而实现预期的教学效果。

在美国幼儿园班级中开展发展适宜性教育实践符合美国文化在学前教育课程中的实施以及幼儿文化发展的要求。那么如何才能确定某个班级的学前文化课程是否符合发展适宜性教育实践的要求呢？美国芝加哥的学前教育者列出了十个条目用以检验幼儿园的学前文化课程是否达到了发展适宜化设置的要求。第一，是否可以让家长和幼儿迅速识别出班级的文化特征；第二，班级是否具备安全舒适的气氛让幼儿自由地成长和发展；第三，幼儿在参与课程实施时是否发挥了其多种能力并且感到成就感；第四，课程是否以儿童的需求为中心；第五，文化价值取向是否与课程相结合，文化元素是否恰当地融入了课程当中；第六，日常文化行为是否融入课程当中；第七，课程的设计是否为幼儿提供了

---

[1] 李辉. 综合课程的组织架构［J］. 学前教育研究，2003（6）：12.

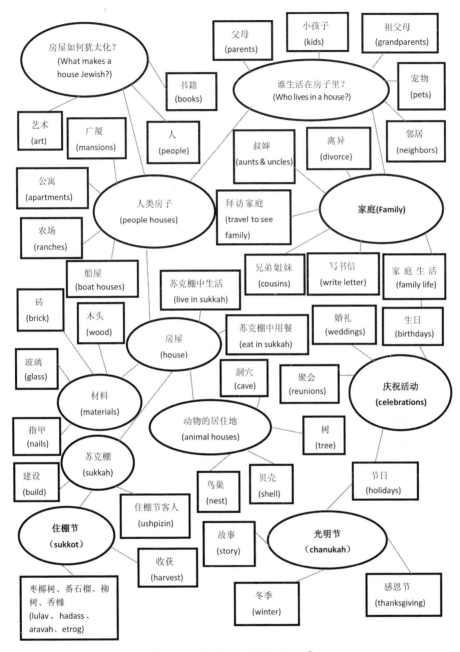

图 2-1 "家庭"主题网络图①

---

① HANDELMA M S. Jewish Everyday: The Complete Handbook For Early Childhood Teachers [M]. Denver: A. R. E. Publishing, Inc., 2000: 15.

多样化的动手学习经历让幼儿运用学习用具、解决问题、自我探究等；第八，文化课程的设置是否融合了多种课程领域，例如语言艺术、数学、社会研究、科学、音乐、身体等教育领域；第九，课程是否强化了关于感知觉的学习体验；第十，在活动课程中是否提供了同伴交往的机会来提升幼儿的社会发展技能。①以上十点虽然形象地描述了学前文化课程所应具备的适宜化文化特征，但学前课程、教师、幼儿、家长等要素是灵活多变的，因此学前教育者需要把握学前文化课程设置的整体原则来因地（人）制宜的实施课程，从而满足社会以及幼儿自身的文化发展需求。该整体原则或学前文化教育的基本方向在于培养幼儿成为良好的学习者、拥有积极的自我形象、具备好奇心和创造力、具有明显的身份特征以及强大的社区归属感。② 基于此，幼儿将以本体文化主体的方式来面对未来的社会生活。

　　总之，从教育思想历史传承的角度来看，美国幼儿园所遵循的教育思想大多可以发现杜威的进步主义教育思想、皮亚杰的认知发展理论、维果斯基的"文化—历史"理论等教育观点。因此，指导美国学前文化课程的教育理论和思想均有着相互支撑和融合之处。从教育思想相互融合和批判的角度来看，美国幼儿园并不会单纯地参照单一的教育理论来死板地实施课程，就像美国大多数幼儿园一样，学前文化课程的实施一定要基于儿童个体发展的需要以及尊重其所持有的文化背景，就像维果斯基的文化双线发展的思想一样。而要做到这一点，就需要关注儿童的生活背景、内在心理、发展水平等个别化特征，这种个体差异性便需要更为适宜的课程来应对。然而幼儿园课程毕竟是教育的一环，其教育本质是具有社会性的，课程的创设是要兼顾社会需求的，这便要求综合性程度更高的课程来满足多方要求。因此，美国学前文化课程是融合了多种教育思想，并将直接教学和活动教学、分领域教学和综合教学等进行适宜化整合后形成的课程综合体。

---

① HANDELMA M S. Jewish Everyday：The Complete Handbook For Early Childhood Teachers ［M］. Denver：A. R. E. Publishing, Inc. , 2000：17.

② HANDELMA M S. Jewish Everyday：The Complete Handbook For Early Childhood Teachers ［M］. Denver：A. R. E. Publishing, Inc. , 2000：17.

第三章

美国学前文化课程的构成与实现

引 言 美国学前教育课程改革的
实践思路及施教机构的均衡实践

美国是一个极具危机意识和务实的国家，在国家发展的不同历史阶段，都会规律性地发出"国家衰退论"的呼声，就在一次次地反思美国现实处境之后，教育改革特别是课程改革都会成为国家未来发展的一个重要变革领域，而在针对时事并开展多年教育改革的实践进程中，美国遵循着自身的改革思路，形成了一定程式化的改革实践路径。例如，20 世纪 50 年代，美国教育部门调查到由于贫困问题，广大黑人和其他少数族裔的子女往往被排斥在学前教育之外，在进入义务教育年龄段时处于明显不利的地位，进而在引发城市暴力和社会动荡时，美国发起了学前教育机会均等运动，并提出在全国实行"先行计划"。旨在实现学前教育机会均等目标的"先行计划"在 20 世纪 60 年代深入实施后，经过效果评估，发现投资效果并不显著，于是尼克松总统将此计划的管理权由联邦经济机会局移交给了教育部管辖下的儿童发展局，进而将该计划做出了多处修正，在一定程度上促进了当时美国学前教育的发展。例如，美国在 2001 年出台《不让一个孩子掉队法案》之前，为了确定法案实施的具体目标和内容，开展了全国范围的儿童成绩测评调研，从而确定出美国儿童在阅读、数学、科学等学科的水平有所下降，进而确定教师素质有待提高、教育质量参差不齐等问题。针对诸多问题，美国确定了学生课程发展标准和目标，以及多项具体措施，从而统一了学前教育目标，确保了学前教育公平和教育质量的提高。① 美国学前教育改革的方式、思路及表象形态各异，但诸多学前教育改革事件都可以映射

---

① 周采，杨汉麟. 外国学前教育史［M］. 北京：北京师范大学出版社，2012：173-182.

出这样的改革实践思路，即根据美国的社会问题和教育需求，通过对师生等教育要素进行测验和评估（问题评价）从而确定具体的教育问题，在该问题的基础上出台相应的教育改革政策，当然该政策中会包含对应的教育标准和目标、实施与内容等，并进一步深入教育实践，最终再次对师生等教育要素进行测验和评估（效果评价），从而完善教育革新措施。具体流程可简化为图 3-1。

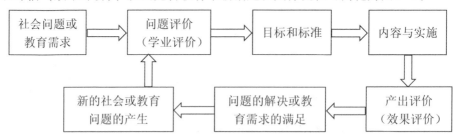

图 3-1　美国学前教育课程改革的实践思路流程简图
（资料来源：根据对 UHT1 教师的访谈资料绘制，2014-10-8）

此外，1983 年，美国在《国家在危机中：教育改革势在必行》等报告的影响下，开展了教育标准化运动。在 1989 年《美国 2000 年教育目标》和 1994 年《美国 2000 年教育目标法案》等的教育政策促进下，全国性的学前教育标准的制定以及统一各州和地方的学前教育水平等成为国家学前教育改革的一个着重点。然而，各学科国家标准的过高要求在一定程度上会超出儿童的能力范围，从而产生消极影响。因此，学前教育的一线施教机构不得不权衡国家标准、儿童个体发展以及地方教育条件等因素，从而均衡国家、地方及个体的教育要求和教育实践。从一个侧面可以说，美国学前教育标准化运动的实践过程其实也是社会教育内在要求与个体教育发展要求的博弈均衡的过程。而美国幼儿园在这一教育实践进程中实现了教育的均衡实践，即在国家教育标准的基础上实施关注儿童个体发展的课程，从而保证获得政策支持的同时完成教育的个体化实践及文化的自我传承。总之，针对我国的学前教育问题及需求，着眼于我国幼儿的学业发展现状，透过美国学前教育的标准及目标，具体内容及实践，以及最终的效果评价方式，在遵循学前教育均衡实践的基础上，便可以实现学前教育的教育适宜化发展。

第一节　美国多层级的学前课程标准及其文化要素

一、美国联邦政府层面的学前课程标准及其文化要素

（一）美国州共同核心标准（Common Core State Standards，CCSS）

美国州共同核心标准是由美国州长协会最佳实践中心（the National Governors Association Center for Best Practices，NGA Center）和州首席教育官员理事会（the Council of Chief State School Officers，CCSSO）等组织的会员于 2009 年起开始制定的。多数州的教育官员和学校领导逐步意识到统一课程标准以及制定现实的学习目标对美国学生学业的发展是有价值的，同时还能够确保所有的学生，无论他们生活于何处，都可以为未来的大学、职业生涯以及现实生活做好充分的准备。2007 年 11 月，在 CCSSO 的年度政策座谈会上部分州的领导者最早提出了制定共同标准的设想。截至 2015 年 8 月，美国的 42 个州①、国防教育活动部、华盛顿特区、关岛、北马里亚纳群岛和美属维尔京群岛均已通过并采用语言和数学共同核心标准，在实施标准时各地还注重将标准进行地方化适应与转变。在制定 CCSS 的过程中，主要涉及两个教育阶段即为大学——职业（College-Career）做准备的高中课程标准和为中学做准备的幼儿园—十二年级（K-12）课程标准。② 在本研究中，将重点关注幼儿园阶段的标准内容及其实施。CCSS 的内容目前主要包括英语语言艺术标准和数学标准两个部分。CCSS 在实施过程中也在不断更新和完善，基于已有标准在实践中的良好反馈以及学生为未来成功所做准备的标准和需求的变化，CCSS 所关注和要求的标准侧重点也在随之变化。例如，在英语语言艺术标准中，越来越强调经常性的练习复杂文本以及学术语言；无论是文学还是基础信息的获得，都要基于文本的论据来进行读、写、说；还要通过内容丰富的纪实性材料来构建自己的知识体系。在数学标准中，要更多地关注有针对性的少数数学主题，每个年级标准的关注点要更

---

① 2013 年 12 月是 45 个州，2014 年 6 月是 43 个州，由于各州在地方化实施的过程中会遇到各种问题，有的州在加入，也有的州被迫退出。

② Common Core State Standards Initiative. Development Process［EB/OL］. Corestandards Website，2015-08-27.

为准确和深入，要从过去以"宽而浅"为原则的宽泛的关注数学的各项内容转向深入理解数学的概念、掌握数学程序运作技能以及强调解决课堂内外的数学问题；学生在各年级之间的数学学习主题及数学思维的成长要具有连贯性；从概念、程序性技能、流畅性以及应用程序等方面要追求严谨。从以上标准侧重点的倾向性来看，培养美国学生获得知识的连贯性、体系性、深入性、复杂性等有所体现，然而一味地强调高标准并非完全能获得高收益，因此，为防止不适宜的标准阻碍了学生的发展，美国还强调国家标准与地方标准的双轨并行，以期促进学生的最好发展。

无论是英语语言能力的发展还是数学抽象逻辑思维的形成，都和国家民众的认识习惯与思维方式有紧密的联系。特别是从语言习得上来说[1]，更能帮助一个民族的后裔成为真正该民族的人。在 B. 沃尔夫（B. Whorf）看来："使用不同语法的人，受其语法结构的支配，对外表相同的事物进行各种不同的观察，做各种不同的评价。因此作为观察者来说，他们不可能是相同的，因为他们对世界所持的观点不同。"[2] 无论语言是否决定文化，语言都是文化的最直接最经常的展现者。因此，在英语语言艺术标准中还特别要求语言发展的文本选择要基于"文化"和"历史阶段"两个条件。[3] 在为孩子选择故事、戏剧、诗歌、传说、寓言等文本时，需要注意到孩子的文化背景。对于美国孩子来说，美国的常规读本（例如，关于一只好奇的猴子乔治的故事的系列丛书，Curious George）和多元文化的经典文化读本（例如，犹太节日系列读本）相互配合学习是非常好的选择。总之，美国州共同核心标准为美国儿童既提供了发展的微观标准，又明确了个体发展中的宏观准则。虽然各州的幼儿园在开展课程时可以有较大的灵活性并且可以因地制宜的加工课程，然而很显然，在所有加入共同核心标准的州中，幼儿园都会在该标准的指导和要求下组织课程，这也是美国幼儿园能够达到办园质量水平评估的一个重要因素。

（二）美国州共同核心标准在康涅狄格州的落实

康涅狄格州在 2010 年 7 月 7 日由康涅狄格州立教育委员会（Connecticut

---

① 这里的习得不单指学会某种语言的规则或词汇，更多的是能够在理解该语言的文化背景下恰当地运用该语言。

② WHORF B. Collected Papers on Metalinguistics ［M］. Washington：Dept. of State, Foreign Service Institute, 1952：11.

③ Common Core State Standards Initiative. Common Core State Standards for English Language arts & Literacy in History/Social Studies, Science, and technical Subjects ［EB/OL］. Corestandards Website, 2015-09-13.

State Board of Education）同意通过加入美国州共同核心标准，并于 2013 至 2014
学年开始全面实施。CCSS 为康涅狄格州教育的课程实施提供条目更少但要求更
高和更明确的课程标准，这些标准既可以帮助康涅狄格州了解其他各州的课程
发展状况从而对比自身的发展，又可以连续性地帮助孩子们获得进入高一年级
学习知识和技能，更明确了教师将注意力集中在孩子们每前进一个阶段需要知
道什么以及还不知道什么上，从而充分了解孩子们的学习进度。除了理念上的
课程指导外，CCSS 还明确指出了课程教学需要转变的具体方向，例如在英语语
言艺术方面，需要做到通过内容丰富的纪实和信息文本来建构知识体系；阅读、
写作或口语学习都要基于文学或日常信息等文本信息；应该通过复杂的文本及
其学术语言来进行常规语言练习。在数学方面，要严格注意标准的侧重点；要
做到年级上下、数学前后主题等的连贯性；要做到数学的严谨性，追求概念的
理解、过程性技巧、数学思维的流畅性以及现实应用性。

　　康涅狄格州教育厅（The Connecticut State Department of Education, CSDE）
是具体落实 CCSS 的教育行政部门，其授权康涅狄格州各地区通过实施 CCSS 来
保证学生为大学和职业做好充分准备。CSDE 更为重要的职能在于为 CCSS 的实
施提供指导和支撑，其具体措施包括三点：第一，参考共同标准。CSDE 要求所
有教学内容和教学主题领域要配合 CCSS 的教学转向内容来实施。CSDE 还为各
学区提供教学转向的识别和修改指导工作，同时提供示范课程和资源、典型程
序及学生工作、专业化学习、评估工具等。第二，交流与整合。康涅狄格州所
有教育利益相关者必须围绕 CCSS 来协调一致。CSDE 将创建一个系统的通信平
台并建立"共同核心学区小组（Common Core District Teams）"来促进教育相
关者的交流和互动，CSDE、学区、教育领导机构、教师团体以及教育利益相关
者等的角色和职责均将被明确界定。在 CSDE 的组织下，各机构职能相互配合，
并以"小组"的形式共同落实 CCSS。第三，组织相关资源。康涅狄格州所有学
区必须有效地支持 CCSS 的实施，CSDE 会与教育利益相关者共同重组和协调内
部资源，并引入外部资源来保证 CCSS 的落实。CSDE 还将联合监督机构根据每
个学区的发展目标分配教育资源。具体落实 CCSS 的教育相关方及其相互关系参
阅图 3-2。

　　CCSS 在康涅狄格州实践至今共经历了四个主要阶段：第一，2012 年 12 月

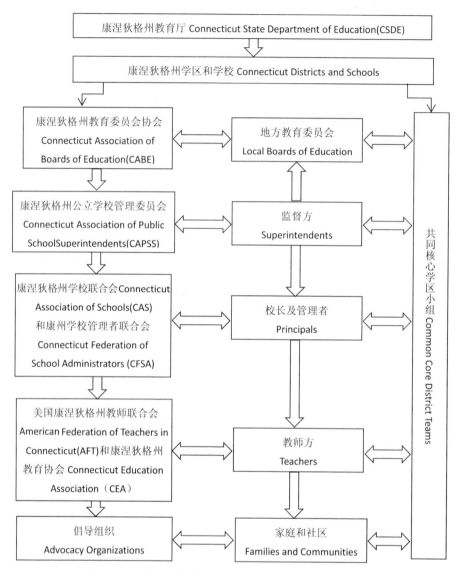

图3-2 CSDE组织下的教育相关方角色及关系示意图①

至2013年2月的重置阶段。在该阶段里，CSDE要制订教育战略计划，并以CCSS为依据确定课程、专业学习和评估方式。第二，2013年3月至2013年7月的准备阶段。在该阶段里，CSDE要依据评估方式开展CCSS的新尝试，并组

---

① Connecticut State Department of Education. Common Core State Standards Strategic Plan［EB/OL］. Connecticut State Department of Education Website，2015-09-15.

织共同核心学区小组会议，为各学区在 2013—2014 学年的课程实施提供计划和培训。第三，2013 年 8 月至 2014 年 7 月的实施阶段。在该阶段里，全州范围的教育机构全面实施 CCSS 的内容及评估，落实试点技术方案，并从抽样学区中收集标准的实践信息。第四，2014 年 8 月至 2015 年的改进阶段。在该阶段里，CSDE 要从抽样学区中收集反馈信息并依此改进 CCSS 的教育实践，并在全州范围内开展智能平衡评估（Smarter Balanced Assessments），用以检验 CCSS 的实施效果。① CCSS 在康涅狄格州的深入实施，对从学前教育到高等教育的学校及学生产生了深刻影响，从个体发展标准到学校施教理念均有所转变，自然而然地，康涅狄格州的幼儿园也在整体标准化进程中受到干预，面对标准一体化及文化个性化教育，幼儿园也将在教育实践中不断做出文化的平衡化处理。

二、康涅狄格州州政府层面的学前课程标准及其文化要素

（一）康涅狄格州早期学习与发展标准（Connecticut Early Learning and Development Standards，CTELDS）

康涅狄格州早期学习与发展标准是针对 0 至 5 岁幼儿所设定的在早期发展阶段所应获得的知识和技能的标准。这些标准为成人支持儿童的成长和发展提供了指导，也为儿童发展计划的制订提供了基础。CTELDS 的核心理念在于支持并为所有儿童，无论他们的背景如何、无论他们在哪里生活、玩耍和学习，提供发展的基础。州长早期儿童教育内阁（Governor's Early Childhood Education Cabinet）联合 CSDE 以及新成立的早期儿童办公室（Office of Early Childhood）共同投入大量资金和人力资源从而创造了既严格又符合发展适宜性的早期学习和发展标准。制定早期学习标准最早是基于 2009 年康涅狄格州为开端计划州咨询委员会（Head Start State Advisory Councils）申请美国恢复与再投资法案（American Recovery and Reinvestment Act）资助时被确定为重点优先发展领域的。该教育重点发展领域在当时的发展目标为：到 2013 年 9 月，康涅狄格州会采用全面的多领域早期学习标准，从而准确反映出 0 至 5 岁幼儿的技能发展进程，该标准与 K-12 标准是相互对应且相互衔接的。为了实现这一目标，一个由康涅狄格州早期儿童教育内阁（Connecticut Early Childhood Education Cabinet）、康涅狄格州教育厅（CSDE）、开端计划实施部门、高等教育部门、早期干预部门

---

① Connecticut State Department of Education. Common Core State Standards Strategic Plan［EB/OL］. Connecticut State Department of Education Website，2015-09-15.

（Early Intervention）、区域性教育服务中心（the Regional Education Service Centers）、家庭看护网络供应商（Home Care Provider Networks）、公立学校等组织和机构组成的工作小组（Workgroup）意在确保宽领域多部门的协调投入，从而完成标准的制定和实施。

2011 年 6 月 22 日，该工作小组召开了第一次制定学习标准的会议。在标准制定过程中，工作小组严格参照两套文件的指导来开展工作。这些文件为：第一，全美儿童早期教育协会的联合立场声明（The Joint Position Statement of NAEYC）和州教育厅的全美早教专家协会（The National Association of Early Childhood Specialists in State Department of Education）所推行的《早期学习标准：创造成功的条件》（Early Learning Standards：Creating the Conditions for Success）。第二，早期学习指导资源：撰写和修改早期学习标准的审议建议及问题指南（Early Learning Guidelines Resource：Recommendations and Issues for Consideration When Writing or Revising Early Learning Guidelines）。为了能给学习标准的制定提供扎实的基础，工作小组不但要参考以上两套文件，还会考察其他州和国家层面的早期学习标准。而考察的内容集中在标准制定的原则、年龄范围及分期、主题和学科领域以及标准的结构等。至 2011 年秋，工作小组开始制定学习标准之际，美国教育部公布了力争上游早期学习挑战申请计划（Race to the Top）。康涅狄格州学习标准工作小组配合康涅狄格州领导团队（Connecticut Leadership Team）将早期学习与发展标准作为关键战略点去申请该计划的资助，并为此做出了详细的标准发展规划。虽然康涅狄格州最终未能获得该计划的资助，但是学习标准的轮廓已经成形，并为标准的制定奠定了基础。2012 年 7 月至 8 月，多领域的教育专家以不同视角为标准的修订提出建议。这些修订的关键部分有主题领域，多样性种族的文化因素，双语儿童和特殊需要儿童的适应性指导等方面。最终在 2013 年下半年，康涅狄格州早期学习和发展标准定稿确定，并再一次强调其核心理念为每一年支持所有背景的所有儿童（All Children，In All Settings，Every Year）的早期学习发展。

CTELDS 的具体作用在于：第一，保证州内所有儿童的教育平等；第二，通过明确的目标和学习轨迹为儿童提供高质量的早期学习经历；第三，支持基于每个儿童成长与发展特点的个体发展；第四，家长能够掌握孩子们的学习内容并知道如何去支持子女的发展；第五，通过开展学科和行业间的交流来促进孩子们的共同发展。①

CTELDS 的主要内容包括分领域实践指导页（用于说明如何利用该标准）、具体分领域标准条目（参阅图 3-3）、年龄划分范围、综合学习内容、双语发展框架、支持成长和发展指导、儿童发展评估、交流策略等。其中最为重要的内容之一为分领域教学。在 0 至 3 岁时，CTELDS 共分成了 7 个领域；在 3 至 5 岁时，增加了"社会研究领域"；从 CTELDS 延伸至 K-3 标准②时，将语言和读写领域细化出了州共同核心标准的英语语言艺术领域和英语语言学习者框架（具体分领域情况参阅图 3-4）。至此，CTELDS 与 K-3 标准连贯起来，保证了儿童分领域的持续性发展。而双语发展框架的加入，也为儿童的多元化语言学习提供了支持，同时儿童的早期学习环境也将更加尊重家庭的语言选择，并在接纳儿童个体第一语言的基础上，推进持续性双语发展的语言补充教育。还有的领域诸如认知领域等在 K-3 阶段还没有出台对应的发展标准，因此康涅狄格州整个 0 岁至 3 年级的学习标准还处于一个动态的修订与完善阶段。总之，儿童文化背景的尊重和儿童适宜性持续发展将使得 CTELDS 的实施更加深入和顺畅。

图 3-3　张贴于 J 园大厅的《康涅狄格州早期学习与发展分领域标准》展示图

（笔者拍摄于 J 园，2015-1-5）

---

① Connecticut Office of Early Childhood. Connecticut Early Learning and Development Standards（CT ELDS）[EB/OL]. Connecticut Office of Early Childhood Website，2015-05-26.
② 康涅狄格州在 K-3 阶段的标准根据不同学习领域有不同对应标准，例如 PK-8 课程标准、康涅狄格州 K-12 艺术标准、州共同核心标准（英语语言艺术和数学）等。

美国学前文化课程研究　>>>

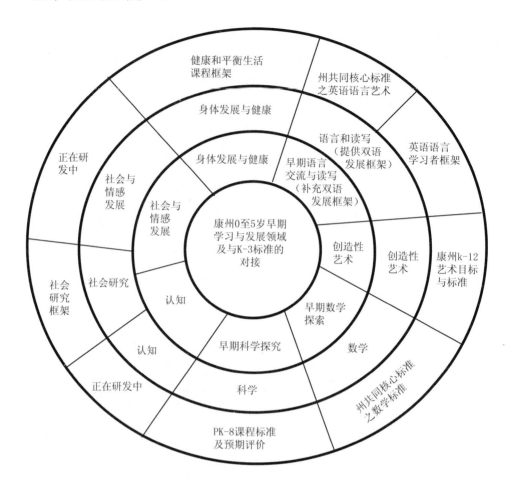

图 3-4　CTELDS 与 K-3 分领域标准整体衔接示意图① （又称域轮，Domain Wheel）

注：从外圈往内圈顺序看，最外圈为 K~3 年级年龄段；第二圈为 3~5 岁年龄段；第三圈为 0~3 年龄段。

（二）CTELDS 的文化因素及其与 CCSS 的关系

在 CTELDS 的指导下，教师会通过目的教学的方式将早期学习标准、儿童的兴趣、儿童的文化背景等因素联系起来，并在观察和评价、计划和实施这两个阶段的交替促进中，提供符合家庭和社区文化发展要求及儿童个体成长需要的学前课程（目的教学各要素的相互关联参阅图 3-5）。CTELDS 指导下的学前课程并非将文化要素谈于纸上，而是做出了具体指导和要求，而这些指导和要

① Connecticut Office of Early Childhood. Connecticut Early Learning and Development Standards (CT ELDS) [EB/OL] . Connecticut Office of Early Childhood Website, 2015-05-26.

求集中体现在语言和社会研究两个教学领域。在语言领域，第一，CTELDS 支持为儿童提供双语教学，这既能帮助非主流语言的儿童适应学校生活，又可以帮助孩子们理解并尊重语言的多样性。第二，CTELDS 建议在早期学习环境的设置中要尊重不同家庭的语言，这就要求幼儿园等场所在布置环境时要考虑并突显不同文化因素的呈现。在社会研究领域，第一，CTELDS 要求成人帮助孩子们了解自身，如自己的家庭情况、自己的真实感受等，进而可以客观地了解他人。第二，要帮助孩子探讨家庭，既要讨论自己家庭的组成情况，又要学会了解他人家庭的组成情况。第三，要探讨人和人的相同与不同，并能够理解和欣赏这种差异。在这些措施的基础上，孩子们会在深刻认识自我文化的基础上，思考、比较并理解他人的文化状态。总之，CTELDS 既会支持主流文化及价值观的正确传导，又会通过必要的补充措施来支持多元文化的合理传承，这在多元文化的社会现实中，具有积极的可行意义。

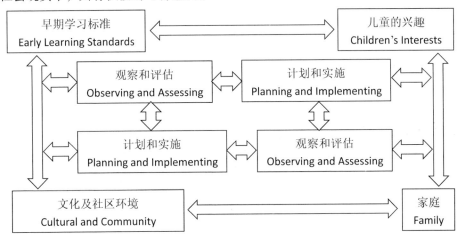

图 3-5　有目的的教学循环运转示意图①

美国州共同核心标准和康涅狄格州早期学习与发展标准既有紧密的联系又有一定的区别。第一，从整体来看，CTELDS 的标准制定在一定程度上受到了 CCSS 的影响和指导，CCSS 是在《力争上游计划》和《美国恢复与再投资法案》等教育政策的大力资助下推行的，而各州想要获得丰厚的教育拨款就必须按照联邦政府的规划来制定州地方的课程标准，因此在课程标准的大原则上，

---

① Connecticut Office of Early Childhood. Connecticut Early Learning and Development Standards（CT ELDS）［EB/OL］. Connecticut Office of Early Childhood Website，2015-05-26.

CTELDS 与 CCSS 是保持一致的。第二，CCSS 有着明确的而且更高的标准，但其标准还较为宽泛而且条目较少，至于各发展领域之间的联系，教师、家长、社区等如何配合实施等均未给出实践指导，因此在 CCSS 的整体原则指导下，CTELDS 体现出更强的操作性、细致性、实践性和地方化等特点。例如，CTELDS 文件中有专门分领域指导成人（教师、家长、教育相关者等）如何支持儿童学习与发展的内容。比如，在社会研究领域，成人需要鼓励孩子理解家庭的意义、与孩子一起聆听过去的故事、认识到人类的相同点和不同点。而在具体措施上，成人要在家庭和学校里张贴地图，帮助孩子们认出社区里东西的摆放位置；要帮助孩子们欣赏与自己文化不同的文化，还要与孩子探讨孩子更小时候的事情，因为孩子们喜欢故事而且开始建立时间和历史的概念等。第三，CTELDS 比较重视儿童的个体兴趣以及儿童的文化背景，这便弥补了 CCSS 的整体一致性特征而造成的个体非适宜化发展的缺陷。总之，CCSS 为康涅狄格州儿童的学业发展程度定制了整体标准和所应达到的发展目标。而 CTELDS 更为具体地指出了学业发展的各个领域以及如何促进儿童的个体化发展。在文化上，CCSS 所传播的国家统一文化与 CTELDS 所倡导的推行国家统一文化的同时尊重个体文化的发展之间的整合，共同为儿童及其家庭的文化需要提供了支持。

三、美国学前文化课程的其他影响准则

（一）NAEYC 教学与学习标准（NAEYC Teaching and Learning Standards）

全美儿童早期教育协会（NAEYC）在美国学前教育领域有着重要的影响地位和作用，该协会是专门服务于早期儿童教育的专业组织，并为教师、家庭和社区成员提供丰富的学前教育资源和宣传材料，对美国学前教育阶段性发展重点和学前课程变革等均有重要影响。针对社会文化因素在学前教育领域的传播问题，NAEYC 制定了多方面的具体标准指导，这些教学与学习标准（Teaching and Learning Standards）既对普通学前教育机构提供了教学与课程实施的指导，也为学前教育机构开展多元文化教学提供了实施途径。关于在学前教育场域内开展多元文化课程，NAEYC 为学校、教师、家长和社区等相关方提出了明确的参照标准和具体的实践要求，其中针对教师的教学标准及教学策略的内容涵盖较多。

第一，关于教育者的标准。NAEYC 在针对早期教育者的关键期望及专业化特点的基础上提出了五个核心标准，即教育者要促进儿童的发展与学习；要建

立家庭与社区的关系；通过观察、存档和评价来支持儿童及其家庭；做好教学与学习工作（具体涉及教育者要与儿童和家庭建立密切联系；会利用有效的教学策略；能够理解早期教育的知识内容；会构建有意义课程）；保持专业化发展。

第二，关于文化传播的有效途径。文化是影响儿童发展和学习进程的关键因素之一，因此教学要关注和及时回应儿童在成长和发展过程中对其文化及语言背景获得清晰理解的需求。NAEYC 提供了以下措施用以了解和满足儿童的文化要求：（1）教师可以绘出一个当地社区文化的简略示意图，图中可以包括文化群体、所运用的语言、企业、名胜古迹、社区庆祝活动及其他文化细节，然后分析这些文化因素对儿童发展的影响及其扮演的角色。（2）制作一张关于社区语言环境的大表。确定运用语言的人群、街道标牌、企业名称、报纸、媒体、图书馆资源等，分析该语言环境对儿童可能产生的影响。（3）要避免教室的视觉刻板印象。通过观察教室环境中固定的儿童用书及玩教具材料，确定其对孩子发展的影响，并通过定期更换教学材料来避免教室的刻板印象所造成的传播单一文化的错觉。

第三，关于家园共育方面。有效的沟通是家园合作的核心点，教师具体可以做到：（1）创办教室通讯用来与家长分享信息，通讯的主题需要关注多元文化背景的家庭。（2）设计一个布告栏并用以在不同文化和语言的家长中分享信息与想法。（3）利用多种现代信息通信工具来沟通不同文化及语言背景的家长。

第四，关于促进儿童文化成长的方法。学前教学与学习实践是支持儿童文化成长的中心，同时也是塑造个体概念以及文化意识的主要方式。在学前教育阶段，儿童通过对可见的玩教具、书籍以及成人可见的文化行为做出反应的方式塑造儿童个体文化本身。因此，成人不仅要关注支持多元文化背景儿童发展的具体方法，还要在教育场所准备充足的教学材料用以支持和促进儿童身份认同和定位的发展及完成。

第五，理解学前教育的知识内容。组织和设计课堂教学是教育任务落实中最具挑战性的一环，将儿童置于有意义的且相互关联的新知识群的认识过程中需要创设合理的教学经历。而符合发展适宜性和文化适宜性的教学内容的确定是需要选择基于儿童文化需求及个体成长特点基础上的知识素材与教学资源的。在具体实践上，就需要教师掌握多样性文化背景下儿童的文化发展关注点，并组织一系列对应的文化主题教学单元，同时要确定可以用于文化课程的适宜性的不违背文化立场的教学材料。

第六，关于课程评价。通过运用观察、存档以及评价工具等可以最终检验儿童的文化发展程度，评价也是有效性教学效果的检验手段。教师可以拜访当地的学区管理机构或学前教育中心来获取对于不同文化背景儿童的合理评价政策及方法，还可以通过了解"对外英语教学协会"（Teaching English to Speakers of Other Languages, TESOL，该协会的使命是让所有英语学习者享有卓越的英语教学）对英语学习者的具体教学实践来确定对于不同文化背景儿童的合理评价方式。①

总之，NAEYC 对于在学前教育阶段传递文化的指导及标准的内容非常丰富，并不限于上述内容，而且其对标准的解释极具实践性。同时基于 NAEYC 的年会以及各类出版物的及时出版与更新，使得其课程标准在实践中不断修改和完善。NAEYC 教学与学习标准的丰富性、实践性、前沿性和时效性保证了学前文化课程可以在该标准的详细指引下设计出符合儿童文化发展特征和需要的文化课程。

（二）创造性课程标准（The Creative Curriculum Standards）

创造性课程（The Creative Curriculum）是当今美国国内使用最为广泛的早期教育课程之一，该课程通过整合基础性的日常教学资源来为学前教育者提供每个教育阶段的教学指导和施教经验。创造性课程是由美国教学策略公司（Teaching Strategies Inc.）经过将近 40 年的时间打造的一套系列课程。该公司的历史可以追溯到 20 世纪 60 年代中期，在美国政府向贫困宣战的背景下，黛安·崔斯特·道治（Diane Trister Dodge）成为该公司的创始人，当时她在密西西比州实践着开端计划（Head Start）的任务，并立志给予每一个孩子获得高质量的学前教育。教学策略公司是一家学前教育公司，该公司认为孩子在人生的最初 6 年里可以形成他们日后获取成功的重要基础，而幼儿教师则扮演着开启孩子们成功之门的最为重要的角色。因此，该公司主要针对从出生到幼儿园阶段幼儿的发展，提供创造性和有效性的课程、评价、专业化发展以及家庭养育资源。在创新、响应、协作、尊敬以及道德等价值理念的指导下，教学策略公司最早从 1978 年开始推出第一版学前创造性课程，到 2010 年已经推出了五版，2015 年的创造性课程是基于第五版课程的基础上，推出了多个辅助教学用书，

---

① MELENDEZ W R. Vesna Ostertag Beck. Teaching Young Children in Multicultural Classrooms：Issues, Concepts, and Strategies（Second edition）［M］. Connecticut：Thomson Delmar Learning, 2007：43, 85, 127, 170, 211, 332.

并形成了完整的创造性课程体系。

学前创造性课程的整体培养理念在于帮助孩子们成为具有创造力且自信的独立思考者。在具体的课程目标和标准方面，创造性课程的最大贡献在于给出了详细的 3 至 5 岁儿童"发展连续表"（Developmental Continuum For Ages 3-5），该表的具体标准条目参阅附录 4。该连续表提出了 4 个发展维度，即社会化情感发展、身体发展、认知发展和语言发展。在这 4 个发展维度下共有 50 个具体发展目标，每一个发展目标在不同的年龄阶段会有不同的发展要求。学前教育者需要根据具体的发展目标、标准和要求来对幼儿进行培养和评价。在笔者调研的美国幼儿园当中，每个班级都会在明显的位置张贴出创造性课程的实施目标及标准（参阅图 3-6）。创造性课程还有配套的评价指标和儿童发展跟踪记录档案，这些内容将在本章课程评价部分详细阐述。

图 3-6　张贴在班级门口的创造性课程目标

（资料来源：笔者拍摄于 J 园，2015-1-7）

纵观美国学前课程标准体系，可以发现其有如下特征：第一，整体性和递进性。美国各级各类学前课程标准的要求存在上下一致的内在关联性，例如在数学标准中，CTELDS 要求 3 至 4 岁幼儿能够写出至少 5 个数字；4 至 5 岁幼儿至少写出 10 个数字。CCSS 则要求幼儿园阶段（一般为 5 至 6 岁）的幼儿能够写出 20 以内的数字。这种上下标准的延续和深化特点表现其课程标准的整体性和递进性特征。第二，阶段性和层次性。从联邦政府到地方教育机构，学前课程标准的设定形成了多层次的课程标准系统，各标准又由总体标准和从属标准组成，各教学领域标准也体现出相互呼应以及逐级发展的特点，因此美国学前课程标准又表现出明显的阶段性和层次性特征。第三，变革性和发展性。美国学前课程标准始终处于一个动态实施和变革的过程，从课程标准的域轮图可以发现，一些标准还在不断地研发当中，因此，美国学前课程标准体系的内容会根据不同的教育需求而做出调整和革新，并表现出时间上的变革性和内在发展性。总之，整个美国学前课程标准体系在指导当下学前教育课程实施的同时还在进行着自身的整改与完善。

第二节　美国学前文化课程的课程目标

一、美国20世纪课程目标分类理论的更迭

从不同的理论视角和时代背景出发，课程及其具体教学目标的分类理论便有不同的侧重点。美国教育学者和心理学者们在整个20世纪提出了多种课程与教学目标的分类理论，这为美国多次的课程改革提供了丰富的理论基础。早在1920年前后，韦雷特·华莱士·查特斯（Werrett Wallace Charters）和博比特·F.（Bobbitt F.）在杜威实用主义哲学的影响下，在以为成人生活做准备为目的的基础上，提出了基于成人工作和活动分析的课程目标。1949年，查特斯的学生拉尔夫·W. 泰勒（Ralph W. Tyler）提出了根据课程目标编制课程计划的"泰勒模式"，并主张在教育哲学和学习心理学的基础上确定具体的课程目标。1956年，泰勒的学生本杰明·布鲁姆（Benjamin Bloom）在行为主义心理学的基础上提出了认知领域的教育目标分类系统。1964年，大卫·克拉斯沃尔（David Krathwohl）和布鲁姆依据价值内化程度的原则将情感领域的课程目标进行了五级分类。1965年，密歇根大学的理查德·W. 莫斯海德（Richard W. Morshead）在《教育目标的分类手册2：情感领域》中对课程目标的情感领域分类进行了讨论。在动作技能和精神运动领域，辛普生·伊丽莎白·J（Simpson Elizabeth J）在1966年的著作《教育目标分类：精神运动领域》、哈罗·安妮塔·J（Harrow Anita J）在1972年的著作《精神运动领域的分类：行为发展目标指南》以及戴夫·R. H（Dave R. H）在1975年的著作《制定和编写行为目标》中均提出了有关动作技能和精神运动领域的课程目标分类框架。随后罗伯特·米尔斯·加涅（Robert Mills Gagne）在信息加工心理学思想的影响下提出了学习结果分类系统。大卫·梅瑞尔（David Merrill）进一步发展了加涅的教学设计理论体系并提出了自己的教学目标分类理论。

到 1998 年，时任美国佛罗里达国际大学学科专业化部门负责人兼教授的 A.
狄恩·霍恩斯坦（A. Dean Hauenstein）在建构主义理论的基础上提出了《教育
目标的概念分类框架》（*A Conceptual Framework for Educational Objectives*）。该教
育目标分类框架强调整体化学习，并重组和统合传统的认知、情感与精神、运
动等领域，减少目标领域和子目标领域的分类数量，并加入了行为领域的内容。
可以说，该教育目标分类体系是对布鲁姆教学目标分类的改造和提升，并最终
将整体教学目标分为了认知、情感、动作技能和行为等 4 个领域，每个领域又
包含了 5 个发展层次，即形成了 4 领域 5 层次的综合教育目标体系（具体分类
框架及内容参阅表 3-1）。霍恩斯坦主张采用以学生为中心的课程模式，并在课
程中引入整合学科领域的内容。他的观点和主张来自建构主义理论的概念，即
学生个体是通过他们自己的经验来建构自己的知识。这个观点假设了学生只有
在自己经验的基础上才能学习新的知识，这就要求在传统的学习领域内创造更
为简单的分类方式，同时要提供更为简洁的学习过程以防某个学习进程被忽略。
整体性学习保证了学习的完整性，有效性教学也使得教学重点更为突出地同时
避免了复杂的课程实施体系的出现。

表 3-1　霍恩斯坦的教育目标分类框架一览表①

领域 / 层次	认知领域	情感领域	动作技能领域	行为领域
1.0	概念化 认出 定义 概括	接受 觉察 愿意 注意	知觉 感觉 辨认 观察 意向	获取 接受 知觉 概念化
2.0	理解 翻译 解释 推断	反应 默认 遵从 估价	模仿 激活 模仿 协调	同化 反应 理解 模仿

① 丁念金.霍恩斯坦教育目标分类与布卢姆教育目标分类的比较［J］.外国教育研究，
2004（12）：11.

续表

层次 \ 领域	认知领域	情感领域	动作技能领域	行为领域
3.0	应用 澄清 解答	价值评价 认可 更喜爱 确认	整合 统整 标准化	适应 价值评价 应用 整合
4.0	评价 分析 描述	信奉 相信 信奉	创作 保持 调适	施行 信奉 评价 创作
5.0	综合 假设 解决	举止 显示 改变	熟练 创始 完善化	达成 举止 综合 熟练

二、基于霍恩斯坦教育目标分类框架的美国学前文化课程目标体系

霍恩斯坦的教育目标分类框架注重人的行为的整体性和文化发展的过程性，这个特点正好与传统文化在课程中传承的特点相契合。文化的习得和发展是综合性和连续性的，没有任何一个儿童可以在没有理解生活习俗的基础上就能懂得仪式所代表的内涵，因此文化的学习必须是一步步前行的，任何一个步骤的缺失都会导致学习者停滞不前，直至其完成该步骤的习得和理解，才能继续学习更高一层次的文化内容。这也是文化课程的课程目标分类体系不能基于学科和发展领域相互分离和割裂的目标分类理论的根本原因所在。至此，霍恩斯坦的4领域5层次的综合教育目标体系正好为学前文化课程目标体系的构建提供了合适的参照框架。

以美国康涅狄格州犹太幼儿园为例，在美国各层级的课程标准的指导下，犹太幼儿园根据幼儿园的具体情况、幼儿的发展水平以及文化习得的需要，在霍恩斯坦教育目标分类框架的基础上，制定了专门针对犹太文化课程的课程发展目标体系，该目标体系被称为"犹太身份特征发展目标"（Jewish Identity Development Objectives，简称 JID），其被视为塑造幼儿文化特征以及培育文化精神的指向标。该课程目标体系的具体目的在于将文化价值观和实践思路融入学前教育课程当中，从而唤醒幼儿对美国犹太文化的意识，建立对美国同胞的亲和力，传承美国犹太文化的内核。JID 体系在横向上分为 4 个维度即意识到、探索出、掌握住和能利用；在纵向上分为 5 个层次即了解犹太价值观和道德行为、理解犹太习俗和仪式、熟悉犹太文化的叙事和角色、参与文化仪式、学习简单的希伯来短语。从整体来看，JID 的横向维度与纵向层次正好形成了 4 维度 5 层级的综合课程目标体系（具体课程目标内容参阅表 3-2）。从具体来看，纵向 5 个层次的学习内容反映了基本的文化意识和表象，具有象征意义的规范的文化表现程序，集中体现文化内涵的抽象文本，参与并模拟具体的文化行为，通过修习语言来感知文化本质这一系列的文化习得进程；横向 4 个维度的学习程度反映了儿童从浅显的认知层面发展到文化行为的参与层面，再从能够自主思考文化内涵到最终将文化内容进行内化的动态上升的学习过程。综合来看，纵横两个方向的文化发展进程，呈现出了从表象到抽象、从直观文化素材到内化至自我文化观念、从简单文化符号到复杂价值观念的递进升高的文化发展过程。基于文化习得的独有特点以及纵横课程目标的学习进程要求，学前教师需要不断关注儿童的文化成长进度，并依据儿童个体的文化发展水平，为其呈现相适宜的文化内容。由此可以进一步明确，各个犹太文化发展的具体目标在纵横两个方向所搭建起来的目标体系并非以幼儿的年龄递增而自然递进至不同层级，幼儿在 JID 的教育指引下会形成一个明显的文化学习发展进程，当幼儿的文化发展水平达到一个具体目标时，才可晋级至另一个目标。该目标体系的运用对象是幼儿园的幼儿，并且文化传承无法转化为知识模块进行学期学年的教学任务下达，因此对于 JID 没有固定的评价体系，大多数情况下，JID 被作为指导犹太幼儿园教师和家长对幼儿进行文化发展适宜性教育实践的经验指导和参照及期待标准。

表 3-2 犹太身份特征发展目标一览表

横向维度 纵向层级	意识到	探索出	掌握住	能利用
JID 1 了解犹太价值观和道德行为	认知发生在教室里有关道德的行为	在课堂上参与某些道德行为	能够参与讨论并回答有关犹太美德（Middot）的故事中的问题	针对某学年的犹太美德内容的学习，儿童可以通过在课堂上的表现展示出对应的犹太价值观所要求的行为，并能够理解每条美德背后所蕴含的意义
JID 2 理解犹太习俗和仪式	认知与犹太节日相关的仪式物品和习俗的运用及实践	参与到与犹太节日相关的仪式物品运用和习俗的实践中来	能够回答运用犹太节日相关的仪式物品和习俗的目的	可以有目的地正确运用仪式物品，并能够正确的表现出犹太节日的习俗
JID 3 熟悉犹太文化的叙事和角色	认知并聆听犹太传统故事	能够参与到重演传统文化故事的活动中去，并能够熟悉犹太历史人物的名字及其角色特点	能够回答文化叙事中的问题以及不同犹太历史人物的角色问题	能够通过自发的角色扮演和深入地参与班级讨论的方式展现对于历史人物的理解
JID 4 参与文化仪式	认知课堂上的节庆日文化仪式	参与文化仪式	问答并参与讨论有关文化仪式的含义	能够在正确的时间、节日或其他场合运用正确的文化语言
JID 5 学习简单的希伯来短语	认知教室环境中的语言	能够参与到希伯来语的运用中	能够对希伯来语的陈述文字做出回答或有所反应	无论在教师主导的活动中还是自我主导的活动中都能够运用希伯来语

（资料来源：基于 S 园的调研材料整理成表）

第三节 美国学前文化课程的课程内容

一、文化二分法——学前文化课程中文化内容的分类方式

文化是以一个整体的概念而存在的,而要在现实世界中呈现和实践文化的内容,则需要将其分类,并更有针对性地将其转化为具体的文化活动。从不同的视角出发,便有不同的文化分类方式。从文化形式来看,可以分为物质文化和非物质文化;从时间划分来看,有远古文化、原始文化、近现代文化等。从人类整体文化的角度来看,又会有熔炉文化与多元文化、宗教文化与世俗文化、种族文化与阶级文化、精英文化与大众文化、主流文化与边缘文化等分类形式。总之,文化概念的多样性和宽泛性致使文化的分类方式错综复杂,而要确定恰当的文化分类方式便需要从文化的实践目的和涉及的文化主客体的角度入手。在学前教育领域实施文化课程,就需要依据教师和幼儿的文化需求以及文化的理解程度来分类文化。一线学前教师并非专业的文化研究者,复杂的文化分类同时也并不适合幼儿的理解和接受能力,因此将文化进行适宜于学前课程教学使用的文化内容分类时,需要注重文化分类的直观性、简洁性、易操作性以及易理解性。在以上原则的基础上,针对学前教育领域颇为恰当的文化分类方式是"文化的二分法"。

美国跨文化人类学家爱德华·特维奇尔·霍尔(Edward Twitchell Hall)认为文化在人类的所有行为中都有着巨大的影响力,文化触及生活的方方面面并改变着生活方式。例如,人类如何穿着、如何思考、如何出行、如何解决问题等。进而社会经济和政府系统如何运转、功能如何,城市如何规划和布局等都会受到当地文化的制约和影响。① 从霍尔的表述中,我们可以发现文化的表现形式有可见的(Visible Ways)和不可见的(Invisible Ways)两种。根据这两种文化的表现形式,美国加州州立大学奇科分校的希尔达·埃尔南德斯(Hilda Her-nandez)教授将文化分为了两个类别即"可见的文化"亦可称之为显性文化或外显文化(Overt Culture),例如,饮食的差异、房屋装修的风格等可以直观地表现出文化的差别;"不可见的文化"亦可称之为隐性文化或隐蔽文化(Covert

---

① HALL E T. The Silent Language [M]. New York:Fawcett, 1976:16-17.

Culture)，例如人们在同一事件上会持有不同的态度，人们对不同事物会产生不同的恐惧感等。[1] 这些都是无法通过单纯地观察来发现，而需要通过理解根植于内心的文化内涵来诠释。这种分类方式我们可以称之为"文化的二分法"。在幼儿园的课堂上，教师有时候可以很容易地通过儿童的语言和穿着等定位其持有的文化形态，从而进行文化适宜化教学；而有时候很难确定某个儿童的文化立场，这便源于文化有时是以隐性的状态而存在的。为了便于学前教师理解文化在学前教育阶段的具体分类方式及其内容，埃尔南德斯教授等人将存在于社区以及学前教育课堂上的文化进行了简要的直观列举（参阅表3-3）。

表3-3　社区及学前教育课堂中的文化分类表[2]

显性文化 （可以看到、听到或经历到）	隐性文化 （看不到但可以通过互动而感知到）
语言：口音或语调等	思考方式、做事思路
服饰：颜色、材质、着装规范等	价值取向
个人装饰：特色首饰、头及身体的装饰物等	信仰及信念
饮食：餐饮类别、烹饪方法、就餐习惯、厨具及餐具、器皿等	感情和情绪
艺术（品）：款式、颜色、材料的运用、民间艺术等	
音乐：乐器、演奏、乐声等	
建筑：房屋、家居装饰等	

通过表3-3我们将文化分解成了两个次级文化及其具体文化内容，这为学前教师在组织和规划学前文化课程内容时提供了教学思路。从文化内容转化至课程创设及实施体现了从教师到儿童的由上至下的文化转移过程，然而在以生成性及过程性为特征的学前课程实施过程中，还需要教师时刻把握儿童的文化

---

① HERNANDEZ H. Multicultural Education：A Teacher`s Guide to Content and Process［EB/OL］. American Bibliographical Center-Clio Press Website，2015-06-02.

② HERNANDEZ H. Multicultural Education：A Teacher`s Guide to Content and Process［EB/OL］. American Bibliographical Center - Clio Press Website，2015 - 06 - 02；RITTS，V. BOOK REVIEW：LIVES ACROSS CULTURES：CROSS - CULTURAL HUMAN DEVELOPMENT［J］. International Journal of Group Tensions，2000（29）：386-388.

表现，从而对其做出有针对性的文化回应，进而完成从儿童到教师再回到儿童的上下互动的教学过程。而要完成这一过程，教师需要清楚地了解儿童在课堂和教室里的文化表现及文化行为方式。一些美国学前教育的一线教师为了方便发现和记录儿童在幼儿园的文化行为，通过列举文化清单的方式绘制出了在幼儿园内的儿童文化行为表（参阅表3-4）。表3-4将儿童在幼儿园的文化表现方式分为了口头表达、情感表现及其他表现要素三个维度。在学前文化课程实施过程中，通过将表格内容与儿童文化表现相比对，便可以更加便利地掌握儿童的文化需求及其文化发展情况。

表3-4　文化行为：儿童在幼儿园课堂和教室里的文化表现一览表①

儿童的口头表达方面	儿童的情感表现方面	儿童的其他方面
儿童语言的运用——英语语言：学习者会表现出语言的语码转换；母语会占主导地位	儿童的恐惧及情感表达方式	儿童的穿着方式
儿童口头表达——语言表达；儿童如何称呼成年人；儿童如何问问题等	儿童的爱与友谊的表达方式	儿童的首选食物
儿童的语言口音及变调	儿童对不同故事的反映情况	儿童关于家庭活动（特别事件或节庆日）的评论
	儿童在玩耍、班级活动等过程中对冲突的反映情况	儿童表达的偏好
		儿童分享从家庭而来的图片和实物

二、美国学前文化课程中的文化内容选择

根据文化的二分法以及经常并适合出现在学前教育课堂上的文化分类项目，

---

① MELENDEZ W R. BECK V O. Teaching Young Children in Multicultural Classrooms：Issues，Concepts，and Strategies（Second edition）［M］. Connecticut：Thomson Delmar Learning，2007：58.

可以将美国相应的文化内容分解并融入学前文化课程之中，从而完成文化与学前课程的结合。以美国康涅狄格州犹太幼儿园为例，表3-5中美国犹太文化内容的选择既包含了犹太传统文化，又涵盖了传承美国国家文化的思维方式，这种文化内容的选择为美国犹太儿童及其未来的文化生活奠定了文化自觉的意识和知识基础，并帮助其成长为适应时代和社会文化环境的美国犹太人。

表3-5　美国犹太学前文化课程的文化内容选择及分类表

显性文化 （可以看到、听到或经历到）	隐性文化 （看不到但可以通过互动而感知）
语言文化：希伯来语；典籍中的故事与传说等	思考方式和做事思路文化："每一天"理念；学会思考和做事等
服饰文化：圆顶小帽；披巾；流苏等	价值取向文化：阅读及智慧；教育与知识；商业与金钱；契约意识等
装饰文化：大卫之星等	信仰及信念文化：伦理与美德等
饮食文化：哈拉面包；无酵饼；苦菜；番石榴等	感情和情绪文化：保持适度避免极端的中庸之道；团结互助；心态平和等
艺术（品）文化：蓝白色；霍拉舞蹈等	
音乐文化：羊角号；竖笛等	
建筑文化：半圆形拱门等	
节日文化：住棚节；逾越节；五旬节等	

（资料来源：根据《社区及学前教育课堂中的文化分类表》并结合美国犹太文化绘制成表）

从美国犹太学前文化课程的具体内容上来看，在美国犹太学前课程与美国犹太文化相结合的基础上所形成的比较有代表性和典型性的美国犹太学前文化课程中的文化内容包括以下内容。

第一，犹太典籍《托拉》的文化课程内容。《托拉》为人们成为受尊敬的人提供了说明和指导。学习《托拉》文化尤其可以帮助犹太儿童取得在社会和情感领域的发展。《托拉》文化主题下又涵盖了多个具体的文化主题点，从而以《托拉》的视角为犹太学前文化课程提供了丰富而生动的犹太文化内容（参阅表3-6）。表3-6从《托拉》文化的分主题、不同主题所表达的主要含义、主题的学习目标及教学措施等方面，展示了《托拉》文化主题课程内容的相关课程要素。

表3-6 美国犹太学前文化课程中部分《托拉》文化主题课程内容一览表

《托拉》文化主题点	文化主题内涵	学习目标及教学措施
热情好客 （Hospitality）	对待客人要热情友好	儿童通过讨论如何接待到访家庭或教室的客人来学习《托拉》中的德行
关爱地球 （Caring for the Earth）	犹太人都是地球的守护者	儿童需要学会保护地球的多种方式。例如，每个教室都有回收再利用箱，儿童要学会回收利用日常材料；儿童通过关闭电灯和水龙头，清理垃圾等方式保护环境；儿童通过感官直接感受地球的自然材料从而认识地球等
公义和慈善 （Tzedekah）	人们通过公义和慈善的行为来实现善意的表达	儿童通过戏剧扮演游戏、歌曲、故事等活动方式来理解公义和慈善的意义
看望病人 （Visiting the Sick）	要关心生病的人	儿童要学会关心病人。例如，儿童在班级里要注意到哪位同伴没有来上学，并通过打电话问好、制作祝福卡片、送出美好祝愿等方式以示关心
关爱动物 （Caring for Animals）	要关爱所有动物	幼儿讨论如何照顾宠物；在农场、丛林、马戏团等主题课程中认识动物并了解如何对待动物

（资料来源：笔者根据在J园所收集的资料整理成表）

第二，其他犹太文化课程内容。犹太文化倡导对世界表示欣赏，对身边的事物表现出友好等。从此文化观念出发所整合出的课程内容便会涉及家庭、学校、社区以及与这些元素相关联的事物，而这些事物又是犹太儿童认识世界、适应生活等必须习得的文化组成部分（参阅表3-7）。表3-7展示了部分融入美国犹太学前文化课程中的犹太文化主题内容。

总之，美国学前文化课程在课程内容的设计与安排上，主要选取发生在每周每月的节庆日作为文化主题单元和文化来源，从而规划出具体的课程实施内容。倘若某一教学周内没有节庆日，教师则会选取与文化相关的典籍、故事、道德规范等作为课程实施的主要内容。

表 3-7　美国犹太学前文化课程中部分主要的犹太文化主题内容一览表

犹太文化主题点	文化主题内涵	学习目标及教学措施
家庭（Family）	要热爱和尊重父母、兄弟姐妹以及亲属	儿童通过身边的有关家庭的词汇来感知家庭；儿童还可以通过与同伴分享发生在自己家庭的事情来交流家庭的特征等
我的犹太教室（My Jewish Classroom）	犹太文化也会存在于学校之中，因此具备犹太文化特征的教室有着独特的存在意义	儿童可以通过认识捐款箱、犹太书籍等教室中的文化象征物来学习犹太文化；儿童还可以进一步结合犹太节庆日去讨论和解释这些文化象征物
热爱和制造和睦（Loving and Making Peace）	犹太人要与他人和睦相处	儿童通过犹太学校教学活动来理解与他人友好相处是犹太人应该表现出来的行为；儿童在教室里可以探讨如何在一日生活中与同伴和睦相处

（资料来源：笔者根据在 J 园所收集的资料整理成表）

　　此外，从美国犹太学前文化课程的具体实践角度来说，美国犹太人的显性文化为课程提供了"直观的文化教具"，其隐性文化为课程的实施提供了思想互动的文化素材。然而，将犹太文化进行分解之后，文化内涵与文化的实物表现等还处于抽象的层面，这很难让学龄前儿童直接理解羊角号、"每一天"的理念等的内在含义，这便需要将犹太文化内容转化为儿童身边的事物或事件，帮助其将已有认识和新知识进行对接，完成儿童的文化成长。基于此，美国犹太人通过恰当的学前文化课程实施的"思维路径"巧妙地解决了这一难题，并通过分领域教学的视角真正将抽象文化与儿童文化的内化贯通起来，完成了从课程内容的来源至课程内容的输出再到儿童对课程内容的输入这一完整的课程实践过程。

第四节 美国学前文化课程实施的思维路径

学龄前儿童在成长和学习的过程中会表现出明显的感情化，以感知觉来了解周围事物。虽然他们对一切都感到好奇并有着强烈的求知欲望，但是他们很难准确的区分什么是现实、什么是抽象。处于前运算阶段的学龄前儿童，很难产生抽象概念并将其进行推理，至于一个国家的文化概念及其内涵，更是无法仅仅通过简单的言语教学来让学龄前儿童顺利的接受和理解。因此，学前教育领域中的文化内容就需要教师将教学内容转化为形象化和具体化的事物，并在此基础上引导儿童进行精神上的感悟。也只有将美国文化的核心概念转化为孩子们身边的、熟悉的、形象的、易于接受的事物才能帮助儿童获得真正的文化体验。以美国康涅狄格州犹太幼儿园为例，为了帮助幼儿更好地感受文化的内涵和精神，美国犹太学前文化课程便通过分领域的思维路径实现了抽象文化向形象化知识的转化。

具体来看，从犹太文化与幼儿园课程的关联度出发，在以下六个发展领域中可以很好地融入犹太文化，通过这些施教平台、方式和视角将犹太文化要素引入文化课程当中，可以帮助幼儿获得对文化的感悟和理解。

第一，在语言领域，通过与幼儿分享民间故事以及现代故事等帮助幼儿探索相关传统文化问题；通过用简单的希伯来语相互问候并用其写带图片的问候卡的形式熟悉简单的希伯来文字；通过拼图、字母积木等认识字母；通过互相称呼希伯来语名字来运用该语言（教师是不允许为孩子起希伯来语名字的，需要询问家长该幼儿是否有希伯来语名字）等方式，引导孩子们在学习语言表达、基础写作等过程中认知犹太文化。

第二，在科学领域，通过探索自然的方式感受文化内容。在日常生活中，我们不能只看到每天喝的果汁，还要联想到劳动者帮助果树成长，我们才能去摘水果并享受美味的果汁，从而帮助幼儿感知辛勤付出的文化导向。此外，通过让幼儿学习相关的地理知识以及特定自然条件下的饮食等内容，帮助孩子们感受和理解真实的犹太生活。

第三，在数学领域，将数学知识与犹太文化内容相融合是可行的。比如学习数犹太日历的月份，认识钱币，告诉孩子们逾越节后过七个星期便是七七节等。

第四，在艺术领域，通过观察犹太建筑风格、美国的艺术风貌、不同节日的象征物，以及帮助幼儿运用手指画、拼贴图、裁剪报纸等方式，促进其对犹太文化元素的认知和思考。

第五，在音乐及运动领域，通过每天唱希伯来语儿歌进行问候和学习并感受歌曲的旋律；通过跳简单的犹太舞蹈感受在不同场合，例如婚礼上的氛围；用游戏来学习犹太文化，例如分类游戏，教师给儿童呈现出羊角号、棘轮（Ratchet，也称为噪声发生器，是犹太打击乐演奏乐器）、铃铛、某种其他乐器等物品，让孩子们将能够表达犹太声音的物品分为一类，从而让孩子们感受犹太文化的声音特征。

第六，在户外活动领域，教师和家长需要幼儿开动脑筋，多思考。通过感受所在城市和地区的人文与自然特征，对比以色列的相应特色；通过去动物园、超市等场所思考如何制造物品。在户外场所，幼儿需要做的就是勤看、聆听、多思、交流与共享。

总之，美国犹太幼儿园通过多领域、全方位的途径将犹太文化与学前课程相联系，并通过立体式的学前课程不断激发幼儿的思维认知和感官发展，从而保证幼儿在学前教育领域得到多方面发展的基础上完成犹太文化的传承。

第五节　美国学前文化课程的设计模式与实施方式

一、美国学前文化课程的设计模式

课程的设计模式是教师用来定位、组织和开展课程的创设框架，不同的教育教学目标以及不同的课程实施理念会衍生出不同的课程设计模式。以传承文化和融合文化，强调族际关系的培养，避免和减少对他人的偏见，提升社会适应能力为课程实施核心理念的文化课程，需要有意识地选取以多元文化课程架构为基础的课程设计模式。从课程实施的不同侧重点出发会形成不同的课程设计模式。例如，从课程结构的改变来看，美国多元文化倡导者詹姆斯·班克斯（James Banks）提出了贡献模式、附加模式、转型模式、社会行动模式四种课程设计模式。从课程目标区分，克莉丝订·斯里特（Christine Sleeter）和卡尔·格兰特（Carl Grant）提出了特殊性教学与文化差异模式、人际关系模式、单一族群研究模式、多元文化教育模式、社会重建模式五种课程设计模式。从课程内容区分，美国学者盖伊（Gay）提出了转变基本技能模式、概念模式、主题模式、文化要素模式。从权利拥有者或方位属性区分又会有不同的课程模式。这些学者所提出的课程设计模式都是从简单到复杂、从低效果到高效果的递进模式。① 如何为学前文化课程的实施选择恰当的课程设计模式受到了多种因素的影响。其中最为重要的在于教师和幼儿的文化认知水平。教师对课程模式的理解程度以及对教育对象文化的感知程度不同，则会选取不同的课程模式，同时幼儿的发展水平也直接制约着课程模式的选择。一般来说，在学前教育领域，综合课程、活动课程和生成性课程的运用较为广泛，在开展课程时教师可以根据不同的课程侧重点灵活运用以下课程设计模式。

第一，贡献模式即将民族英雄、节庆元素等加入文化课程之中，利用节日等特殊时刻安排展览和体验传统文化的活动，从而加深幼儿对传统文化的感知（参阅图 3-7）。

图 3-7 犹太幼儿园教师利用节日的机会组织孩子们穿戴犹太服饰、分享哈拉面包、喝葡萄汁，向捐款盒子里捐献硬币等节日活动，来感受节日的流程和每一环节的意义。

（资料来源：笔者拍摄于 J 园，2015-5-15）

第二，附加模式即不改变课程结构，以一本书、一个单元的方式附加传统文化内容、概念和主题进行教学（参阅图 3-8）。

---

① 刘美慧，陈丽华. 多元文化课程发展模式及其应用［J］. 花莲师院学报，2000（10）：104-109.

图3-8　教师通过给幼儿阅读《光明节的三轮车》这本幼儿图书，告诉幼儿学骑三轮车
需要勇敢和永不放弃的精神，从三轮车上摔下来不要紧，要像马加比家族带领犹太人战
胜安太阿卡斯国王及其军队一样，始终保有战胜困难的信心。

（资料来源：笔者拍摄于 J 园，2015-5-22）

第三，特殊性教学与文化差异模式。该模式强调发展儿童适应社会所需要
的基本技能和知识，教学模式以双语教学为主，在美国犹太幼儿园，无论是环
境布置，还是教学中的问候，抑或课程活动的开展，处处可以发现希伯来语和
英语同时运用的情况，还有来自以色列的青年志愿者时常会用双语为美国犹太
幼儿园的孩子们上课，因此，此模式是学习传统文化并且增加适应主流文化知
识的良好方式。

第四，主题模式。该模式强调探讨族群间共同关注的议题，以主题活动的
形式针对某一文化主题开展教学活动可以做到重点突出且深入详细的阐述，体
验和讨论该文化主题，通过多样化的教学手段增加主题活动的趣味性和丰富性。
主题模式也是开展多元文化教学的主要课程模式。

除了以上提及的这些课程模式，还有人际关系模式、基本能力模式、概念
模式等都是适合于在学前课程中运用的课程模式。需要注意的是，并非任何模
式都可以顺利地运用于学前课程之中，例如转型模式、社会行动模式、社会重
建模式、文化要素模式、权利共享模式、启发优势团体模式等，这些模式有的
需要重构课程体系、有的需要发挥受教育者的文化批判能力和理性决定能力。
因此，在运用这些课程模式时需要更加精心的设计，对教师和幼儿的文化发展
水平也要求得更高。总之，从学前文化课程的具体实践角度来看，单纯运用某
一种课程模式很难完成对综合活动课程的设计，教师需要根据具体教学目标，

结合师幼当下的文化发展进度，针对特定的文化主题和文化素材，在恰当的教学阶段发挥某种课程模式的最大优势，进而巧妙的整合课程设计模式的运行方式并激发更好的教学效果，最终综合的运用多种课程模式为学前文化课程的具体教学活动设计提供适宜的课程实施框架。

二、美国学前文化课程的实施方式

学前文化课程可以运用的课程实施方式和教学方法形式多样，诸如游戏教学法、视觉教学策略、概念构图法、角色扮演法等。从具体的游戏活动分类来看，又有基于幼儿认知发展分类的象征性游戏、规则游戏等，基于幼儿社会性发展分类的独立游戏、合作游戏等，基于教育作用分类的角色游戏、结构游戏、表演游戏等。对于美国幼儿园来说，其教学活动的开展方式多采用以主题教学活动为主、综合运用领域教学、区域活动和社会性活动等手段来建构幼儿园课程。针对学前文化的要求、幼儿园课程实施的特点、并根据美国学前文化课程实施的场域及其呈现主体的不同，本文将美国学前文化课程的实施方式和途径分为本班教师负责的课程活动（一般在儿童本班级内开展），非本班教师负责的课程活动（一般由特定专业教学人员负责，在特定教育场所实施课程），幼儿园的环境创设，社会其他教育系统的补充四个大方面。①

（一）本班教师负责的课程活动

本班教师负责的课程活动一般由该班的主班教师和辅班教师共同组织实施，这些课程活动的系统性、知识性、针对性、持续性等特点较为突出，是幼儿获得文化学习的主要课程实施方式。其中比较有代表性的包括以下课程活动和教学手段。

1. 圆圈活动（Circle Time）

圆圈活动是一种全班幼儿聚集起来围成圆圈并分享大家的想法、计划和观察情况的活动。圆圈活动是一种幼儿团体活动，其目的在于激发幼儿的思考、丰富幼儿的社会技能以及拓展他们的注意范围。美国的幼儿园主要在每天早晨（也会视情况和需要来选择合适的时间）开展圆圈活动（有的幼儿园称作"地毯活动"即集中学习时间，Carpet Time），用以帮助孩子们了解日期、天气、颜色、心情、数字、相互问候等内容，可以很好地辅助幼儿在各领域得到全面的

---

① 这种介绍课程活动的分类方式可以更加明确地反映出不同文化信息的来源和传递过程，每种分类中会将课程活动内容和活动形式予以搭配描写。

发展（参阅图3-9）。

图3-9　**J园的JT1教师开展的圆圈活动。师幼首先进行互相问候，然后表达对请假缺席的幼儿的关心和思念，进而讨论日期、天气以及认识数字等，最后会简要介绍当天的课程和活动内容并激发幼儿的兴趣和期望。圆圈活动的开展也可以看作当天课程实施的开端。**

（资料来源：笔者拍摄于J园，2015-4-24）

在美国犹太幼儿园，除了圆圈活动中的常规知识以外，教师还会将犹太文化以及知识融入圆圈活动，并规律性的为幼儿提供传统文化学习素材。具体可以有以下做法：第一，教师在圆圈活动中会与幼儿一同分享各自家庭中的犹太文化符号。第二，通过简单的试餐宴来演示食用不同食物时的饮食习惯。第三，通过图片为孩子们展示来自不同文化的不同人群的特点。第四，与孩子们讨论文化在现实中的实践问题。第五，教师可以邀请了解犹太文化的朋友来参加圆圈活动，并通过诉说和分享图片的形式来介绍他们的见闻，进而讨论人的穿着、当地天气、人们的活动等。还可以通过播放适合儿童观看的纪录片让孩子们比较自己的生活与以色列人生活的异同。① 总之，圆圈活动的组织方式和内容选择多种多样，只要能提高孩子们的参与度并激发他们的学习兴趣，就会达到良好的文化学习效果。

2. 大组活动（Large Group）和小组活动（Small Group）

小组活动是以儿童个体化学习与探索为主要形式的局部活动，教师为儿童

---

① HANDELMA M S. Jewish Everyday：The Complete Handbook For Early Childhood Teachers [M]. Denver：A. R. E. Publishing, Inc., 2000：71, 92.

设计好活动大纲和基本框架，儿童可以根据自己的想法利用不同的学习材料来探索和解决预设的问题，教师的主要任务在于观察、引导和记录幼儿的学习过程，并激发幼儿获得更多的活动想法。① 一般情况下，三两个孩子会自发形成一个小组，并针对同一个任务共同学习（参阅图 3-10）。

图 3-10 在恐龙主题活动中，教师引导幼儿探索恐龙的种类，两个小朋友自发的以合作的形式进行恐龙卡片的对比和搭配游戏。他们之间还就如何能更快地找到对应的恐龙卡片而不停地交流着。而直接找到目标卡片还是随手拿到任意卡片就先放入所摆卡片群之中，这两个拼图方法是两个孩子商议的主要问题。

（资料来源：笔者拍摄于 J 园，2015-5-15）

大组活动主要是以班级整体或大多数儿童为主体共同聚集起来，一起完成某件共同的任务。例如，与教师一起唱歌、一起朗诵、一起做手工等。② 大组活动既可以培养所有孩子的集体协作意识，又可以让幼儿分享自己的想法和观点并贡献到大集体之中，从而通过完成集体的整体任务而获得知识的同时感受合作所获得的成就感和喜悦感（参阅图 3-11）。

① 张娜娜. 美国海斯科普课程及对我国幼儿园课程设置的启示［J］. 教育与教学研究，2014（2）：127.
② 张娜娜. 美国海斯科普课程及对我国幼儿园课程设置的启示［J］. 教育与教学研究，2014（2）：127.

图 3-11 在恐龙主题活动中，孩子们首先分成小组完成恐龙、恐龙蛋以及恐龙巢穴等的剪纸和涂色任务，然后聚集起来，在教师的指导下，在相互的合作中，以大组活动的形式完成恐龙主题的整体墙画工作。

(资料来源：笔者拍摄于 J 园，2015-5-15)

在幼儿园课程中，大组活动和小组活动通常会搭配起来实施，在教学效果上会相互补充。在不同的课程理念下，大组活动和小组活动的活动内容会有不同侧重，但活动形式是类似的。例如，在高瞻课程中，小组活动的一个主要内容是计划在工作时间里的主要任务，而大组活动要建立一种"社区感"。在瑞吉欧课程理念中，"项目活动"主要采用了小组活动的方式，在少数情况下"项目活动"会以班集体活动的形式出现。基于此，在学前文化课程中，教师可以根据具体的文化教学内容需求来组织相应的活动形式。

3. 幼儿档案记录（Journal Documenting）

基于瑞吉欧教育思想和创造性课程的指导，美国幼儿园普遍运用幼儿档案记录（或称为日记归档、文献档案袋等）的形式记录下幼儿在园的动态发展情况，为把握幼儿的进一步发展方向提供参考资料（参阅图 3-12）。

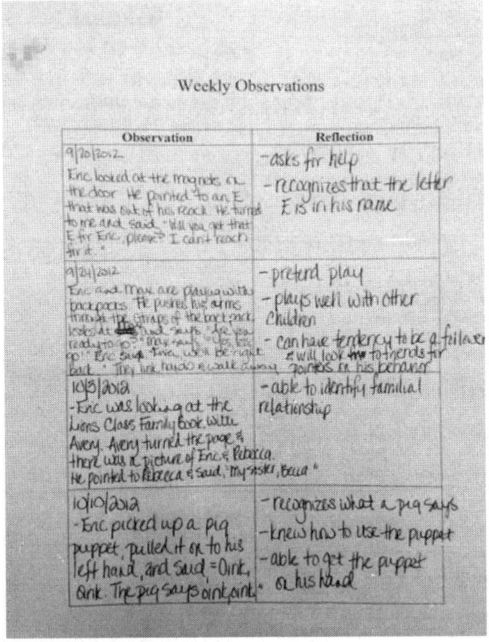

图 3-12 J园的教师会以周、月、学期等时间段为单位记录幼儿的发展进度，并结合评价工具最终确定幼儿的成长情况。该图表是教师对某一幼儿的周观察记录情况，其中根据左侧的幼儿言语和行为等事实，记录下右侧的幼儿反映和体现出的发展点。例如，该幼儿拿起一个猪玩偶，并用左手按动其发出呼噜声，幼儿会说："猪呼噜呼噜地说话呢。"这表明该幼儿的抓握能力有所发展，能分辨出猪的声音，也知道如何玩这个猪玩偶。

（资料来源：笔者拍摄于 J 园，2015-5-15）

为了更为直观全面的记录幼儿的发展，幼儿每人还会有一本日志本（Journal），每周让孩子们自己画下一周里有趣的事或者教师规定的主题，并在图画旁边写出简单的句子或者幼儿告诉教师想表达的意思让教师写在图画边（参阅图 3-13）。这种形式为教师、家长和幼儿自身了解过往的学习内容和成长路程提供了直观的材料。在使用日志本的过程中教师和幼儿需要共同注意以下问题：第一，教师选择自己认为合适的笔记本样式和留存方式来保存日志本，在运用日志本之初便告诉幼儿可以从档案橱中拿取日志本并应放回原处，从而养成归档的意识。同时教师应时刻规划和牢记日志本在较长时间（如一个学期）应该反映幼儿的学习内容及成长水平的效果轨迹。第二，为孩子选取质量较好的书写工具，如绘儿乐蜡笔（Crayola Crayons）等。第三，教师要思考并计划好幼儿利用日志本的频率。例如,教师可以在第一个学期里的每一周让孩子们用一次日志本,一学期后,如果教师发现孩子们已经掌握了如何利用和保护日志本,如何在本上写和画等技能,则可以在接下来的学期里,教师每周组织一次日志本写画,同时孩子们可以在需要的时候自行写画。第四,在使用日志本的过程中,教师要经常给予幼儿必要的指导。例如,幼儿经常会随意翻一页进行写画,教师就需要帮助幼儿逐步学会用有组织的方式去利用日志本。第五,教师要在日志本上记录下孩子们的真实想法。例如,在大多数时候,孩子们画完画后会给教师讲画中所表达的故事,有时候故事的内容会远远超出画上的表达,但是教师要用孩子的真实语言记录在图画的旁边,不可以用成人的思维去记录。第六,指导绘图的步骤。幼儿在图画之初,大多会选择一支笔然后在纸上迅速图画,紧接着告诉老师"我完成了"。教师根据孩子的特点需要用一些教育技巧帮助孩子们探索不同类型的绘图技术、符号表达和故事陈述等。例如,教师可以指导孩子选择三个颜色的笔来绘图从而减缓绘画速度,增加绘画思考时间。第七,利用日志提示词。教师可以根据每周发生的事和天气等作为日志内容的提示信息,帮助幼儿去描绘这些见闻。第八,鼓励孩子们互相分享故事和日志内容,这可以帮助孩子们获得新的日志体验。①

图 3-13 左图为 J 园某幼儿在日志档案中画有关冬季主题的内容。右图为某幼儿展示自己日志中的作品,命名为冬日仙境(Winter Wonderland)。

(资料来源:笔者拍摄于 J 园,2015-1-6)

---

① STEWART D J. Ten Tips for Keeping a Journal in Preschool [EB/OL]. Teachpreschool Website,2013-04-22.

4. 学习区角（Learning Centers）

学习区角是合理规划教室功能分区的一种方法，每个活动区角会根据不同的主题和学习目的提供相应的学习材料，幼儿可以利用不同的学习区角自主的进行区域活动。这对课程的个性化和幼儿多样化的学习需求颇有帮助。学习区角的设置种类和方法可以根据教室的结构和学习重点来动态规划，一般有艺术区角、积木区角、戏剧区角、语言艺术区角、数学区角、科学区角、操作区角等，有些区角是整个学年使用的，有的则是短期的，需要根据教学需要而设置。学习区角的功能在于促进幼儿的社会技能发展，鼓励幼儿自主探索，幼儿可以重复体验喜欢的活动，并帮助幼儿获得感官、责任感和创造力的发展等。① 学习区角为传统文化的教学提供了丰富的平台，由于不同的幼儿对不同的学习区角持有浓厚的兴趣，在各区角中融入传统文化可以达到很好的教学效果。

5. 点心时间（Snack Time）

每天上午十点半左右是幼儿吃点心、喝饮料或喝水的时间，幼儿可以根据自己的需要从家中带食物来园，幼儿园也会准备不同的食物。在美国犹太幼儿园，孩子们会在每周五的点心时间里吃哈拉面包，在诸多犹太节日的当天孩子们也会吃到犹太特色食物（参阅图 3-14）。此外，幼儿园定期组织的主题教学活动中大多还会涉及制作点心并食用点心的内容。

图 3-14 犹太七七节（又称五旬节）这个节日发生在小麦收割结束时，人们用刚收成的小麦做出第一批饼，所以有时称为收割节。幼儿园的孩子们在教师的帮助下制作了草莓点心并在点心时间里享用自己的劳动成果。

（资料来源：笔者拍摄于 J 园，2015-5-22）

---

① Creative Preschool Teaching Themes. Learning Centers：a Real Learning Enviroment for Children［EB/OL］. Creative-Preschool-Teaching-Themes Website，2015-10-12.

（二）非本班教师负责的课程活动

美国幼儿园的某些分领域教学任务是由比较专业化的教师在独立的教室和区域内开展的，就像我们大学里的不同科目在不同的教室上课一样。幼儿所在班级的教师会按照幼儿园统一的课程安排带领幼儿去不同的场所上课，这些场所的教师有的是专业学前教师，有的是从社会专业岗位上退休下来的专业人员充当的志愿者，有的是从其他国家来的志愿者等，虽然专业不同，但这些教师的专业技能和水平都非常高，而且对学前教育充满了热情，幼儿对这些课程也颇感兴趣。其中有代表性的课程如下。

第一，音乐课程时间（Music Time）。音乐活动可以促进幼儿的听觉技能、创造性表达能力以及社会交往技能等能力的提升。在音乐课上，教师特别注意对幼儿的乐感和节奏感的培养，还注意将音乐视觉化和动作化，让幼儿感知音乐是表达感情和行动的旋律（参阅图 3-15）。教师还会教给幼儿在不同的文化场合和时刻会有不同的音乐。例如，在每年的夏令营活动时，孩子们会唱《让我们都去旅行吧》。幼儿在一生中的各种重要场合都会有对应的音乐和歌曲，最为重要的是，幼儿从小就需要掌握住具有文化内涵的歌曲和旋律，这对幼儿的乐感提出了直接的要求，因此，音乐在幼儿园教育中十分重要。

图 3-15　音乐教室及音乐课。第一张图片是音乐教室的一角所摆放着的各种乐器，墙上的标语写着"音乐是一种魔力"来激发幼儿学习音乐的兴趣。第二张图片是音乐课上幼儿排队轮流敲击乐器，在每个幼儿敲击的过程中，并不能毫无目的乱敲一气，而是根据教师歌唱的旋律来敲击对应的音准，虽然幼儿很难准确的完成每个音节，但是笔者还是惊奇地发现，幼儿的大致旋律和教师哼唱的旋律整体上是契合的，因此幼儿并非只能模仿着唱儿歌，而是可以深入感受音乐的韵律和内涵！

（资料来源：笔者拍摄于 H 园，2015-1-26）

第二，艺术课程时间（Art Time）。艺术活动可以帮助幼儿更有创造性的表达其思想和感受，还能增强幼儿的精细动作技能以及颜色、形状和空间关系等概念的认知发展。除了常规的美术、舞蹈等的学习体验，美国幼儿园比较有特色的艺术课程是培养幼儿感受舞台音乐剧（或戏剧活动）。艺术教师和音乐教师会定期地将幼儿带到剧院的舞台上，共同排练简单的音乐舞台剧（参阅图3-16）。通过参与戏剧活动，不仅可以帮助孩子们恰当的表达自我、实践生活技能、改善社会交往、增加舞台感和自信心、拓展词汇以及解决问题，还能帮助幼儿感受舞台剧的魅力。

图3-16 幼儿在社区的剧院里进行音乐舞台剧的学习。第一张图片是教师在孩子们登上舞台之前讲解注意事项和音乐舞台剧的简要知识。第二张图片是师幼共同在舞台上排练，当天的音乐主题是有关"流过家乡的河流"，孩子们通过围成圈并正反向旋转等动作表达河流的状态，加上优美的音乐旋律，很容易让人生发思乡之情以及热爱家乡之感。在课程的进行过程中，有一个男孩并不完全参与其中，于是辅班教师在问询了男孩当天的心情以及有无其他问题后，尊重了男孩的选择，并与其一同作为观众来欣赏舞台上的表演。

（资料来源：笔者拍摄于 J 园，2015-1-7）

第三，体育课程时间（Gym Time）。体育课程的作用众所周知，幼儿的平衡感、前庭觉、本体感、协调和应激能力、大小肌肉群等的发展都可以通过体育运动来获得。对于幼儿来说，粗大运动技能（Gross-Motor Activities）和精细运动技能（Fine-motor Activities）的发展尤为重要，前者为幼儿创造了运用肌肉及其想象力的机会，并让幼儿感受快乐和维持健康，例如奔跑、跳跃和攀爬等；后者帮助幼儿改善小肌肉发展和手眼协调能力，例如拼图、串珠、蜡笔和剪刀的运用等（参阅图3-17）。

图 3-17　左图为幼儿在社区的运动场馆里学习球类活动的技能。右图为活动场馆里的儿童攀岩设施。

（资料来源：笔者拍摄于 J 园，2015-1-14）

第四，图书馆阅读时间（Library Time）。阅读或听故事不但可以激发幼儿学习文学的兴趣，还能改善幼儿的词汇量、综合读写技能以及拓展幼儿的知识储备。犹太人喜爱阅读，因此犹太人会创造一切机会来接触图书。无论在社区还是幼儿园都会设有图书馆，图书馆虽然大小不一，但一定会尽可能地为读者提供相对丰富的藏书（参阅图 3-18）。在美国犹太幼儿园，无论是其图书馆还是教室的阅读中心，供读者阅读的地方通常设计得非常人性化，让人感到十分的舒适而且不会受到打扰。图书馆与阅读中心相互配合，为幼儿的阅读需求提供了最大的便利。

图 3-18　左图为 S 园图书馆一角的图书，有关犹太文化的儿童图书非常丰富，教师和家长都可以挑选图书为孩子们阅读。中图是阅读区里摆放的一个浴缸，里面放满了毛绒抱枕之类的柔软物品，幼儿可以拿着书坐到浴缸里阅读，这样可以避免读书给幼儿带来的任务感和压力，让孩子们感到阅读是一件十分惬意和享受的事情。右图是教室里的阅读中心，可以与图书馆的情况对比来看。

（资料来源：笔者拍摄于 S 园，2015-1-24）

第五，户外游戏（Outdoor Play）。每个幼儿园都会有日常户外游戏活动，美国幼儿园的户外大型玩教具会有两种材质类型。一种为木质材料做成，这些活动设施的地面一般会铺满木屑，这样既环保又有安全性。另一种为塑料材质做成，地面会铺上既软又有弹性的地垫以保证幼儿安全。笔者调研的康涅狄格州在冬季会有持续的大雪，齐膝深的积雪在当地人看来十分正常，因此在天气不好时，幼儿园便会安排幼儿在室内的大型游戏场所玩耍（参阅图3-19）。

图 3-19　左图是幼儿园户外大型玩教具（木质）。中图为幼儿园户外大型玩教具（塑料）。右图是室内大型玩教具。

（资料来源：左图笔者拍摄于 R 园，2015-5-5；中图和右图笔者拍摄于 J 园，中图摄于 2015-5-22；右图摄于 2015-1-9）

（三）幼儿园的环境创设

作为"第三方教师"的幼儿园环境，其所传达的物理和情感的氛围与信息是表达该园教育理念、价值立场、教学态度、文化传承等的无声语言。幼儿在日常生活中所处的空间环境所提供的视觉和触觉等的教育资源直接影响着幼儿的学习与成长。因此，当我们走进任何一所幼儿园时，环境的第一印象便会让我们意识到这所幼儿园的文化导向。美国蒙大拿大学儿童早期教育专业主任朱莉·布拉德（Julie Bullard）教授提出，在设计幼儿园环境这一隐性课程的时候，教师需要认真掌握以下情况：第一，儿童的适宜性发展实践水平；第二，儿童个体的动态发展需求，特别是兴趣、文化和语言等；第三，早期学习与课程成就准则；第四，空间功能的适应性利用；第五，所属幼儿园所秉持的培养儿童的教育哲学理念。① 而要想将幼儿园环境布置得引人入胜，并极具学习性、娱乐性和探索性等特点，还需要把握一些环境设计的原

---

① BULLARD J. Creating Environments for Learning：Birth to Age Eight（Second Edition）［EB/OL］. Pearson Website，2015-07-11.

则，即自然可以产生美感、色彩可以激发兴趣、家具可以定义空间、纹理结构可以增加深度、陈列物可以增强环境感、文化元素可以烘托出氛围、环境焦点的设计可以吸引注意等。① 当然，透过孩子的视角去看周围环境也是必不可少的。

从美国犹太幼儿园环境布置的细节来看：第一，犹太人用印刷品等视觉媒介物帮助幼儿了解社区以及社会责任感（参阅图 3-20）。第二，幼儿园里会选取几面主题墙，配合不同的主题活动（参阅图 3-21）。第三，教室里的分区布置比较明显，突显了各学习区角的功能（参阅图 3-22）。第四，教师会充分利用教室空间，将教室的活动主题体现得更加完整（参阅图 3-23）。

图 3-20　左图是希伯来语的数字，美国犹太幼儿园一般的常规知识会用双语标出。右图是孩子们共同涂色，所涂的纸质物为 "2015" 样式，涂色完成后教师会将其在班级墙上展出。

（资料来源：左图笔者拍摄于 S 园，2015-1-14；右图笔者拍摄于 J 园，2015-1-5）

图 3-21　左图为幼儿园楼道的主题墙，图中展示了犹太光明节的内容。右图是某教室里的主题墙，图中展示了冬季的主题。

（资料来源：笔者拍摄于 S 园，左图摄于 2014-12-22，右图摄于 2015-1-26）

---

① DEVINEY J, DUNCAN S, HARRIS S, etal. . Inspiring Spaces for Young Children, Silver Spring［M］. Gryphon House, Inc. , 2010：1-48.

图 3-22 从左到右、从上到下依次为积木区；孩子在积木区游戏（积木游戏可以帮助孩子们提升感受形状、尺寸、空间关系、数字、平衡、组织、因果关系、分类、合作技能、问题解决和创造力等能力）；自然探索区；角色扮演区；儿童作品展示墙；字母读写区；主题展示台；电脑区。诸多分区的合理布置，为孩子们创造了认知、创意以及社会情感交往的物理环境。

（资料来源：笔者拍摄于 S 园，2015-1-14）

图 3-23　每个班的教师都会利用天花板这个广阔的空间来呼应墙壁的内容。左图为孩子们非常喜欢的陀螺纸质模型。中图和右图展示的是孩子们的作品。

（资料来源：左图和右图笔者拍摄于 J 园，左图摄于 2014-12-22，右图摄于 2015-4-23。中图摄于 S 园，2015-1-14）

　　从美国犹太幼儿园处理传承文化问题的角度去看其环境设置，可以发现，美国犹太幼儿园的环境让人们感受到丰富的犹太文化元素的同时，并不会让非犹太人产生陌生感、距离感乃至隔离感。达到这种效果的直观视觉原因就在于，犹太人不会在幼儿园环境的各个角落都布满希伯来文、族裔服饰和饮食的宣传画等，而是将犹太文化作为课程学习内容的一部分予以适宜化呈现，这种做法降低了环境设置的仪式感和压迫感，给孩子们一种轻松的生活氛围。因此，在幼儿园环境中融入文化元素需要突显这是多元文化和谐相处的地方，只有做到这一点，社会大环境的氛围才是理解与平和的，才能顺应当今时代的主题（参阅图 3-24）。

图 3-24　S 园某教室整体布置情况的一个侧面。从整体的角度可以看出，美国犹太幼儿园与美国其他普通幼儿园有很多相似之处，并非让幼儿淹没在犹太文化的氛围之中。如果换个角度的话，如上文所述，从环境的细节角度来看，犹太文化又处处点缀其中，让幼儿在潜移默化之中感受文化的熏陶。由此可以看出，美国犹太人在处理多元文化之间的关系时，走向了文化均衡的方向。

（资料来源：笔者拍摄于 S 园，2015-1-14）

总之，幼儿园的空间环境并不单单是师幼上课和生活的场所，更是教学过程的交流媒介。组织良好的幼儿园环境可以视作一个频繁发生认知及社会行为的微型现实社会，这一特殊场域对幼儿的行为培养与学习发展有着重要的影响作用。

（四）社会其他教育系统的补充

学校教育是社会大系统中的一个相对独立的子系统，该子系统与社会其他具有教育功能的教育系统共同承担着教书育人、知识推广和文化传承的社会责任。因此，只有综合发挥社会整体教育系统的教育功能，才能实现教育效果的最大化。作为美国学前文化课程实施的延伸途径，社会教育场域的学前文化课程的实施起到了很好的配合与补充作用。其中有代表性的教育方式有以下两种。

第一，PJ 图书馆（PJ Library）。PJ 图书馆是在北美地方级别上实施的一个犹太家庭定制计划。该机构会给在 PJ 图书馆网站上注册的幼儿家庭（该家庭抚养的子女年龄在 6 个月至 8 岁之间）每个月定期邮寄免费且高质量的儿童图书和音像制品。PJ 图书馆是哈罗德·格林斯普基金会（Harold Grinspoon Foundation）的教育项目，该项目联合地方的慈善家和教育组织共同为成千上万的北美幼儿家庭提供探索核心价值观和传统文化等内容的书籍和音像制品。在选择学习材料时，PJ 图书馆为家长提供了以年龄段为分区的甄选目录，不同年龄段会对应不同的学习材料，而这些材料的编写也是严格基于幼儿的年龄发展水平基础上的。注册家庭每次收到的邮寄材料中，都会有此次材料的阅读指南以及材料中涉及的文化概念的解释信息，为提高用户的阅读体验和参与讨论相关文化议题与活动提供了便利。笔者调研的康涅狄格州大哈特福德地区以当地犹太社区为中心，通过 PJ 图书馆项目定期组织当地的犹太家庭聚集起来开展研讨会和分享故事活动，从中讨论育儿、文化教养等家庭教育问题。从当地使用 PJ 图书馆的学习材料情况来看，并不只限于家庭使用，社区的图书区、幼儿园每个班级的阅读区等场所都会有 PJ 图书馆提供的儿童书籍供读者阅读（参阅图 3-25）。如此规模的图书提供渠道为幼儿的阅读习惯的养成及阅读需求的满足提供了极大的便利条件。

图 3-25　图中是图书室里摆放的部分来自 PJ 图书馆的儿童书籍。

（资料来源：笔者拍摄于社区图书馆，2015-5-28）

第二，社会教育项目。美国的社会教育机构、民间团体、基金会、个人等会根据不同的教育目标与教育理想创设多种多样的教育项目以促进美国幼儿教育的发展。这为美国幼儿家庭选择和获取教育资源提供了有效途径。例如，大纽约犹太教育委员会（Board of Jewish Education of Greater New York）与纽约联合会（Federation of New York）等组织发起的犹太教育计划（The Jewish Education Project）便综合教育工作者、校长、志愿者等人员的智慧与力量为帮助犹太教育的发展提供新思路，并建立庞大的教育网络，为犹太儿童、青少年及其家庭提供教育工具、资源和技术等学习素材，并分享有先进教育理念的教育者和志愿者的新思想，进而驱动犹太教育的发展来影响世界生活。这种旨在提高犹太教育影响力并让更多的人体验到犹太文化的智慧与喜悦的计划还分享着诸多教育经验。[1] 比如，该计划提出的夏日海滩犹太儿童学习方法，为犹太家庭及其子女的假期出游增添了意义丰富的犹太文化元素。该方法包括六点：一是，在沙滩排球上写下希伯来字母，对于较大的孩子要写上希伯来语的海滩词汇；二是，沙子创意，用沙子堆建灯台等犹太符号；三是，将蜡烛等物品埋在沙堆中，让幼儿模拟体验考古挖掘工作；四是，告诉幼儿收集贝壳等物品用于装饰房子；五是，教孩子玩桨球游戏，类似于沙滩网球；六是，教孩子实践"修理世界"的概念，鼓励孩子尊重环境并带走海滩上的垃圾。[2] 通过这六种方法，孩子们既能享受乐趣，又能在实践中学习犹太文化。犹太教育计划会不断

---

① The Jewish Education Project. Who We Are［EB/OL］. Jewishedproject Website，2015-10-16.

② 夏日海滩犹太儿童学习方法的例子来源于对 UHT2 教师的电子邮件访谈。

更新类似于这样的教育指导，而类似于犹太教育计划的其他犹太教育项目又会用不同的方式为幼儿的教育实践提供方法和途径。

总之，美国教育人士将教育视作社会范围的一个巨系统，并不是仅有学校才具备教育功能，也不能单靠学校承担教育使命，只有将国家教育系统、社会团体教育资源和个人教育贡献等整合成一个社会教育的系统工程，才能取得优异的教育成就。

第六节　美国学前文化课程的课程评价

一、美国学前文化课程评价系统简述

对于课程评价的不同界定将决定教师教学的不同取向，自然也会影响学生的发展向度。依照美国学前课程的具体实践，我们可以选取以下定义来定位其课程评价的内涵，即"课程评价是测量学生在学业方面实现预期行为目标的程度"，而美国当今的课程评价体系大多依托并附设于课程标准之中，因此"课程评价就是将学生的学业与某些标准进行比较"的定义可以更加确切地描述美国学前课程的评价现状。[①] 而要断定这一结论需要我们简要回顾下美国联邦政府在课程建构和实施过程中的影响程度的历史转变情况。1965 年 4 月 11 日，时任美国总统的林登·B. 约翰逊（Lyndon B. Johnson）在"向贫困开战"的时代背景下签署了影响深远的美国《中小学教育法案》（*Elementary and Secondary School Act*，ESEA），在该法案的影响下，联邦政府在中小学的影响力迅速提升。在联邦教育管理机构上，为了防止联邦教育局过多干预各州的学校事务，该局只是联邦政府部门之下的一个办公室。直至 1979 年，国会认为像扫盲教育、科技教育和教育贷款等事务是地方政府和学区不能独立完成的，因此将联邦教育局改为内阁一级的教育部，从而有更大的权限干预全国教育的发展趋向。在联邦政府的教育影响力不断提升的情况下，ESEA 的主要职责和工作重点还是协调各学区的资金预算、援助贫困学生、强化问责制度和评价制度等方面，联邦教育机构的工作范围是坚决不允许干预到 K-12 课程及其教学内容的。这种情况在

---

① 全国十二所重点师范大学联合编写. 教育学基础［M］. 北京：教育科学出版社，2008：174.

2009 年发生了根本转变，奥巴马政府将中小学课程及其教学的定位置于了国家导向之上。① 2009 年 2 月 17 日，奥巴马政府签署通过了《美国恢复与再投资法案》（*American Recovery and Reinvestment Act*，ARRA），该法案涉及科技、能源、环境保护、教育、医疗等各类领域，对全面应对当时的金融危机提供了法律上的保障和资金的大力支持。在教育领域，ARRA 授权实施了"力争上游"（Race to the Top，RTT）教育项目，该项目主要为"力争上游基金"（Race to the Top Fund）和"力争上游评价项目"（Race to the Top Assessment Program）提供资金支持。而美国各州想要获得 RTT 教育项目的大量资金支持，就需要参照该项目的两大评价系统来改革地方的课程目标、设置、内容、评价等课程要素，从而满足联邦政府的教育目标和具体教育发展要求。RTT 教育项目下的两大评价系统是综合评价系统（Comprehensive Assessment Systems，CAS）和高中课程评价项目（High School Course Assessment Program，HSCAP）。综合评价系统（CAS）又主要包括"大学与职业准备合作评价系统"（the Partnership for Assessment of Readiness for College and Careers，PARCC，该评价方式侧重中学后阶段）和"智能平衡评估协定系统"（the Smarter Balanced Assessment Consortium，SBAC，该评价方式侧重中学前阶段）②，各州只有通过了以上两大评价系统的评估要求，才能获得资金上的支持，而通过评估的关键在于各州的课程实施要符合州共同核心课程标准（CCSS）的具体要求。因此，各州的课程评价体系需要参照 CCSS 的具体标准条目，结合地方课程标准的具体要求，并综合运用符合多方面实际情况的课程评价工具，完成对学生的学业评价工作。从课程评价工作的简化操作层面来看，将学生的学业与某些标准进行比较是美国课程评价的实践思路，当然，现实的课程评价具体工作要更为复杂和烦琐。

美国康涅狄格州的学前课程在参照联邦政府 SBAC 的具体要求，结合附设于康涅狄格州学前课程框架（Connecticut Preschool Curriculum Framework，CT PCF）的康涅狄格州学前评估框架（Connecticut Preschool Assessment Framework，CT PAF），以及附设于 CTELDS 的发育筛查（Developmental Screenings，DS）和形成性评估（Formative Assessments，FA）等的基础上，采取创造性课程的具体

---

① EITEL R S, TALBERT K D. The Road to a National Curriculum: The Legal Aspects of the Common Core Standards, Race to the Top, and Conditional Waivers [J]. The Federalist Society for Law and Public Policy Studies, 2012, 13 (1): 13.

② U. S. Department of Education. Race to the Top Assessment Program [EB/OL]. U. S. Department of Education Website, 2012-10-08.

评价工具，对康涅狄格州儿童的学业及成长进行评估。基于学前文化课程的目标与特点，文化的习得必须循序渐进，教师在确保幼儿理解了初步的文化含义并习得了文化行为之后，才能给予幼儿进一步的文化学习内容。因此，教师不可能单独以终结性的评价方式在学期末以统一的标准参照测试工具来测量学生的文化理解程度，教师必须在课程实施的过程中不断与幼儿交流，并利用课程标准时刻比对幼儿的认知进度，才能对幼儿进行合理的评价。因而学前文化课程的评价系统更多的是一种过程性评价（或形成性评价），但需要注意的是，美国幼儿园也会结合期末的终结性评价来综合测评幼儿的发展状况，从而决定幼儿是否可以获得进一步的学习还是建议其在原来的基础上多学习一个学期后再升入高一级班级。

二、美国学前文化课程的具体评价工具

美国学前文化课程的课程评价工具有以下三个层面，其中越是上层的评价方式越具有指导功能，越是地方的则越具有实践应用功能。这三层评价工具为联邦政府层面的 SBAC，州政府层面的 CT PAF、DS 和 FA，以及地方运用广泛的创造性课程评价工具。

（一）美国联邦政府层面的智能平衡评估

对学科的深度理解和高阶思维能力是当今以知识经济为基础的全球经济对人才能力的要求，要培养学生这些能力就需要通过评估持续地改进教学和促进学生获得有意义的学习经验。涉及基础教育领域的评价工具主要是智能平衡评估（SBAC，康涅狄格州于 2010 年 9 月被教育部通过纳入该评估项目），该评估体系为学生的学习内容提供了准确的信息，也根据课程标准明确了所有学生的知识与技能所应获得的发展水平。SBAC 的总体目标是通过有计划的教育经验及机会的获得，使学生为未来的大学和职业做好充分的知识准备。为了达到这一目标，来自高等教育机构和职业场所的代表组成代表团在 CCSS 的基础上创设了高质量的支持各参与州教育平衡发展的评价系统。该系统涵盖了综合评价系统、在线自适应测试管理系统、综合报告系统和专业发展系统等四个子系统。①SBAC 建立在行动理论的基础上，倡导科研支持教学实践，并综合运用平衡技术工具、创新评价方式和国家最先进的课堂指导机制改善教和学。在以上四个子

① U. S. Department of Education. SMARTER Balanced Assessment Consortium ［EB/OL］. U. S. Department of Education Website，2012-08-10.

系统的基础上，SBAC 在创建具体评价工具和技术时，需要首先明确评价方式及其价值取向，终结性评价与形成性评价的不同选择将会需要不同的评价技术予以支撑。SBAC 在处理这一问题时，提出了责任灵活性平衡取向（参阅图 3-26）。图 3-26 展示了相互冲突的价值之间的平衡，在这一连续体的两端，形成性评价工具要求课堂上的充分灵活性以支持学生的个性适宜化发展，而在测评技术和实证定量测量上又要求在学生的发展和学校问责制上必须限制评价形式的灵活性。于是，用临时评价基准工具和终结性成绩评价介于形成性评价工具和终结标准性评价之间，通过教育和职业代表团的研究议程，决定多样化教育价值取向的取舍，在临时评价基准的过程性实施基础上指向终结性评价指标，从而落实平衡评价系统。在价值判断和行动理论的基础上，SBAC 的具体评估工具及实施项目包括计算机自适应选择响应项目，科技导入建构式反应项目，扩展建构式反应项目，以及针对每个年级的标准表现案例。SBAC 的具体目的在于发挥教育系统的关键作用，为教育管理人员、教育一线教师、家长和学生提供改善教与学所需的教育数据与信息。因此其评估对象主要为中小学生，评估的价值在于为中学后阶段做准备。基于此，SBAC 的评价方式中的平衡思想对于学前教育阶段的教育引导意义更为突出，而学前课程评价的具体实施还需要地方评价工具的补充。

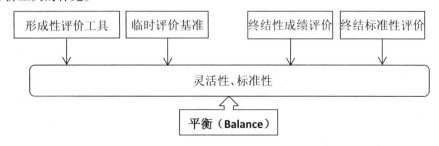

图 3-26 责任灵活性平衡示意图①

（二）康涅狄格州政府层面的 CT ELDS 和 CT PAF 的评价工具

1. 康涅狄格州早期学习与发展标准（CTELDS）附设的评价工具

附设于 CTELDS 的评价工具被用来决定儿童在多个发展领域的发展进程。根据不同的发展目标，CTELDS 的评价工具可以分为两种即发育筛查（Develop-

---

① U. S. Department of Education. SMARTER Balanced Assessment Consortium ［EB/OL］．U. S. Department of Education Website，2012-08-10.

mental Screenings，DS）和形成性评估（Formative Assessments，FA）。发育筛查评价工具（DS）主要用于对儿童能力的综合调查，依此来决定儿童是否需要接受进一步的评估，该工具侧重于对儿童的年龄及其发展阶段的监察。具体来说，发育筛查主要调查儿童的语言、转导推理至一般逻辑推理、粗大运动、精细动作、个人及社会发展等能力的发展状况，在此基础上做出迅速有效的评估建议以决定儿童是否需要接受进一步的评估。筛查的内容一般包括 15 至 20 分钟的简介、儿童的文化敏感性、儿童的兴趣、单独管理适应性、对父母的调查（一般用问卷形式）等，其筛查费用并不高。在筛查时需要特别注意的是切勿将儿童进行错误定位。当为儿童个人领域评分时，过度的定位和错误的运用评价资源有可能会对孩子做出错误的判断和误贴标签，从而得出不准确的结论。发育筛查评价的结果有三种：第一，儿童得分在正常发育范围内则为通过；第二，进一步的诊断评估；第三，重新进行发育筛查（原因可能为仪器评分出现不确定得分，儿童的不稳定发展，儿童出现劳累或非典型行为等）。① 形成性评估（FA）主要用来掌握儿童在某种能力方面的发展情况，从而为儿童制定有针对性的教育计划提供依据，该评估侧重于指导课程、教学、家庭活动以及成人的支持等方面的改善工作。

除了在每个短时间段内（一个月或一个季度等）对儿童阶段性发展情况的过程性测查和掌握之外，儿童在升学或转学的过程中还要有详细的评估，例如，幼儿的入园测查、幼儿从学前班升至幼儿园的测查、幼儿升入小学前的测查等。美国幼儿在学前班升入幼儿园（Kindergarten Transition）时需要详细的测查记录（参阅图 3-27），如果评估正常，则可以顺利升学；如果测查出有特殊需要，则必须在教育干预后做进一步的再评估，从而决定该幼儿未来的就学类别，这种方式便有教育筛查的特点。图 3-27 详细展示了某幼儿学业过渡期的测查情况，其中涉及的主要领域为社会与情感发展领域，除了幼儿要适应在园生活之外，最为重要的就是社会交往技能和对文化环境的适应，具体体现在对他人的尊重以及对环境的理解。与多数其他学前教育机构不同的一点是，J 园的升学过渡表中增加了幼儿前期学业水平的测查，这部分内容可以帮助教师日后对幼儿的成长发展情况有连续性的掌握，进而可以有的放矢地对幼儿进行针对性培养和有效性再评估。

---

① Connecticut Office of Early Childhood. Developmental Screenings［EB/OL］. Connecticut Office of Early Childhood Website，2015-09-25.

图 3-27　J 园的幼儿园升学过渡测查情况记录表。表中具体记录了幼儿及其家庭的基本信息（为了保护隐私特将其进行了模糊化处理），幼儿的社会及情感发展等级，幼儿的前期学业发展水平等测评信息。

（资料来源：笔者拍摄于 J 园，2015-5-15）

2. 康涅狄格州学前评价框架（CT PAF）

康涅狄格州学前评价框架（Connecticut Preschool Assessment Framework，CT PAF）是依据 CTELDS 和更早的康涅狄格州学前课程框架（Connecticut Preschool Curriculum Framework，1999）的课程标准和课程实施取向的，针对 3 至 4 岁儿童的领域发展而提出的课程嵌入式工具评价框架。该评价框架提供了用于课程计划和儿童发展评价的具体参照标准，用以帮助教师在特定的学习标准的基础上计划和实施课程并观察和评估儿童达到这些标准的发展进程。该框架系统的核心着眼点在于课程计划和学习成果，并非关注学习活动的过程，因此极具终结性评价的特征。康涅狄格州学前评价框架为儿童列出了 30 个表现标准或学习目标，这些参照指标是基于康涅狄格州学前课程框架的 77 个表现标准提出的（参阅表 3-8）。

表 3-8　康涅狄格州学前评价框架的执行标准[①]

发展领域	儿童具体评价表现
个人及社会领域（personal and social development，P& S）	1. 在众多教学内容面前能够自我选择；2. 能够维持对任务和目标的关注并予以完成；3. 愿意参加教师主导的小组活动；4. 遵循惯例和规则；5. 能用词表达情感和感觉；6. 显示出对他人的同情和照顾；7. 能与伙伴合作；8. 能够解决冲突；9. 认识到相似性和差异性的存在

---

① Connecticut State Department of Education. Connecticut Preschool Assessment Framework ［EB. OL］. Connecticut State Department of Education Website，2015-09-25.

续表

发展领域	儿童具体评价表现
身体发展与健康领域（physical development, PHY）	1. 能够使用大小肌肉协调的参与活动； 2. 关心自我独立
认知领域（Cognitive Development, COG，综合了语言、科学、数学等领域内容）	1. 从事初步的科学方面的探索；2. 能采用多种策略解决问题；3. 会分类物品；4. 会识别并制作图案；5. 会比较并安排物体的顺序；6. 建立数字和数量的联系；7. 展示出空间意识；8. 会运用复杂的句子和词汇描述想法和经历；9. 理解并参与对话；10. 表现出对故事的理解；11. 能够识别书籍和印刷品中的知识；12. 能够识别话语中相似的声音；13. 能够辨认印刷字体；14. 能够用文字表达意思
创意表达及审美发展领域（Creative Expression/Aesthetic Development, CRE）	1. 建构并表达自己的想法；2. 用绘画表达自己的想法；3. 在扮演游戏中能够表现出现实经验和幻想；4. 会唱歌并对音乐做出反应

　　在各项评价指标的对比下，教师会被引向使用"目的教学"的方式来组织课程。早期儿童教学被视为一个连续规划和观察的过程，教师计划学习活动和习得经验来帮助孩子们学习，同时教师通过观察还可以了解儿童的成长进展并计划新的活动和教学策略促进儿童进一步的发展。"目的教学"的实施过程就是教师不断思考儿童需要做什么、为什么做这些的过程。其具体实践阶段为计划和实施课程、观察和评价儿童以改进计划、再次实施课程、总结课程等四个步骤（参阅图3-28）。图3-28是J园为儿童定期撰写的《儿童发展与计划报告》，该报告主要记录了儿童在社会情感领域、认知领域、身体领域和语言领域的发展情况，表中还包含了家长对儿童的观察与评价，以及教师对儿童在学校和家庭的未来发展的建议。通过该报告的积累，教师和家长可以清晰地了解到儿童在每个领域的发展曲线，也可以适时地制定和更正儿童未来发展的建议，同时家园合作的作用得到了充分体现。

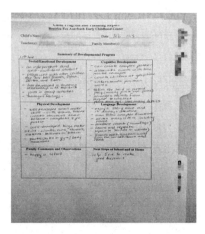

图 3-28 J 园教师定期为儿童填写的《儿童发展与计划报告》

（资料来源：笔者拍摄于 J 园，2015-5-15）

（三）社会教育机构层面的创造性课程评价工具

在美国社会教育机构层面的学前课程评价工具中，运用较为广泛的是创造性课程的评价工具。创造性课程包括 4 个领域维度，50 个教学发展目标，每个教学目标下又分为了 4 个发展阶段或等级，即发展先行者等级（Forerunners，该阶段用于测评发展迟缓或有特殊发展需要的儿童）、第一至第三等级（Step 1 To Step 3，该三个等级用于测评发展正常的儿童）。评价儿童的发展进度就需要根据教学目标及其发展阶段来确定儿童的实际发展情况。教师必须根据所收集的观察记录和儿童发展概况来检验每个儿童在每个发展目标上的进展。教师可以参考课程发展连续表来检验儿童的行为和言语，并最终确定哪个发展阶段最能反映儿童的技能水平。需要注意的是，当教师利用所收集的儿童信息进行评价时，有时会发现儿童的实际行为与多个发展阶段相匹配，这时就需要选择一个最为恰当的目标发展阶段来描述儿童的发展情况，而要做到选择恰当便需要注意以下三点：第一，所选取的儿童发展阶段必须能够反映儿童行为或技能发展水平的连续性。课程发展连续表及其阶段中所列举的只是举例行为，现实教学中儿童会产生多种不同的现实表现，这需要教师根据教学发展目标来认定儿童的具体行为。第二，如果儿童的表现刚刚显示出某技能发展阶段的端倪，在判定其发展阶段时需要确定为前一个阶段。第三，教师需要注意所收集的儿童记录材料的时间。如果观察记录材料的时间晚于儿童发展阶段的对照时间，则该儿童应被确定为低一级阶段，而如果儿童持续地表现出某些技能，则应确定其为高一级阶段。此外，儿童在不同领域和教学目标的发展水平上并非齐头并进，大多数儿童在一个领域的发展有可能高于另一个领域，例如某儿童在"遵守教室里的规则"方面发展至第一等级（Step 1），但在"探索因果关系"方面则可能发展至了第二等级（Step 2）。

为了提升评估的有效性，不同教师必须用相同的方式评估每一个儿童，而要保证评判间信度，就需要利用到以下四个环节的评估策略：第一环节，所有教师不仅需要回顾并掌握发展领域目标、教学目标以及各发展等级，还需明晰评价过程中对记录材料收集、分析和评价事实的全过程，幼儿园需要确保所有教师理解如何为儿童的发展进程选择最匹配的对应发展评估阶段；第二环节，在评估儿童的过程中，可以选取两位教师来评价同一个儿童，并比对他们二人的观察记录和评价材料，来确认他们的评价结论呈现的是儿童发展的客观事实，而非教师的主观评论；第三环节，收集部分观察记录和评价材料的样本，确保评价团队评价标准的一致性；第四环节，重复以上三个环节直至评价团队对如何为儿童选取最为恰当的评价等级而达成共识。

在具体评价过程中，教师可以利用创造性课程所提供的"个体儿童评价资料记录表"（Individual Child Profile，ICP）来记录儿童的评价信息。该评价记录表为评价儿童现有发展程度，给儿童提供进一步的发展建议以及制定教学计划报告等提供客观的评价材料。ICP 中包含了儿童发展领域，课程目标，教学目标，不同发展等级，以及三个评估时间段即秋季（F）、冬季（W）和春季（S）。例如，在认知发展领域中有四个课程目标，其中之一是"学习及问题解决能力"的发展。在该课程目标中又含有五个教学目标，其中之一是"好奇的观察物体和事件"。在该教学目标中包括四个评价等级即发展先行者等级和其他三个具体发展等级，其中最高发展等级是"能够用心观察并寻找相关信息"。在评价该等级的时间段上又分为秋、冬、春季（参阅表3-9）。

表3-9 创造性课程个体儿童评价资料记录表
（节选部分认知领域举例，评价时在空格处打钩或叉）

认知领域			
学习及问题解决能力	评价时间段		
好奇的观察物体和事件	F	W	S
发展先行者事例			

续表

认知领域		
学习及问题解决能力	评价时间段	
Ⅰ检查对细节的注意力，并意识到物体的属性		
Ⅱ注意到并且/或者问有关相似性和差异性的问题		
Ⅲ能够用心观察并寻找相关信息		

（资料来源：笔者收集自 J 园，2015-5-12）

美国幼儿园在评价儿童发展情况时运用最多的评价方式之一便是创造性课程的评价表格，该评价表格在现实评价中，会根据幼儿年龄段分成两种。一种是针对幼儿园中 3 至 5 岁幼儿的评价记录表（如同表 3-9，参阅图 3-29）。从图 3-29 中可以看出，对该幼儿园的某个领域的评价指标很详细，随着时间的推移，幼儿在该领域的整体进展便可以反映出来。此外，在每个领域的具体指标确定发展等级后，都会有一栏填写教师结语和评价结论，用以总结幼儿在该领域的发展情况。

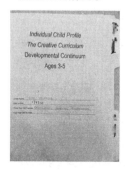

图 3-29　J 园某幼儿的社会情感领域的 ICP

（资料来源：笔者收集自 J 园，2015-5-15）

另一种是针对 3 岁之前幼儿的评价记录表，该表评价指标与 3 岁后幼儿园阶段的指标之间最为明显的区别在于评价等级的划分更为详细即由 3 个正常等级扩展为 5 个。例如，在社会情感领域，有利于幼儿多元文化意识和能力培养的课程目标之一是"学习和了解自己与他人"，对该课程目标下的第六个教学目标即"学会成为团体中的一员"的发展情况进行评估时，便会有"表现出与他人共事的兴趣""与熟悉的人一起能找到安全感""开始参与到集体常规活动"

"开始接受他人的需求也很重要这个观点""积极地参与到集体生活"这五个等级来评价幼儿社会化程度的发展（参阅图3-30）。这种细化的等级定位可以更准确地反映每个儿童在不同领域的详细成长情况。

图3-30　J园某幼儿3岁前阶段的社会情感领域的ICP

（资料来源：笔者收集自J园，2015-5-15）

总之，幼儿发展的评价过程要体现出连续性、全面性、真实性、家园共同合作、建立幼儿发展评价指标体系等，在此基础上，教育工作者要根据儿童的发展短板为其制定详细的发展指导建议和教学计划，同时也为学前教育问责制的落实提供翔实的依据。从评价工具的整体特征来看，美国学前文化课程多采用了标准参照评价的方式，并结合书面鉴定及评语等质性评价手段，形成个人内差异评价，将幼儿个体在同一领域的不同评价点做出横向评价，同时利用在多个时间段的评价素材构成纵向评价。

三、美国学前文化课程的评价材料收集方法

大多数课程评价工具的指标性特征比较明显，评价记录表等材料大多只能反映儿童的终结性特征，而要得到这些终结性结论还需要教师长期的观察和平时持续的测评以积累丰富的评价材料，这就要求教师在过程性发展评价中，综合运用多种评价方法，获得对儿童发展情况的全面掌握。而要对学前文化课程以及儿童文化习得情况进行评价，是难以用量化的方式予以完成的，况且在量化测评中儿童的注意力保持的时间有限，因此教师需要通过交谈法、作品欣赏法、周观察记录法、他评法、幼儿档案袋法等有针对性的评价调查方法来了解儿童对文化的认知程度。

　　第一，交谈法。美国幼儿园的每日生活中充满了各种活动，无论孩子们在画画、拼图还是用餐，特别是小组活动时，低声交谈是时常发生的，这也是为什么美国幼儿园的教室里让人感到嘈杂的原因。教师可以作为聆听者、提问者、回应者出现在幼儿的交谈之中，从而了解幼儿对某些问题的认知程度。然而在交谈过程中最为重要的是教师也成为交谈者，这既有利于教师作为聆听者等身份出现，更有利于教师有目的的维持、推进和启发交谈的进行。幼儿在学前期内与教师等成人的交谈越丰富，则会在未来取得越好的学业成绩。[①] 因此，在教师与儿童的交谈中蕴含着大量反映儿童真实想法和认知水平的信息。基于幼儿认知水平的复杂性，为了更好地与幼儿交谈，教师可以根据谈话内容的四个层级来选择交谈内容和方法。交谈的第一层次是匹配感知（Matching Perception），根据幼儿对物体或人物的标签的认识来交谈。例如，教师指着某一文化符号问幼儿"这是什么"，抑或教师让幼儿找出教室中的文化符号。根据幼儿的表现来决定是否可以用高一层次的谈话内容。交谈的第二层次是选择性分析及综合感知（Selective Analysis/Integration of Perception）。例如，教师可以问幼儿"我们在某节庆日时吃什么东西呢？"幼儿需要从众多食物中挑选回答并在脑海中呈现出节日饮食的整体观念。第三层次是重新排序或推断感知（Reordering or Inferring about Perception）。该阶段需要孩子们总结、定义、判断或比较故事、事件等涉及的概念和思想。例如，在逾越节中，当讲到犹太人在埃及的生活时，教师可以问幼儿"犹太人在劳作时有什么感受呢？"等问题。第四层次是推理感知（Reasoning about Perception），涉及问题解决和概念解释等。例如，教师在介绍死海时，可以问幼儿"我们怎样才能让物体在水中漂浮起来呢？"等类似的问题。[②] 根据以上四个层级的交谈方法，教师既可以了解到幼儿对文化的认识程度，还能测验幼儿的思维发展水平。同时需要注意的是，教师在展开与幼儿的交谈时，要激发幼儿的交谈兴趣，并根据具体交谈情况运用启发诱导、聆听技术、移情技术等方法，综合收集反映幼儿犹太文化习得情况的评价材料。

　　第二，作品欣赏法。每个幼儿的作品都来源于幼儿真实的生活、主题活动

① DICKINSON D K, SNOW C. E. Interrelationships among Prereading and Oral Language Skills in Kindergartners from Twosocial Classes［J］. Early Childhood Research Quarterly, 1987, 2（1）: 1 - 26.

② VAN K A, GILLAM R B, HAMILTON L, etal. The Relationship between Middle - class Parents' Book - Sharing Discussion and Their Preschoolers' Abstract Language Development ［J］. Journal of Speech, Language, and Hearing Research1998, 40（6）: 1261 - 1271.

或者游戏情境，这是幼儿独特心理活动的外显。① 因此，教师需要注意将每个幼儿关于文化认知的作品进行收集，这可以直观地了解到幼儿对文化的外在表达。多数情况下，成人很难凭借经验来解读幼儿的图画、语言、动作等表达的内在信息，因此教师在收集幼儿作品时要聆听幼儿的解读，并记录在作品旁边，将作品外在表现与幼儿的内在想法结合起来的作品会更容易进行评价（参阅图3-31）。

图 3-31　J园某幼儿在以色列主题活动上，画的名为《以色列》的图画，教师在旁边标注的内容为"漂浮在死海上"。如果没有幼儿的解释，成人确实很难发现图中的表意，然而图画中配上教师短短的一句话，便可以让我们感受到在该幼儿的心目中，以色列的标志就是死海，自己不会游泳也能在死海中漂浮是一件多么神奇和愉快的事情。

（资料来源：笔者拍摄于J园，2015-5-15）

第三，周观察记录法。教师根据幼儿在各类活动中所表现出的与文化相关的各种言语、写画、行动等外显行为，进行以"周"为时间单位的观察记录，为幼儿的阶段性评价提供持续性和成长性的评价材料。运用这种评价材料收集方法时，首先，需要教师具备敏锐的文化洞察力；其次，教师不可能将所有儿童的一切文化行为记录下来，因此教师可以根据分领域发展标准以及幼儿某项文化发展的短板进行有选择记录；最后，教师要注重在文化情景中的观察，幼儿一般在特定的文化情景和文化氛围中会集中表现出其所理解和习得的文化行

①　袁晗，张莉．作品分析法在评价幼儿语言发展中的应用［J］．教育导刊（下半月），2013（11）：43.

为。总之，细致的观察和有目的且详细的周记录，是对幼儿进行评价时最为可信且能提供丰富材料的材料收集方法（参阅图3-32）。

图3-32 左图和中图是某幼儿的阶段性连续周记录表。右图是幼儿走模拟独木桥时，教师记录其在身体发展领域的平衡感和协调感等身体技能的发展情况，以及记录其他幼儿在社会情感领域中对他人的技能表现所持的态度和行为反应等内容，由此推断班级幼儿的社会价值形成取向。

（资料来源：笔者拍摄于 J 园，2015-1-5）

第四，他评法。幼儿的内省思维难以客观真实地表达出自己对某一事物的认识和感知程度，因此通过集合家长、其他代课人、教育志愿者、社区人员等的他者评价，可以更好地帮助主班教师摆脱对幼儿认识的思维定势，获得更为全面、客观以及多角度的评价资料（参阅图3-33）。

图3-33 青年志愿者为孩子们讲解有关传统文化的故事。主班教师在课前和课后都会与他们进行交流，一方面介绍本班情况，另一方面从志愿者的上课感受中获得评价本班幼儿的评价资料。

（资料来源：笔者拍摄于 J 园，2015-5-22）

第五，幼儿档案袋法。J园在对儿童进行评价时，会为每个儿童建立一份个人评价资料档案袋，档案袋中主要有个体儿童评价资料记录表，教师对儿童分领域观察的周记录表，儿童的书画作品等内容，对该综合档案的查阅，便可让教师和家长清晰地了解到幼儿的发展进程及发展需求（参阅图3-34）。

图3-34 幼儿档案袋内的图画作品。在该档案袋中，还有对该幼儿的阶段性评价材料、评价鉴定文件、升学评价表格等反映幼儿成长经历的诸多素材。

（资料来源：笔者拍摄于J园，2015-5-15）

总之，教师可以通过综合运用评价资料的收集方法来获得丰富而直观的评价素材，在此基础上利用评价记录表等完成幼儿发展指标的认定，结合美国各级各类评价标准的衡量，从而实现对幼儿在学前教育阶段的过程性评价与终结性评价的整合评估。

第七节 美国学前文化课程的实施案例

节日可以将诸多文化因子进行集中展现，文化情感可以充分表达，历史积淀下的文化特征可以有所反映，文化认同感获得提升，因此最能直观表现文化的方式便是独有的节日及庆典活动。在此期间，文化符号、习俗、人们的价值观念及处事方式等都会得到呈现。美国幼儿园将有代表性的文化活动引入到课程之中，并通过身体发展与健康、社会与情感、认知、艺术及语言等多领域构建起的综合主题活动课程予以实施，可以有效地帮助和促进幼儿的文化认知及实践水平的提升。因此，以美国康涅狄格州犹太幼儿园为例，通过了解其如何开展逾越节及以色列成立日等文化主题活动课程，便可以借助一个侧面为我们展现学前文化课程的具体实践，也可以为我们深入感知文化的传承与实践提供生动且直观的文化素材。

在实施过程中，美国学前文化课程常利用主题教学活动的形式，根据主题活动的用时长短、活动组织的复杂程度、教学效果的影响程度、每学期活动的开展频率等大致可分为小主题教学活动和大主题教学活动。相比较《共度逾越节》和《庆祝以色列成立日》这两个主题活动，前者活动的场所主要在一个教室内，用时较短，且简单的真实体验，一般利用阅读、角色扮演等少数活动区域，单独班级的教师便可以组织实施，教师通常会在每周都选择一个主题来开展类似的教学活动，因此我们称之为小主题教学活动；后者的活动场所会涉及整个幼儿园园区甚至加入社会场所，用时较长，尽可能给予儿童更多的真实体验，通常会利用多个活动区域的功能，需要全园师幼共同组织，一般还会邀请社会人员、志愿者、家长等共同参与，教学效果会更加突出。由于组织过于复杂，此类主题活动在一学期内的开展次数有限，我们称之为大主题教学活动。

一、美国学前文化课程之小主题教学活动

（一）小主题教学活动——以《共度逾越节》活动为例

逾越节（Pesach 或 Passover）在每年的 3 或 4 月间的 14 日日落前开始，持续七天，用以纪念犹太人脱离埃及的奴役，获得自由美好的生活。逾越节有不同的名称，例如春节（the Spring Festival）、无酵饼节（the Festival of Unleavened Bread）等。相传犹太人为了生存而移居埃及，但在埃及却受到了长达 400 年的奴役。犹太人在摩西的带领下出走埃及，返回西亚，并获得了自由。犹太人的经历使世人认识到奴隶制度不仅处于身体层面，更是精神压迫，是剥夺人类自由的强大手段。犹太人的逾越节最为重要的仪式是逾越节家宴，在晚宴上会有特别的食物，具体包括：①烤羊骨（Zeroa）用以纪念在逾越节被杀的羔羊；②蛋（Beca）用以纪念犹太建筑被毁；③Charoset 是由苹果、坚果、红酒等调制的糊状食物，用以纪念他们的先祖在埃及制造砖瓦；④苦菜（Maror），是由苣荬菜、小红萝卜、黑萝卜等合并而成的色拉菜，用以纪念他们的先祖在埃及吃苦，精神和肉体受到压迫的历史遭遇；⑤盐水，用以纪念在埃及为奴的先祖所留的眼泪和汗水；⑥无酵饼（Macot），用以纪念犹太人离开埃及的行程。晚宴的设计在于重现犹太人获得自由的历史。在逾越节期间，犹太人会向居住于犹太社区而不庆祝逾越节的人们表达团结和自由的意愿。

（二）主题教学活动教案

1. 教学目标

（1）在认知领域，要初步了解逾越节的由来和节日意义，通过感受传统

节日的习俗及庆祝仪式，体验犹太传统文化，并认识节日中的特有食物及物品。

（2）在情感领域，通过参与模拟的节庆活动，感知该节日传达的人人平等、向往自由，互相关心和合作、珍惜美好生活、分享快乐等情感和责任感。

（3）教学中具体要解决为什么逾越节的夜晚与全年的其他夜晚是不同的这个问题。并需要回答出以下问题：在其他夜晚我们吃各种面包和饼干，为什么在逾越节只能吃无酵饼？在其他夜晚我们可以吃各种蔬菜，为什么在逾越节只能吃苦菜呢？在其他夜晚我们不会将食物沾着其他食物吃，为什么在逾越节我们要将香菜等沾盐水并且将苦菜沾 Charoset，为什么还要沾两次？在其他夜晚我们直坐着吃饭，为什么在逾越节我们需要倚靠着抱枕？

2. 教学准备

（1）教学内容上，关于逾越节的来历以及晚宴的流程和内容。

（2）教学手段上，准备用于上课的儿童歌曲。

（3）教具上，准备关于逾越节的相关物品。例如模拟晚宴食物的玩具和用于辛苦劳作的玩具等实物；逾越节相关的儿童书籍（参阅图 3-35）。

图 3-35　《共度逾越节》主题活动的部分玩教具

（资料来源：笔者拍摄于 J 园，2015-4-3）

3. 教学方法

（1）体验式学习法（Experiential Leaning）或行为学习法（Action - Learning），指通过实践和体验来认知知识或事物，亦可说是使学习者完完全全地参与到学习过程之中，并像生活中其他任何一种体验一样，是内在的，是个人在形体、情绪、知识上参与的所得。①

（2）故事教学法，就是以故事为主要的教学素材，以故事的搜集、选择，故事的呈现、分析、评价为主要环节，组织、设计、开展的一种教学模式。②

（3）游戏教学法，通过角色扮演游戏和象征性游戏③帮助儿童参与教学过程。

4. 教学过程的主要环节

（1）师幼通过歌曲相互问候。

（2）教师讲授逾越节的由来。

（3）教师带领幼儿实际体验逾越节家宴。

（4）分享体验。

5. 教学延伸

幼儿在家中帮助父母准备逾越节所需，并真实的体验逾越节的现实场景。教师会推荐给幼儿及其家长有关逾越节的书籍进行扩展阅读（参阅图3-36）。

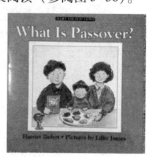

图3-36　可以供家长和幼儿在课后用于阅读的逾越节相关儿童书籍

（资料来源：笔者拍摄于 J 园，2015-4-3）

---

① 张朝飞. 中小学唱歌教学中实施体验性学习的研究 ［D］. 长沙：湖南师范大学，2005：3.

② 周昆. 论初中历史学科的故事化教学 ［D］. 苏州：苏州大学，2011：4.

③ 儿童通过具有象征意义的物品模拟现实生活中见过的事物或场景，以此促进儿童身心发展的游戏。

（三）主题教学活动案例观察实录

2015 年 4 月 4 日至 4 月 10 日是逾越节，学前教师进行了《共度逾越节》的小主题教学活动。

师幼共同围坐在教室的地毯上开始上课。

> 师：让我们一起欢迎今天到来的各位小朋友。
>
> 师唱：Hello ×××. Tell us how are you.
>
> 被问候到的×××幼儿唱：I'm fine thanks.
>
> 师唱：We welcome you!
>
> 歌词大意：师：你好×××！告诉我们你今天好吗？
>
> 　　　　　幼儿：我很好，谢谢！
>
> 　　　　　师：我们欢迎你！

师：今天我们迎来了一个特别的节日——逾越节。相信每个人的爸爸妈妈已经开始在家里准备过节了。你们有没有帮助爸爸妈妈打扫房间或者做了其他事情呢？

幼儿：收拾玩具。

幼儿：一起准备吃的。

幼儿：吸地板了。

……

师：非常好！我们这么忙碌的准备过节，是为了纪念犹太人曾经在埃及遭受的苦难。今天 JT7 老师（主讲教师称呼自己）要和大家一起分享关于逾越节的故事，同时让我们一起来解答四个关于逾越节的问题吧。（问题略，参阅教学目标第三点）。在很久以前，被称为法老（Pharaoh）的国王统治着埃及，犹太人在那时的埃及被当作奴隶，他们不得不为法老辛苦地建造城市和宫殿，他们需要不停地劳作，埃及人也迫使他们要一直辛苦地干活。当犹太人劳作的时候，只能通过唱歌让工作变得看似轻松些。我们一起来试着感受下他们的辛苦吧。大家每人来我这里拿走一个锤子或者铲子。（幼儿行动）。好！拿着锤子的小朋友要不停地敲击地面，拿铲子的小朋友要不停地挖地。跟着我一边唱一边"工作"吧（儿歌如下，并参阅图 3-37）。

中文译文：　　　　　　　儿歌《建造城市》

Bang，bang，bang，握紧你的锤子。

Bang，bang，bang，狠狠地砸下去。

挖，挖，挖，将你的铲子深挖。

挖，挖，挖，没有时间去睡觉。

劳作，劳作，劳作，每个白天和夜晚。

劳作，劳作，劳作，无论黑夜还是白天。

英文对照：*Building Cities*

Bang，bang，bang，hold your hammer low.

Bang，bang，bang，give a heavy blow.

Dig，dig，dig，get your shovel deep.

Dig，dig，dig，there's no time to sleep.

Forit's work，work，work，every day and every night.

Forit's work，work，work，when it's dark and when it's light.

图 3-37　班内幼儿一边随着教师哼唱，一边想象着自己在埃及劳作

（资料来源：笔者拍摄于 J 园，2015-4-3）

　　师：为了避免辛苦的劳作，一位犹太母亲将她刚出生不久的孩子放入一个篮子并放到了小河里，这样法老就无法找到她的孩子了。后来，法老的一个女儿在河边发现了这个婴儿并将他带回了宫殿，为他取名为摩西。当摩西长大后，他发现犹太奴隶为法老辛苦的劳作非常痛心。于是摩西带领犹太人离开埃及了。由于犹太人必须迅速做好出发的准备，以至于没有时间为他们的长途出行而准备烘烤的面包，他们便将生面团放在背后背着或是放在头顶的篮子里顶着，并让太阳将其烘烤变硬成为饼干状，这种食物就被称为"无酵饼"。犹太人跟着摩西顺利地离开了埃及。大家都因能够从法老的残暴奴役中被拯救而欢欣鼓舞。让我们一起歌唱《奴隶们，我们做到了》来表达我们内心对于获得自由的喜悦吧。

中文译文：奴隶们，我们做到了

奴隶们，我们做到了，我们做到了

现在，我们自由了，我们自由了，

奴隶们，我们做到了

现在，现在我们自由了，我们自由了。

希伯来语发音对照：Avadim Hayinu

AvadimHayinu, *hayinu*

Atabʾnai chorin，bʾnai chorin，

AvadimHayinu

Ata，ata bʾnai chorin，bʾnai*Chorin*.

　　师：摩西告诉犹太人要在每年庆祝逾越节，用以纪念曾经被奴役而如今获得自由的经历。这也就是我们今天要庆祝逾越节的原因了。咱们一起来共享逾越节晚宴吧。（教师展示玩具食物盘，并简要介绍里面的食物）我想我们现在可以做些 Charoset，大家能不能帮我来切蔬菜和水果，然后放在锅里搅拌呢？我想我们可以一个个地来，来吧，选择你想切的蔬菜然后放在大锅里搅拌，谢谢你们帮我准备晚宴的食物。

　　师：非常棒！现在我们已经了解了逾越节的故事，咱们一起来回答讲故事前那四个问题吧。第一，为什么在逾越节我们要吃无酵饼呢？因为无酵饼让我们回想起犹太人离开埃及时没有时间准备烘烤的面包，他们必须带着生面团让太阳将其烘烤成无酵饼。第二，为什么在逾越节我们要吃苦菜呢？因为苦菜能够让我们铭记犹太人在埃及时所遭受的苦难和残暴。第三，为什么在逾越节我们要将香菜等沾盐水并且将苦菜沾 Charoset，为什么还要沾两次呢？因为香菜代表春天即将来临，新的生活正在走近，盐水让我们想起犹太奴隶的泪水。我们沾苦菜是让我们记住犹太奴隶在埃及多么辛苦的劳作，以及剁碎的苹果和坚果看上去像黏土，就好像犹太人过去建造宫殿和城市所用的砖块。第四，为什么在逾越节我们需要倚靠着抱枕呢？因为倚靠抱枕可以让我们感到舒适，这告诉

我们曾经我们是奴隶，而现在我们自由了。

师：好了，现在请跟随我来到餐桌旁边，我们一起来享受真正的逾越节晚宴吧。（教师有意识地将晚宴流程简化到很少的几步）现在我们将无酵饼分成两半，请 JT8 老师把一半无酵饼藏在教室的某个地方吧，请大家闭上眼睛。好的，大家一边喝水一边享用无酵饼吧（参阅图 3-38）。（幼儿开始用餐）

图 3-38　教师演示逾越节晚宴的具体流程

（资料来源：笔者拍摄于 J 园，2015-4-3）

师：吃好之后，我们去把藏起来的那一半无酵饼找出来吧。如果在家里过完逾越节晚宴后还不想睡觉的话，你们可以继续唱歌。这就是我们的逾越节。祝大家逾越节快乐！

（四）案例分析与讨论

1. 对美国学前文化课程理念的诠释

美国的学前文化课程遵循着一定的课程理念而设计实施，具体体现在三个方面。

第一，关于发展适宜性教育实践理论。该理论要求幼儿园所实施的课程要符合幼儿的身心发展规律，注重幼儿自发性学习，关注幼儿的发展需求。对于课程的创设者和实施者来说，就不能为了达到自身教育目的而安排不适宜于儿童成长需要的课程。因此，犹太幼儿教师改变了以往通过文化系列课程单纯地灌输节日文化的内容，讲授其重要性以及重申大家文化身份的做法，而是将犹太文化课程自然地融入幼儿的正常日常生活之中，使幼儿切实感受节日的来源和意义，庆祝方式和过节的原因，这便减轻了幼儿对于历史文化学习的负担感，帮助其轻松、享受地去认识自己参与的节日活动以及会发生在自己家中的事情。

　　笔者：请问您是如何处理节日文化课程让其更易于幼儿接受的呢？或者说更加适宜于幼儿的发展需要呢？

　　JT7 教师：文化对我们很重要。以前，我们的节日课程是脱离孩子们的生活的。因为我们只想让孩子们懂得我们的节日和文化，比如我们讲"苹果"的时候，就会联系上新年，甚至可以说只有在新年前后，我们才会讲解关于"苹果"的知识。再比如我们在植树节时便会给幼儿讲授种植的知识。但是这样做，有时教学效果不是很好，可能这不是孩子们需要的知识。因此，我们转变了想法，不只在某个节日时讲授相关内容，这些内容我们会放在幼儿"需要"的时候讲，比如我们会提前安排幼儿先去参加采摘活动，在他们摘完苹果后我们再讲苹果，孩子们会有很多想法与你分享，而且会有很多关于水果的问题要与你交流，这时再介绍给孩子们我们的节日内容里关于各种各样水果的内容，这样的教学效果就不同了。还有刚才说的植树节，我们会引导孩子们去主动观察和发现植物在冬季即将过后会发芽，因此我们需要提前去种植，这样孩子们会对种植有了期待感，会始终记着去观察自家后院的植物生长情况，会问教师和家长很多关于种植的问题，这应该就是孩子们成长中自己内在需要的状态吧。所以我们以同样的方式去设计节日文化课程，孩子们会自己将已有的知识和新课程内容相联系，进而更有兴趣去继续学习新的内容。(JT7 教师访谈记录，2015-4-3)

　　第二，关于文化融入一日生活的观点。在美国犹太教育者看来，学前文化课程不能仅仅是对犹太文化的一种介绍，更不能仅仅作为间断性的单纯教育活动让孩子在设定好的学期计划表中去学习"有形的知识"。学前文化课程实施的目的是帮助孩子们更好地将文化融入每一天的生活之中，学习用独有的思维方式来处理周围发生的一切。因此，教育者需要将节日文化课程与幼儿的生活相连接，以幼儿家庭中发生的事为起点引入课程内容，最终再将幼儿的关注点引回至家庭生活。真正做到在形式上将幼儿园课程构建在幼儿的生活轨迹中；在内容上与幼儿所见所闻相通，而又更为全面、更有针对性的强调文化的内涵；在思维意识上引导幼儿转变至本体的文化视角。通过与美国犹太幼儿园教师的访谈，我们更能形象地体会到学前文化课程创设的内在思路。

笔者：请问您通过有限的学前文化课程是否能够有效地实现文化的传递呢？

JT7 教师：我们非常强调每一天的文化生活，幼儿园的课程也是属于孩子们日常生活的一部分，只不过上课可以将内容更加确定，有针对性地讲设定的内容。孩子们可能生活中文化的学习不是主动的，但在幼儿园里我们是想有意识地、明确地告诉孩子们我们的文化是如何思考的。生活中我们做的事可能不会很准确的解释给孩子们，但在幼儿园的课堂上就需要明确地告诉他们我们为什么要这么做，也许这就是犹太人自己看问题的方式。还有就像我们上的《共度逾越节》的课一样，其他非犹太人上类似的课时可能最终会强调我们是如何的反对压迫，追求自由，我们的生活会永远充满快乐和幸福。但是，我们的想法是不能让孩子们只知道生活是美好的，我们过去是痛苦的，现在和未来是安逸的，我们需要告诉孩子们我们的一生除了充满希望、自由和幸福，还会有失意、不幸和逆境，这才是我们真正的生活。我们不是让孩子们记住以前的仇恨，只是要让他们认清生活中的事实。我不知道这是不是犹太人才有的想法，但是犹太人确实会有意识地这么想，这么做。（JT7 教师访谈记录，2015-4-3）

第三，关于反偏见教育思想。反偏见教育不仅处于知识层面，更是一种态度和信念。美国犹太人在孩子不足一岁时就锻炼其分辨友善和不友善的声音。在《共度逾越节》这节课上，教师通过反偏见教育向孩子们传达了平等、自由的重要性。摩西以非奴隶身份对犹太奴隶给予了同情和帮助，并与犹太人共同反抗压迫，最终帮助犹太人获得自由。这体现了人类应当共同努力去追求平等和博爱，用包容和理解的视野去看待存在于世界上的多样化现象和事物。总之，美国犹太人传递的是这样一种思想，即人类是相同的，人类也是不同的。前者告诉我们作为相同的人，我们应当处于相同的地位；后者告诉我们作为不同种族的人，我们应当尊重和欣赏不同文化所造就的思维方式、习俗和行为的差异。教师虽然很难通过一节课让幼儿懂得人与人之间的合理关系，但是有意识地将文化思想浸透在幼儿的成长进程中，最终会产生思维意识的质变。

2. 对美国学前文化课程标准的实践

《共度逾越节》主题活动课程在具体教学实践中履行了相应的课程标准。

第一，从《康涅狄格州早期学习与发展标准》（CTELDS）域轮示意图的 3 至 5 岁年龄段的分领域标准来看：在语言领域，此次教学适时地运用了英语和希伯来语双语进行教学，有助于幼儿更直观的想象出故事中的实际情景；在社会与情感发展领域，教师帮助幼儿回想在家里的情景，巩固了幼儿对家庭文化背景的认识，同时幼儿可以通过埃及人与犹太人之间的奴役与反奴役的情节感受人与人之间的关系，进而为幼儿想象自己的生活情况埋下伏笔。第二，从《幼儿园创造性课程发展连续表》的发展目标及标准来看：在身体发展领域，幼儿通过参与捶打、挖掘等动作展现了运动能力；在认知发展领域，幼儿利用玩具锤、玩具铲、玩具食物与餐具等参与了逾越节故事中的角色和情景扮演游戏，从幼儿的表情可以看出，一方面在认真模仿教师的指令，另一方面在想象犹太人劳作的情景。第三，从《NAEYC 教学与学习标准》来看：在环境布置上，教师将主题墙和节日素材相结合，避免了幼儿对环境的刻板印象；在家园共育上，教师设计的课程内容从家庭的节日场景出发，最后再回到家长与幼儿真正的生活中，实现了教师与家长的合作以及课程在抽象与现实之间的转化。总之，此次主题教学活动参照并实践了学前课程标准的具体要求，促进了幼儿多领域的发展。

3. 对美国学前文化课程目标的达成

根据"犹太身份特征发展目标"的第二个层级的具体指导，在《共度逾越节》授课的过程当中，儿童随着教师所讲的节日故事的推进，进行了认真的聆听和积极地参与，对逾越节中所包含的仪式做了认真的观察，可以看出幼儿意识到了去学习怎么过逾越节。在文化探索维度上，儿童通过参与制作晚宴所用的酱、吃无酵饼，寻找藏起来的无酵饼等活动切实参与到了节日仪式当中。在掌握知识维度上，儿童与教师共同回答出了四个关于逾越节的问题，孩子们在实物及其象征意义的层面上有了新的认识。在文化运用维度上，儿童除了在课堂上进行仪式体验之外，在当晚及未来七天之中，儿童会与其家庭更为真实的感受逾越节的习俗和仪式，延伸式的文化干预更好地帮助了儿童在未来犹太文化运用上的习得。此外，在文化发展目标的第四个层级上，师幼共同完成的程序式的文化流程可以帮助儿童形成习惯。在文化发展目标的第五个层级上，儿童在逾越节期间会发现人们可以用希伯来语相互问候，加入了语言文化的运用。

4. 对美国学前文化课程实施环境的创设

为了让幼儿更为直观的感受逾越节的节日元素，除了幼儿园整体所营造的节日气氛外，教室里的主题墙则更为细致地诠释了节日的内容（参阅图3-39）。

图3-39　J园在逾越节期间的环境布置

（资料来源：笔者拍摄于J园，2015-4-3）

《共度逾越节》课程实施的环境创设主要涵盖了两部分内容即主题墙和节日素材的分布。环境布置的最为直观的功能在于，对于幼儿来说这是一种隐性课程的影响，对于幼儿园来说这是自身特色的表现，是文化显现的无声传播。当走进美国犹太幼儿园时，幼儿园大厅橱窗中的节日展示物便会将人们带入逾越节的氛围之中。除了大厅中随处可见的逾越节宣传画外，就是教室中主题墙的绘制。主题墙的内容包含逾越节的故事、节日所用物品等。除了随处可见的固定节日元素外，可供幼儿随手玩耍和阅读的教育素材将幼儿园的环境装点得更为丰富。在逾越节前后，教室中方便幼儿拿取的位置上放置着逾越节的各类图书和玩具。具有节日特征的图书和特色玩具配合上墙面乃至天花板的节日元素布置，使得幼儿园节日文化环境形成了动静结合的布置特点，环境的设置配合上教学的进行以及幼儿生活的体验，使得文化的传播得到了立体式的保障与体现。

5. 对美国学前文化课程的内容选择

课程内容的选择需要基于课程目标的实现，在课程目标或者更宏观的教育目标的导向下，通过课程内容的实施达到幼儿发展的需求。美国学前文化课程的内容选择便需要以文化课程目标的实现为准则。美国犹太幼儿园以"每一天"所蕴含的文化为线，以节日文化为点，所形成的一贯的文化线索，便形成了学前文化课程内容的主要来源。从幼儿园文化课程创设的价值导向上来看，我们可以说，美国学前文化课程的创设是遵循了基于发展适宜性教育实践理论基础上的，以幼儿日常发展的内在需求为导向的，为实现幼儿文化自然习得为目的的文化课程理念。在该理念的指导下，《共度逾越节》的教学内容从幼儿在家庭的节日体验内容出发，以文化故事的内容为主线，以实际生活的仪式内容为强化，以回归家庭熏染的真实内容为落脚点，使得教师以及课程教学为主导的痕迹淡化（而非作用淡化），在幼儿自然发展中获得了文化方面的真实感受。总之，美国学前文化课程内容的选择既实现了人本主义追求个体发展的要求，又符合了杜威将教育视为生活本身而非为生活做准备的思想。

6. 对美国学前文化课程实施途径与方法的运用

"浸入式"的教学理论一般用于第二语言的习得教学，它力求将受教育者完全"浸入"到所学语言的语言环境和课程之中，提高语言习得的教学效率。我们可以将"浸入式"的教学思想作为分析框架，通过它来分析美国学前文化课程的实施方式。如果我们将"浸入式"分为"大浸入式"（即创设一个整体环境使幼儿完全暴露在文化环境中）和"小浸入式"（即通过固定的文化主题让幼儿感受文化），那么美国幼儿园恰恰利用二者的结合从而提高了文化习得的学习效率。从大环境上看，美国幼儿园的环境创设以及来自家庭的文化熏陶，使得幼儿完全沉浸在传统文化的大环境之中。从显性课程实施上来看，教师通过在具体教学中利用文化歌曲以及文字的呈现使得幼儿更为直接地接受着传统文化的影响。虽然像类似于《共度逾越节》这样的教学并没有单纯地运用希伯来语作为教学语言，但根据美国犹太人所处的文化大环境来讲，利用英语和希伯来语作为双语教学语言，更加适合美国犹太儿童融入美国的社会生活。除了"浸入式"的教学途径之外，在具体的教学方法上，犹太教师利用了体验式学习法、故事教学法和游戏教学法。在具体的教学过程当中，教师会引导幼儿对于故事进行想象，对于游戏进行参与，并尽可能增添趣味性和可参与性。但教师不会强求幼儿必须完成扮演角色或者准备家宴等具体任务，有的幼儿肢体运作智能好，则愿意多参与角色扮演游戏；有的幼儿音乐智能好，则愿意参与幼儿歌曲部分。教师在尊重幼儿多元智能的自主发展的前提下，良好的把握了教学进度和幼儿的参与度。可以看得出，教师所运用的教学方法一方面符合了文化浸入式的教学思路，另一方面也契合了个体知识建构的差异性和内在需求，这些对于幼儿主动性学习和无意识习得起到了良好的促进作用。

7. 对美国学前文化课程评价的实现

为了能够了解幼儿对教学内容的理解程度以及为未来的教学进行规划，教师需要通过多种评价手段了解班级幼儿的真实发展情况。首先，综合利用多种评价资料收集方法。教师通过对幼儿的观察和交流，以及对幼儿写画作品的分析等途径可以了解幼儿的内在想法和行为发展（参阅图 3-40）。图 3-40 记录了一名幼儿在课程开始之前被将要用到的课程玩教具深深地吸引，这种注意力的吸引可能是幼儿对玩教具的好奇，也可能是幼儿看到了自己熟悉的东西。教师在课程开始时的关于为逾越节做准备的问答中，特意转向了该幼儿，幼儿很主动地喊道"一起准备吃的"，从中我们可以明白到，幼儿意识到家长不是像平时一样简单的做日常饮食，而是为了一个特别的日子特地地准备食物，而家长准备的食物就是桌子上这些玩具和故事书图画上的。从这一细节，教师便可以掌握幼儿生活内容与教学内容的一致性程度，也可以了解到家园合作的突破点。与此类似，幼儿在节日仪式中的参与程度等都可以反映出幼儿对逾越节文化的认识和理解水平。其次，教师在充分收集评价材料的基础上，利用对应的评价工具便可对幼儿的阶段性发展提供阶段性参考资料（当然，教师需要结合更多的主题教学中幼儿的评价材料来填写评价记录表和做出评价结论，本次评价是持续性评价的一个阶段性环节）。教师在收集了充足的足以反映幼儿发展特点的评价材料后，便可参照并运用《康州学前评价框架执行标准》和《创造性课程个体儿童评价资料记录表》等工具记录儿童在不同发展领域（对于学前文化课程来说，幼儿在"个人及社会发展领域"和"认知领域"的表现更为突出）的表现，进而通过填写《周观察记录表》和《儿童发展与计划报告》等为幼儿的终结性评价提供翔实的过程性评价材料，并充实幼儿的发展记录档案。

图 3-40　J 园某 4 至 5 岁班级的一名幼儿被教学活动材料所吸引

（资料来源：笔者拍摄于 J 园，2015-4-3）

（五）案例小结

从学前教育目标、课程目标到具体的教学目标的实现都需要满足来自社会发展和幼儿个体发展两方面的双重要求，美国犹太族群需要在保证美国核心利益的基础上传承本族文化，幼儿需要在自然成长的过程中得到发展，因此在教学过程中，一方面需要做到国家文化内容的传播，另一方面又要满足幼儿内在发展的需要。当幼儿的发展需要与社会的发展需要发生冲突时，例如教学内容孩子不感兴趣，就需要教师的介入来协调二者的冲突。完全依据儿童的要求是不全面的，因为儿童未来的文化独特性是社会延续的客观要求；完全依据社会的要求也是不完整的，因为我们必须尊重儿童成长的自然规律。此次教学将幼儿的需求与社会文化的传导任务良好地结合起来，做到了教学的生活化和生活的教学延伸化。此次教学活动从目标、内容、方法等方面设计得很恰当，也通过逾越节的契机为幼儿展示了丰富的节日文化要素。但还需要指出的是，在教学活动中，幼儿在被提问后的独立自主回答问题方面做得不是很到位，大部分都是教师带着幼儿说出答案，幼儿的自主发言时间有限。这对文化内容的理解和内化会有一定的影响。

笔者：请问您在课上为什么不留更多的时间让幼儿自主回答那四个问题呢？

JT7 教师：孩子们可能无法恰当地表达出这些物品的象征意义，但这些又是这堂课中很重要的关于文化的内容，既不能删除又不能得到孩子们很好的回应，因此我就带着他们说出了答案。如果不讲节日文化中抽象的内容，则很难理解我们为什么吃这些东西，我们为什么要做这些事。所以逐步地，我们引导孩子们，随着他们的成长就会更深刻的理解我们节日里的抽象意思了。(JT7 教师访谈记录，2015-4-3)

可以看出，社会的需求和儿童的需求有时存在差异，特别是文化层面上的教育，这会对教师的文化教学产生一定的影响，因此，单纯地讲授，哪怕是生动的讲授都是不够的，教师以及家长带领幼儿真实的体验文化才可以更好地让孩子们感受到节日活动等显性行为背后蕴含着丰厚的文化内涵。

二、美国学前文化课程之大主题教学活动

（一）大主题教学活动的主题

以康涅狄格州犹太幼儿园的《庆祝以色列成立日》大主题教学活动为例。1948 年 5 月 14 日，犹太人成立以色列，这使得犹太人在全世界颠沛流离了上千年后建立了自己的国度。因此，美国犹太人会在 4 月 5 日至 5 月 5 日开展庆祝以色列成立的活动并营造欢乐的节日氛围。2015 年的以色列成立日是 4 月 24 日，笔者所调研的美国犹太幼儿园利用 4 月 23 日和 5 月 1 日这两天集中开展了内容和形式都非常丰富的大主题教学活动。

（二）主题教学活动教案

1. 主题活动的教学目标

（1）身体发展与健康领域

①学习外出旅行时需要携带的"行李物品"，以确保自己的健康所需，比如衣物等；

②能够参与到霍拉舞蹈和游行中，动作做到自然和准确；

③通过串手链等活动锻炼小肌肉和手眼协调等技能。

（2）个人及社会与情感发展领域

①能够维持对任务和目标的关注并予以完成，能够紧凑得跟上多个活动的参与节奏；

②在"出国旅行"的过程中表现出对他人的照顾，并与他人合作；

③能够遵守"过海关"等的规则，学会运用"护照"等证件；

④在整个活动中能表现出积极主动的参与意愿；

⑤通过国庆游行活动，幼儿可以切身体验节日的氛围。

（3）认知领域

①通过模拟出国旅行，深入感受犹太文化，并学习相关知识和技能；

②能够在各个分活动中采用适当的策略解决遇到的问题；

③会识别文化的图案；

④会用物体来玩扮演游戏；

⑤通过游行活动，幼儿能够认识到如何游行、游行在表达什么、如何与观众互动等。

（4）艺术领域

①通过手工和美术等活动，帮助幼儿了解犹太文化；

②通过学习儿歌《我们的以色列之旅》（We're traveling along to Israel）帮助幼儿获得对以色列相关事物的了解；

③自主制作沙瓶时表现出对不同颜色的认知和有意识混合的审美感；

④在扮演游戏中能够展现出现实旅行和游行的已有经验并且能够想象出实地情景。

（5）语言领域

①通过教师的双语教学来学习相应的希伯来语词汇；

②学会用较复杂的语句描述自己的活动经历；

③能够理解他人的口头指示，并能主动与别人谈论见闻和感受。

（6）科学领域

通过教师的模拟死海实验，帮助幼儿了解其中的原理。

2. 主题活动的教学方法

（1）阅读指导与故事教学法。教师通过有目的的为儿童阅读和讲故事，并指导儿童利用小组阅读或个体阅读的方式获得新知识的方法。教师还需要辅以交谈法、问答法、讨论法等。

（2）模拟参观法。教师通过创设模拟的场景，带领幼儿进行参观并给予讲解，帮助幼儿认识新的事物并聆听此场景中的风土人情。

（3）情景教学法。教师为幼儿创设出生动而形象的学习和体验情景，并利用合适的方式将幼儿带入该情景之中，启发幼儿身临其境地认识其中的文化元素和含义。

（4）启发教学法。教师在与幼儿相互问答、共同观察、一起进行模拟体验等活动的基础上，激发儿童的探索兴趣，启发幼儿对所见所感进行学习与思考。

（5）游戏教学法。通过社会性主题角色扮演游戏、玩物游戏、伙伴游戏①等游戏形式，帮助孩子们体验犹太人的思维和处事方式以及生活习惯。

（6）实验演示法。教师利用实物或模型，通过演示实验过程，引导幼儿观察实验中的物体变化，从而获得新的认识的教学方法。在实验演示的过程中，教师需要辅以讲授法、问答法、讨论法等。

---

① 刘焱. 儿童游戏通论［M］. 北京：北京师范大学出版社，2004：286-291.

3. 主题活动的环境创设

本次主题活动的环境主要有三个部分：第一部分是室内的有节庆日元素的主题墙的布置，第二部分是幼儿园室外节日氛围的渲染，第三部分是教师会穿上白色上衣和蓝色裤子用以传达犹太文化的重要色彩。在教室里，教师会利用两面主题墙，一面是提前布置好的，内容有"探索以色列"的字样和相关的风土人情等。另一面是动态主题墙，用以张贴教师和孩子们制作出来的物品。例如，幼儿涂色的犹太建筑的作品。（参阅图3-41）。

图3-41 主题活动的环境布置

（资料来源：笔者拍摄于J园，2015-4-23）

4. 主题活动的主要环节

（1）师幼通过手工和美术等活动制作出的作品，一方面丰富主题环境布置，另一方面用于游行和旅行活动。

（2）通过幼儿学习儿歌，创造节日氛围，并引起幼儿的注意，使其开始进一步主动关注主题活动的内容并有所期待。

（3）通过教师给幼儿阅读和讲故事，帮助幼儿进一步认识以色列。

（4）通过幼儿切实参与真实的节日游行活动，可以为其参与社会活动并建立社会意识与联系创造条件。

（5）通过丰富的旅行活动，幼儿可以全面、深入、较为真实的感受真正的传统文化。

5. 主题活动网络图（参阅图3-42）

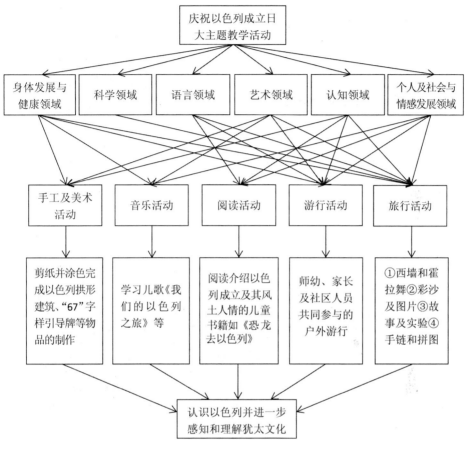

图3-42　主题活动网络网

6. 主题活动的延伸

（1）幼儿在离园后可以与家长一同参加大哈特福德地区的犹太社区所举行的相关社会庆祝活动，通过多个视角进一步感受犹太文化（参阅图3-43）。

（2）家长可以通过PJ图书馆获得有关犹太文化的儿童读本，在幼儿离园后为其阅读并分享彼此的认识和感受。

（3）幼儿在家中可以与家长分享主题活动的感受和所学到的内容，并探讨自己不理解的问题，进而通过家园合作予以解决。

图 3-43　犹太社区展示栏中展示的活动安排。2015 年恰逢该犹太社区成立 100 周年，因此在这一年中，当地犹太人会借助不同的节庆日来庆祝，社区会组织聚会，分享美食，同时还会为儿童提供动手创意活动区以供孩子们玩耍。

（资料来源：笔者拍摄于西哈特福德某犹太社区，2015-4-24）

7. 主题活动的参与对象

文化的教学活动与数学和识字等教学活动的不同点在于其参与对象的广泛性。文化就像我们的生活一样，虽然每个人对生活的理解程度不同，但都可以去参与生活、体验生活、学习生活，从而更深的认识生活。而学前文化课程对于幼儿来说，同一个主题可以用于不同年龄段的幼儿，不同的是幼儿的理解程度有深浅。美国犹太幼儿园各班主讲教师根据幼儿年龄的大小运用不同的教学目标、授课语言和教学方法便可帮助幼儿获得适宜自身的教学内容。因此，在此次大主题教学活动中，3 至 6 岁的儿童以班级为单位均可参与其中，也为不同年龄段的孩子们之间的交流，以及欣赏彼此的表现提供了一个契机。

8. 主题活动前的筹备

（1）幼儿园管理者和教师要共同把握活动的整体设计和流程，协调班级儿童的活动次序以及全园游行时的详细安排和安全工作。

（2）教师要做好与活动相关的知识和经验的准备。由于此次活动是该园的特色活动，通过多年的经验积累，部分教师已经熟悉了活动开展后的实际状况，除此优势之外，教师还需要在平时的教学和生活中充分掌握幼儿的文化发展情况，并借此机会针对不同幼儿的特点给予其犹太文化上的强化和补充，从而帮助幼儿在表象认知的基础上有更深一步的文化理解。

（3）在主题活动教学内容上，教师需要清晰地了解节日的背景知识以及文化内涵。在教学手段上，教师需要综合运用阅读、情景参与、游戏活动等，并做好处理儿童所产生的问题的准备。在教具上，各班教师针对本班的分活动予以准备。

（三）大主题教学系列活动案例观察实录

《庆祝以色列成立日》主题活动课程一般会持续两周左右的时间，教师会围绕着节日主题来设计教学内容，并在幼儿每天的一日生活中予以穿插讲解。整个主题活动主要包括五个分活动，即手工及美术活动、音乐活动、阅读活动、大游行活动和模拟旅游活动。J园会根据师幼的状况、实际条件、天气因素等分成若干天予以实施。J园从 2015 年 4 月 20 日星期一便进入了主题活动的状态，活动一、活动二和活动三会穿插在每日的课程当中实施，持续的犹太文化内容会让儿童始终关注这一主题，并深化对这一主题的认识。幼儿这一量变的积累会在两天（2015 年 4 月 23 日和 5 月 1 日）的大主题分活动（活动四和活动五）中，依据自身的文化需求获得不同文化侧面认知上的质变。

1. 活动一：手工及美术活动

（1）活动目标

了解以色列的建筑风格；能自主的选取颜色并练习均匀地来回涂色的技巧，发展自主意识和小肌肉群；锻炼耐心细致的行为习惯。

（2）活动准备

在美术的色彩刺激方面，教师除了衣着蓝白色衣服外，还会在教室里准备一些宣传语用以引起孩子们的注意（参阅图 3-44）。

图 3-44　教室的一角摆放的美术作品，写着"以色列的旗帜是蓝色的"

（**The flag of Israel is blue**）。

（资料来源：笔者拍摄于 J 园，2015-4-22）

在整个纪念活动中，孩子们需要始终带着圆形的白色帽子①，因此在美术活动的前一天，教师会将白色帽子分发给每个幼儿，让幼儿在家长的帮助下涂上自己想涂的图案以及自己名字的单词。家长和幼儿一起完成帽子的绘图任务，一方面可以增强家园合作以及课程的延伸，另一方面也尊重了不同儿童的不同家庭文化背景所画内容的不同倾向，这也有助于教师从文化角度了解幼儿及其家庭（参阅图3-45）。

图3-45 左图是幼儿绘制完成的小圆帽。右图是孩子们戴上小帽参与当天的主题活动。

（资料来源：笔者拍摄于 J 园，2015-4-22）

（3）活动过程

幼儿在教师的指导下将白纸剪成拱形，并用多种颜色的颜料随意填涂，创造出不同色彩的建筑外观（参阅图3-46）。在涂色的过程中，教师一方面可以与幼儿沟通，了解其颜色的选取以及分布的想法等，从中了解其思路来源是对文化内涵的认识还是根据自己生活经验的随意图画；另一方面，幼儿在涂色过程中会将画笔和颜料等撒落到地上和桌子上等各个地方，教师可以适当地辅导其涂色的技巧并尽可能保持幼儿周围的清洁。当幼儿完成涂色后，教师会将涂好的剪纸放在开阔处晾晒，待颜料晒干后，师幼会共同讨论如何将这些材料做成主题墙（参阅图3-47）。

---

① 犹太人在丰收时节去农场等地方劳动的时候，为了遮挡烈日而戴上白色圆帽，这种做法逐步融入到了犹太人的服饰文化之中。

图3-46　孩子们在认真地为拱形剪纸涂色

（资料来源：笔者拍摄于J园，2015-4-22）

图3-47　涂色后的剪纸先被晾晒干即第一、二幅图所示，之后师幼会依据传统建筑风格而做成主题墙即第三幅图。

（资料来源：笔者拍摄于J园，2015-4-22）

2. 活动二：音乐活动

（1）活动目标

初步理解歌词内容，并开始想象和思考死海、建筑等以色列的文化特色；通过儿歌曲调所表达的去旅行的舒适而愉悦的特点，幼儿能够体验到旅行的快乐，并开始期待踏上以色列之旅。（该活动的直接目的在于为之后的复杂而丰富的模拟以色列旅行活动做铺垫）

（2）活动准备

教师准备好录音机及儿歌磁带；教师需要提前将歌词写在提示板上，供师幼随时利用（参阅图3-48）。

图 3-48 《我们的以色列之旅》歌词（*We are traveling along to Isreal*）。

（资料来源：笔者拍摄于 J 园，2015-4-22）

歌词大意为：

我们正在去以色列旅行，

我们要坐飞机，

我们要在死海漂浮，

我们要在西墙祈祷，

我们要去商店购物，

我们要吃沙拉三明治，

我们还要飞回我们的家。

（3）活动过程

教师简单介绍儿歌的歌词内容；针对幼儿的反馈和兴趣点教师给予回应；用录音机播放儿歌，师幼跟唱；重复几次儿歌；教师指导儿童选择教室里可以与以色列相关联的玩教具（诸如地图的拼图、绘画、积木搭建建筑等），幼儿一边哼唱一边分小组活动。此次儿歌的学习是为模拟旅行活动而做的思想上、情感上和文化认识上的前期铺垫，因此略显简单的教学过程与往常的音乐课程也有所区别，教学活动的侧重点在于情感和文化感知层面，并非将音乐知识和歌唱技巧作为教学重点。

3. 活动三：阅读活动

（1）活动目标

通过阅读书籍讲故事来激发幼儿探索以色列的兴趣；幼儿能够进一步了解

故事中提到的特拉维夫等城市的特点；幼儿在联系自己亲身经历的基础上，能够更加感同身受的理解故事内容，例如讲到死海海滩时，幼儿能够联系到自己在美国的海滩经历，进而探索两个海滩的区别。

（2）活动准备

教师准备好有关以色列的书籍（参阅图3-49）和用于辅助阅读的玩教具，例如蜘蛛玩偶等。此次阅读活动教师将选取了《蜘蛛萨米的第一次以色列之旅》（*Sammy Spider's First Trip to Israel*）这本经典的儿童读本。[①]

图3-49　图中展示了此次主题活动课程中可以用到的部分儿童书籍。大部分书籍都是以去以色列旅行的视角来介绍以色列的见闻，从而帮助孩子们生动直观的了解以色列。图中书籍为：《蜘蛛萨米的第一次以色列之旅》《艾拉的以色列之行》《晚安以色列》和《让我们去以色列吧》。

（资料来源：笔者拍摄于J园，2015-4-23）

（3）活动过程

教师组织幼儿共同阅读《蜘蛛萨米的第一次以色列之旅》，书中介绍了蜘蛛萨米与夏皮罗（Shapiro）一家共同在以色列旅行的见闻。教师拿着蜘蛛玩偶，举着书生动地描绘着萨米的经历。阅读中涉及特拉维夫（Tel Aviv）、基布兹（Kibbutz）、加利利和内盖夫（the Galilee and the Negev）、爱利特和死海（Eliat and the Dead Sea）等城市和地区的景观与人文概况。对于年幼的幼儿来说，只需要了解图片中所展示的地方与自己生活场景的异同。例如教师和幼儿探讨道：

[①] PJ图书馆推出了蜘蛛萨米系列书籍，通过一只名叫萨米的蜘蛛的见闻，为孩子们普及有关犹太文化的知识，例如《蜘蛛萨米的第一个普珥节》（"Sammy Spider's First Purim"）、《蜘蛛萨米的第一个五旬节》（"Sammy Spider's First Shavuot"）、《蜘蛛萨米的新朋友》（"Sammy Spider's New Friend"）等。

"看呐，以色列的沙滩与我们的沙滩很像。"教师还可以指出有特色的地方，但在幼儿生活的地方却没有的景观，如内盖夫沙漠、死海等。对于大班或是更年长的孩子们来说，教师还会加入一些讨论。例如"我们去到一个新地方旅行会遇到什么问题"等。总之，教师在绘声绘色地讲述中，为幼儿的"以色列之旅"做好了知识上和心理上的准备（参阅图3-50）。

图3-50　教师手持着蜘蛛萨米玩偶与孩子们一同分享书中有关萨米在以色列的见闻和经历

（资料来源：笔者拍摄于J园，2015-4-23）

4. 活动四：大游行活动

（1）活动目标

理解游行是为了庆祝以色列成立67周年；培养孩子们参与集体活动的团队意识；通过孩子们展示标语和与观众交流及挥手等行为，锻炼孩子们自主表达能力以及社会交往能力，从而提升幼儿的自信心，并为幼儿逐步生成主体意识产生最初的影响。

（2）活动准备

幼儿园的管理者和师幼要准备好用于游行的物品，例如，"67"字样的引导牌、游行标语（一般写着生日快乐等）、供三岁以下幼儿乘坐的小推车、道路旁需要拉起的警戒带等。师幼还会利用前几日的手工及美术活动准备部分游行用品。具体活动开展之前，教师需要将当天的活动用品、内容以及文化意义传达给孩子们，让孩子们做好思想和行动上的双重准备。

（3）活动过程（参阅图3-51）

第一，孩子们戴上圆形小帽，一人拿一只大卫之星棒，并排好队准备出教室集合。

第二，按照班级的前后顺序，依次在教师的带领下开始游行。游行过程中，孩子们会和旁观者打招呼并挥舞手中的物品，接受大家的掌声和拍照。

第三，等所有儿童游行完走回幼儿园时，会集体拍照留念。

图 3-51　J 园的大游行活动进程

（资料来源：笔者拍摄于 J 园，2015-4-23）

5. 活动五：模拟旅行活动

J 园每个班级的主班教师会围绕着犹太文化设计一个在本班开展的活动，并等待着其他班级的幼儿来到本班参与活动。幼儿园安排了 4 至 6 岁年龄段的班级互相到访并体验活动，其中四班是 4 至 5 岁儿童的中班，三班和五班是 5 岁左右儿童的大班，TK 班是 5 至 6 岁儿童的过渡班（Transitional kindergarten，幼儿园升小学前的过渡班）。具体活动有：①四班活动——西墙和霍拉舞；②五班活动——彩沙和图片；③TK 班活动——故事和实验；④三班活动——手链和拼图。由于模拟旅行的活动是班级之间的互动，如果想参与所有的活动就必须跟随一个班级去"旅行",而不能只在一个教室中,笔者跟随三班全程经历了此次"旅行",并将三班幼儿作为主要的观察对象来记录此次组织复杂却又趣味横生、知识丰富、形式多样、令人印象极为深刻的模拟式主题活动。

（1）活动目标

幼儿通过"旅行"中所经历的一系列活动,集中感受犹太文化;幼儿学会出国旅行的基本事项,例如持有护照、行李箱、入境盖章等;幼儿通过不同的活动能够习得相应的技能,例如,在死海实验中了解鸡蛋浮起的现象和原理,在霍拉舞中学习舞蹈技能并发展身体协调能力等;幼儿通过各种活动促进多领域发展,例如对图片的审美能力、串手链的动手操作能力、一同旅行时幼儿之间的互动和情感交流能力等。

（2）活动准备

活动到来的前一天,教师指导孩子们完成活动所需的材料,例如,填涂自己的"护照";制作自己的"行李箱"等（参阅图3-52）。教师准备好在本班开展活动所需的物品,例如,沙瓶制作材料、手链制作材料、实验所需的盐和鸡蛋等。幼儿园协调安排相关人员的工作流程,例如,协调各班级的"旅行"顺序以免出现混乱局面,协调好青年志愿者的教学活动从而与本园教师形成良好的配合等。

图3-52　孩子们的"护照"和"行李箱","行李箱"里装满了"旅行的衣物"。

（资料来源：笔者拍摄于 J 园,2015-5-1）

（3）活动过程

幼儿园每个班的第一主班教师会留在本班作为导游迎接前来旅游的小朋友们。另一名教师和一名保育员会带领本班幼儿去其他班级进行旅行。活动开始前师幼和全体相关人员都会在幼儿园大厅集合,聆听注意事项,并开始模拟旅行团准备出发（参阅图3-53）。

图 3-53 孩子们各自拿好"护照"和"行李箱"在幼儿园大厅内集合,所有教师和志愿者等参与人员也都集合于此,聆听活动负责人的安排和注意事项,并准备出发。

(资料来源:笔者拍摄于 J 园,2015-5-1)

笔者跟随三班幼儿所经历的具体旅行活动进程如下:①

①四班活动——西墙和霍拉舞

三班幼儿首先去了四班教室。JT9 教师很热情地接待了孩子们,在进门前还需要检查每个孩子的"护照",并且通过贴上一个纸贴的形式表示顺利拿到"签证"并通关了(参阅图 3-54)。在四班的模拟以色列场景中,JT9 教师安排的"景点"是西墙(Western Wall)。为了更为形象真实地介绍西墙,J 园从以色列请来了年轻的志愿者 YV1 和 YV2 为孩子们讲授西墙的故事,以及人们到访西墙会做些什么的真实情况。在介绍完西墙后,孩子们会从肃穆的氛围中转换到欢快的气氛里。教师和志愿者带领孩子们走到大厅,放着音乐,一起跳起了霍拉舞(Hora)(参阅图 3-55)。② 舞蹈过后,JT9 教师和志愿者会和三班小朋友们告别,并期待他们的再次到来。于是,三班小朋友们在意犹未尽的情感中离开了第一个"景点",开始前往下一站参加五班活动。

---

① 此次旅行活动中所用图片较多,因此统一标明,此部分所用图片均为笔者拍摄于 J 园,2015-5-1。

② 霍拉舞是一种犹太民间圆圈舞,大家手牵着手围成圆圈先向右转,再左转,然后快速向右转,最后所有人集中到中间再散开分成两三人一组挎着胳膊转圈。

图 3-54 JT9 教师在检查孩子们的"护照"并贴图以表示通过海关。孩子们在进入任何一个班级时都要经过这一环节，没有履行这一手续的幼儿是不允许进入活动场所的。孩子们会主动凑到教师身旁出示自己的证件。在这一过程中，孩子们显然已经进入了"真实旅行"的状态。看似简单的身份验证环节却是培养孩子们感受自我成长、主体意识和责任感的恰当措施。

图 3-55 师幼和 YV1 一起享受霍拉舞所带来的快乐。孩子们能够很快地进入状态，并欢快地跳起舞。

②五班活动——彩沙瓶和图片

当三班幼儿来到五班的时候，他们将感受到内盖夫沙漠（The Negev Desert）的美丽和独特。JT3 教师简单地介绍了以色列境内的地形，并告诉孩子们，对沙漠的开发和利用程度直接影响着以色列人民的生活。而正是以色列人民的努力，使得沙漠中很容易见到绿洲和植被，并且加上沙漠中的城市以及部分彩色砂石的存在，使得以色列人更加梦想将内盖夫沙漠变成多彩的世界。介绍之后，教师指导着孩子们将彩色的沙子混合在一个小玻璃瓶中，让孩子们感受多彩沙漠的魅力（参阅图 3-56）。制作完彩沙瓶之后，教师会给孩子们一些关于以色列自然风光的图片进行传阅并欣赏（参阅图 3-57）。当感受完自然风光后，三班幼儿便再一次启程去往下一个"景点"参与 TK 班的主题活动。当三班的辅班教师发现下一个班级里还有其他班级的小朋友正在参观时,便将本班幼儿集中在走廊的一侧,并告诉大家"旅行有的时候就是这样,我们不得不等待公交车、地铁等交通工具的到来,或者等待其他参观者参观完之后才能轮到我们参观,所以我们现在需要做的就是等待,不过我相信很快我们就可以前往下个目的地了"。

图 3-56 第一行左图是教师准备好的彩沙瓶制作材料供孩子们使用,右图是孩子们制作好的彩沙瓶。第二行图片是孩子们正在认真地制作彩沙瓶,该活动可以很好地促进幼儿的色彩感知、手眼协调、细致耐心等能力的发展。

图 3-57 孩子们在传阅自然风光图片。这一环节的设计,一方面可以进一步帮助幼儿感受以色列的自然风光,另一方面还可以充实先制作完彩沙瓶的幼儿的等待时间。

③TK 班活动——故事和实验

　　JT5 教师安排的活动是讲故事和做实验。通过讲《恐龙去以色列》（Dinosaur Goes to Israel）的故事，将以色列有代表性的地方概括地告诉给孩子们（参阅图 3-58）。当讲到恐龙去了死海时，教师为了让孩子们更好地理解死海的特征，便带领大家一起体验关于死海浮力的实验。首先 JT5 教师准备了五个鸡蛋，两盒食用盐，两大烧杯水，一个汤匙。然后问孩子们，"如果将鸡蛋放入水中会怎么样?"同时 JT5 教师要求大家如果认为鸡蛋会下沉则将大拇指指向地面，如果认为鸡蛋会浮在水面则将大拇指指向天花板。在孩子们分别表达了各自的看法之后（幼儿有的向上指，有的向下指），教师将鸡蛋放入水中，鸡蛋下沉了。JT5 教师再将鸡蛋取出，指导孩子们将大量食用盐放入烧杯并搅拌，然后问这次鸡蛋的情况，孩子们还是意见不一致。这时 JT5 教师问 JT2 教师："您认为呢?"JT2 教师配合道："我不敢确定会发生什么。难道还是会沉下去吗?"这时 JT5 教师已经将孩子们的注意力牢牢地吸引在实验上。JT5 教师放了一个鸡蛋后，浮在了水面上。同样做法，在两位老师营造的氛围中，当孩子们看到第二个鸡蛋也浮起时，全都立刻兴奋了，大家互相交流着。当教师将五个鸡蛋全部浮在烧杯水面上时，孩子们沸腾了，大家都在忘情地欢呼。显然孩子们激动的心情中还夹杂着一个问号。这时 JT5 教师将基本原理解释给了孩子们，并建议大家回家后可以和家长一起完成这个神奇的实验（参阅图 3-59）。孩子们还在相互讨论并兴奋得重复描述刚才的场景时，"导游"教师已经带领着大家踏上了前往三班即自己班级的行程。

图 3-58　JT5 教师给孩子们讲恐龙在以色列旅行的故事。这些内容与孩子们正在经历的很相似，因此大家都聚精会神地听着恐龙会在以色列遇到什么事。故事中有孩子们近几日接触到的文化内容，在师幼的相互交流中，孩子们可以自然充分地参与其中。

图 3-59 JT5 教师与孩子们做模拟死海实验的全过程。JT5 教师演示完鸡蛋在水中会下沉后，便开始让孩子们往烧杯的水中放盐。第一行图左起前两张是孩子们轮流往水中放盐，后两张是请孩子们轮流搅拌烧杯中的水以溶解盐粒。第二行左起前两张是 JT5 教师放入两个鸡蛋时，鸡蛋浮了起来，当 JT5 教师放更多的鸡蛋时，孩子们开始怀疑盐水真能浮起这么多鸡蛋吗？当五个鸡蛋全浮起来时，孩子们已经完全沉浸在难以置信和激动的状态。第二行第三张图是孩子面带欣喜的表情依然注视着烧杯，显然他们在思考这一切是怎么发生的。最后一幅图是教师与孩子们分享实验的原理、经验和感受。此时孩子们的状态是全神贯注地聆听，笔者在此时的感受是，再高明的教学评价手段都是多余的，这个实验的过程以及原理已然深深地刻在了孩子们的脑海之中！

④三班活动——手链和拼图

JT1 教师准备的活动是制作手链和拼图。为了给孩子们真实的旅行感受，JT1 教师准备了制作手链的材料，并让孩子们亲手制作。这种在以色列旅行时通常可以买到的手链经过孩子们自己制作，再送给孩子们作为旅行的纪念品的安排，使得大家激动万分。在 JT1 教师的指导下，孩子们认真地串着手链，并将自己的名字写在手链的纸标签上（参阅图 3-60）。完成手链制作后，JT1 教师会带领孩子们完成一个大拼图，拼的是以色列地图（参阅图 3-61），JT1 教师会告诉孩子们这就是我们今天旅行的以色列，并通过询问大家的行程怎么样，心情好不好，有什么印象非常深刻的经历等问题来总结孩子们的旅行收获。

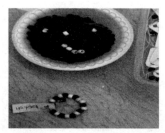

图3-60　第一行左图是教师准备好的制作手链的材料，右图是一个孩子制作完成的手链。第二行三幅图是孩子们在认真制作手链的过程中。

图3-61　师幼在共同完成以色列地图的大拼图，并借此与孩子们交流和总结当天的旅行感受。

（四）案例分析与讨论

1. 对美国学前文化课程理念的诠释

从发展适宜性教育实践上来看，此次大主题教学活动是以主题教学法的方式开展的一次整合课程。整合课程强调从儿童的兴趣和经验出发，强调提供活动的具体情境，使得知识富有意义；提供将技能和知识应用于有意义的问题的机会。在一段时间内深入学习一个主题能使儿童发展真正的理解力。整合课程可以为儿童提供连贯性的经验，整合各教学领域，使儿童在大块时间里通过活动来学习。儿童的内在学习动机也是在长期参与感兴趣的活动中所带来的结果。① 基于整合课程的内涵，此次大主题教学活动经历了两周的活动进程，并通过阅读、音乐、艺术等领域逐步渗透课程内容，在儿童对活动主题初步了解并产生学习期待时，幼儿园开展了两次综合性的活动即大游行和模拟旅行。整体主题活动为儿童提供了丰富且连贯性的学习经验，配合丰富且形式多样的教学手段，完成了一次跨教学领域、文化知识高度整合、儿童深度参与其中的教学活动。

从文化融入一日生活理念来看，此次大主题教学活动依然秉承了从家庭出发再回到家庭的做法。同时，学前文化课程强调教师和家长要将在园课程和社区活动以及家庭活动整合起来，让孩子们在普通的日常生活中时刻能够接触到人们所关注的文化事件，并让幼儿参与其中，为其答疑解问，从而自然地将这些事件转化为儿童生活的一部分，从而强化其文化的理解程度。

从反偏见教育理念来看，如果课程中充满了犹太文化和思想的传导，极大地宣扬、灌输和强化对犹太文化的认同显然背离了反偏见教育理念，这对非犹太裔儿童形成了隐性的偏见和无视。基于此，在主题活动课程的内容选择上除了犹太文化外，生活常识、地理知识、艺术活动等都为全体儿童提供了一次多元化的课程体验，因此无论是否是犹太裔儿童都可以自然地参与到这一活动中来。

2. 对美国学前文化课程标准的实践

在康涅狄格州早期学习与发展标准（CTELDS）方面，此次大主题教学活动的开展融合了身体发展与健康、社会与情感发展、语言、艺术、科学、认知等多个教学领域的内容，促进了儿童多方面的发展。例如，在社会与情感发展领域，儿童在参与到游行队伍中以及排队验证"护照"的过程中，都强化了儿童的自律能力并规范了儿童的社会行为。在参加霍拉舞或与志愿者学习的过程中，都促进了儿童的友谊建立和社会交往等能力的发展。在《NAEYC 教学与学习标准》方面，此次活动通过环境布置、家园合作等实现了标准的要求。更为重要的是，该标准要求通过创造合理的教学经历将儿童置于有意义的且相互关联的新知识群的认识过程中促进其发展。基于此，此次活动紧紧围绕以色列这个主题，通过多样化的活动内容安排，为儿童提供了丰富的知识和技能学习平台，

---

① 卡罗尔·格斯特维奇. 发展适宜性实践——早期教育课程与发展［M］. 霍力岩，等译. 北京：教育科学出版社，2011：58-59.

帮助儿童深入理解并内化文化内涵的相关知识群。在《创造性课程标准》方面，此次主题教学活动促进了儿童在"课程发展连续表"中多个发展指标上的发展。例如，在认知发展方面，通过模拟死海实验，儿童能够明显表现出好奇地观察物体和事件以及探索因果关系。通过串手链活动，儿童表现出了参与活动和处理问题时的耐性和毅力。总之，此次活动标准和效果的达成，在很大程度上激发了儿童的参与和探索的兴趣，大家参与的每一项活动都是前后紧密联系的，儿童往往正在回味前一个活动时便已经接近了新的活动，在经历了一系列内涵相通、形式各异、参与度颇高的活动之后，儿童的多项能力获得发展也就成为必然。

3. 对美国学前文化课程目标的实现

根据《犹太身份特征发展目标》的第二层级来看，此次大主题教学活动帮助孩子们深入体验了庆祝活动的丰富性及其趣味性。此次活动的主要目的在于认识以色列及其犹太文化，因此儿童通过制作拱形建筑、听有关的文化历史故事、认识西墙、制作彩沙瓶、感受实验等诸多环节学习了相关的人文和自然知识。孩子们不仅能够相互之间交谈以色列，而且与教师和家长乃至社区的其他成年人都能回应出关于以色列的见闻。此外，儿童通过制作手链和学习霍拉舞等活动学会了用语言之外的表达文化的方法。总之，此次活动为孩子们展现了一个生动全面的以色列，孩子们也自然会根据自己的认识和感受而学会诸多关于以色列的元素。

笔者：我发现孩子们在整个活动中玩得很开心也很投入，但是如果让我回味活动中的重点，我会觉得都是重点，换句话说好像又都不是重点，为什么教师不强调某些内容是核心文化，大家要特别注意这一点呢？谢谢！

JD1 园长：你提的问题很有意思，但这并非我们想做的。我们的教学目标之一确实是传递犹太文化，但是我们不想让孩子们感到知识的压力。我们想要做的就是在孩子们参与完今天的活动之后，可以非常高兴地与他们的父母、社区的朋友等聊有关以色列的内容，他们聊得越投入、分享的认识和感受越多、交流的方法越丰富，也就说明孩子们学到了他们想要得到的内容，这种方式更容易让文化的内容深入孩子们的内心，当然，这比教师直接告诉孩子们你们要记住哪些内容要好得多。（JD1 园长访谈记录，2015-5-1）

4. 对美国学前文化课程家园合作的展现

此次大主题教学活动发挥了尽可能多的内外部因素以保证活动过程的丰富性和流畅性，并利用活动的延伸部分来补充活动的整体性，以达到最佳的活动效果。此次活动很好地发挥了家园合作的作用：第一，在活动之前，家长与孩子共同将幼儿园分发的圆形帽子进行加工，这种方式可以避免儿童共同在园填涂帽子时可能出现的相同或相似的图画结果，而且也能体现出家庭的独特点和文化立场的差异，保证了幼儿园文化的多样化。第二，家长与孩子完成了一部分"护照"和"行李箱"的制作工作，这也突显了护照和行李箱内容的差异性和趣味性。第三，J园邀请了家长和社区人员等一同观看幼儿园大游行，家长们也非常配合地站在道路两旁充当观众，大家会向游行队伍挥手致意、鼓掌、欢呼、打招呼、拍照片等，为孩子们营造出了真实生活中的游行场景（参阅图3-62）。第四，此次主题活动中有很多分活动具有操作重复性，孩子们可以在家里与父母一同分享自己所学到的新知识。例如，家长和孩子可以一起做模拟死海实验，这不仅可以增进亲子感情，还可以让孩子通过演示和讲解实验的方式来反映出其对实验内容的掌握程度。总之，家园合作既可以帮助幼儿园课程的顺利实施，还可以检验孩子们的学习效果，同时家园和谐合作的氛围也是帮助孩子们顺利成长的不容忽视的隐性课程因素之一。

图3-62 屋檐下和道路旁有许多家长和社区人员作为观众来配合孩子们的游行活动，大家频繁地鼓掌、拍照、录像，并为孩子们加油。孩子们在这种氛围下，体验到了被多人关注的感受，越发有自信心的同时，也在不断地表现出自己最好的一面。从孩子们挥手回礼的动作可以发现，这种活动对于孩子们的行为养成、恰当的交流、自我约束、安全感的获得等都有所影响。

（资料来源：笔者拍摄于J园，2015-5-1）

5. 对美国学前文化课程的内容选择

根据《美国犹太学前文化课程文化内容选择及分类表》，从显性文化来看，此次主题活动涉及了希伯来语、西墙的故事等语言文化；圆形小帽等服饰文化；大卫之星棒、手链等个人装饰文化；蓝白色教师着装、霍拉舞等艺术文化；儿歌《我们的以色列之旅》等音乐文化；手工涂色的半圆形拱门、西墙的外貌等建筑文化；以及节日文化等。从隐性文化来看，此次大主题教学活动涉及了课程实施的"每一天"的思考方式；通过阅读大量有关以色列知识的书籍等拉近与犹太文化距离的价值取向文化；通过游行、模拟实验、制作手链等培养团结互助、自我约束、恰当表现、心态平和、耐心细致、乐于探索等的感情和情绪文化。总之，此次活动涉及的文化因素比较丰富，虽然孩子们不可能在一两周的时间内从深度上深刻的诠释犹太文化的内涵，但帮助孩子们乐于参与到多彩的犹太文化之中，使得孩子们对以色列及其文化的认识做到全面、立体、真实、形象并且印象深刻，便可以为孩子们打下丰厚的文化元素的感性认知基础。此外，此次主题活动还普及了旅行和游行等知识，丰富了孩子们的生活实践认识。

6. 对美国学前文化课程实施途径与方法的运用

此次大主题教学活动综合运用了多种实施场所、搭配了不同的教学方法、利用了形式多样的活动途径，为孩子们呈现了组织有序、内容相通、呈现方法得当的一次主题课程。从活动空间上来看，孩子们在不同的教室以及户外场所体验了不同的活动，为孩子们的活动期待和实际体验增加了新鲜感和注意刺激。从教学方法上来看，活动主要涉及故事阅读法、模拟参观法、情景教学法、游戏教学法、实验演示法、讲授法、讨论分享法等，帮助孩子们通过不同的视角来认识此次活动所涵盖的主要内容。从活动实施途径上来看，此次活动运用了圆圈活动、大小组活动、学习区角、环境布置与展示、家庭和社区活动补充等途径让孩子们融入主题活动所打造的"现实情境"中。除了以上宏观显性的活动实践方式之外，在教学细节上教师也做了充分的准备。例如，在 TK 班做实验时，JT5 教师为了激发儿童思考和主动表达，并将孩子们引入科学实验过程中出现的疑问、期待和解答成功等的思维运转和氛围里，JT5 教师与 JT2 教师配合得很到位，并通过追问的方式来问 JT2 教师"你的看法如何""你会选择出现什么结果呢""你真的认为会这样吗"等，而 JT2 教师也很认真的一边思考一边应答，并对最后的结果报以惊喜和质疑等反应，整个过程很好地激发了孩子们的兴趣，大家不由自主地投入到了做科学实验时应有的状态。例如，主题分活动的实施虽然在不同的班级，但是活动内容的内在关联性是活动的主线和完成教学目的的保证，如果前后脱节则会导致孩子们在认识和学习上产生混乱，搞不清自己在做什么、要做什么、为什么这样做等。例如，在 TK 班的实验之前，JT5 教师以恐龙在以色列旅行的故事，将以色列有代表性的地点为孩子们梳理了一遍，这一方面可以给予幼儿新的认识并引入实验的内容，另一方面可以复习孩子们在其他班级活动中所学习到的相关文化知识，从而达到活动内容强化和前后联系的目的。

7. 对美国学前文化课程评价的实现

此次大主题教学活动的开展为教师掌握儿童的发展程度提供了条件。从评价材料的收集上来说，教师通过儿童在参与形式各异的活动中所做出的表现，可以发现儿童在多领域发展中的优势、短板以及未来的教学强化点。教师可以通过与儿童的总结交谈，欣赏儿童制作的彩沙瓶和手链，以及征询其他教师在活动开展中对儿童的学习状态和知识回应等的看法，来积累丰富的过程性评价材料，以供教师在参照评价表指标时做出合理的综合性评价。从儿童完成教学领域发展指标的程度来看，虽然一次主题活动难以让儿童在文化认知上发生质变，但以类似的主题活动为节点，形成长期的规律性的学前文化课程的实施，便可帮助儿童获得文化认识上的飞跃。例如，根据《康州学前评价框架的执行标准》的要求，在身体发展与健康领域，儿童需要做到利用大小肌肉协调的活动。在该评价指标下，教师可以通过灌彩沙瓶、串手链和与大家一起跳霍拉舞等活动，观察儿童彩沙瓶和手链制作得是否精细，色彩搭配是否多样，儿童在制作过程中是否总要征询他人意见或者模仿别人，教师还可以观察儿童在跳舞时是否协调，是否能够跟上大家的节奏。诸如儿童此类的表现都可以反映在评价指标的记录中从而判定儿童的发展近况。例如，教师通过观察儿童在模拟死海实验中，发现其参与并切实体验了大部分的实验过程，并且在主动思考、质疑并聆听教师的讲解，便可以根据《创造性课程个体儿童评价资料记录表》中关于"学习及问题解决能力"的指标，判断该儿童是否获得了四个层级中的较高层级的发展。总之，只要将过程性评价资料进行合理收集，并做出阶段性前后比对，进而根据评价指标做出综合性评判，就可掌握儿童的发展水平，从而为其未来的发展提供适宜化的并且符合最近发展区的学前文化课程。

（五）案例小结

从本次大主题教学活动的整体上看，无论是活动目标的设定、活动内容的选择、活动方式的运用、活动流程的组织等都规划的合理可行，教师在实施活动时表现得比较自如而且准备充分，儿童在经历活动时也表现出了积极的兴趣和较高的参与度。在主题教学活动各相关方的配合下，孩子们感受了一次印象深刻的节日文化综合课程。此次主题活动在取得良好效果的同时，笔者还存有一些疑问和反思。

　　笔者：此次活动内容如此丰富，涵盖教学领域也很广，想要顺利地完成这样的主题活动应该会有一定的困难，但实施效果在我看来是非常好的。请问您是否为了这次活动、为了借此机会传播文化而提前做了很多工作？如果花费大量时间准备某一主题活动是否会影响正常的教学或者教师的工作强度呢？谢谢！

　　JD1 园长：一定是要提前做准备的，在活动实施之前，我们会将活动经验和内容一点点地告诉给孩子们，比如我们会将"出国应该有哪些证件？""美国之外的游行一般会是什么样子的？"等问题与孩子们分享和交流。另外，活动中所用到的部分材料和道具也会让孩子们提前做好。当然，我们可以利用美术时间或是平时其他课程来完成这些任务。像此次这样的主题活动确实是需要有条理的组织和计划的，如果提前设计得不合理，会出现很混乱的情况。但是我们提前的准备工作并不会花费太多的时间，因为这次主题活动其实可以算是我们的传统活动，每年的这个时候我们都会组织类似的活动，当然其他时间会有其他有代表性的活动，对于教师来说已经非常熟悉活动的流程了，多年来的积累也帮助我们对活动有了很多改良，所以你看到的是进程流畅、内容丰富的活动，其实即使单纯的花大量时间去准备，也达不到这样的熟练程度和预期效果。总之，活动越成熟，享受和参与活动的孩子们便会收获越多。（JD1 园长访谈记录，2015-5-1）

　　此次主题教学活动为幼儿园的文化课程实施积累了更为丰富的实践经验，对于儿童来说也成为一次难忘的经历。同时，我们还需要更为细致地去发现问题，总结反思，将主题教学活动更加优化。例如，孩子们在制作彩沙瓶时，笔者发现有一个孩子往小瓶子里放的沙子过于满了，结果她很难将瓶盖盖住，反复好几次也没有成功，并且情绪上很焦虑。其实这时需要教师的自然介入，并一边安慰孩子一边说类似于"让我们一起想想瓶盖怎样才能盖住呢"等话语便可帮助孩子克服困难。再例如，一个男孩子在串手链时，由于他总是悬空拿着手链绳，结果每当他穿进去一个珠子并倒手去拿另一个珠子的时候，总会将穿到一半的手链掉到地上，结果珠子会散落一地，反复几次后仍然这样。随着其他孩子任务的完成，小男孩显得有些无助和焦急。这时如果教师提示一下小男孩"你不妨试一试把手放在桌子上面串手链"的话，也许孩子会意识到自己的问题。总之，以幼儿园的整体参与形式而创设的主题教学活动本就不好把握细节，而教师和其他成人参与者除了在实践中不断总结经验之外，还需要做到的就是尽可能地去关注儿童。

本章小结　美国学前文化课程传承文化的实现

儿童文化习性的获得，是外在文化环境在儿童内心的投射与内化的结果，是个体与家庭、社区、学校的互动结果。家庭、社区和学校通过所处社会的文化环境和历史文化经验所赋予的各种文化元素之间的相互作用，从而形成了特定空间组合的综合文化场。该文化场内部的价值取向、生活方式和习俗等文化因子在相互交织、冲突、融合中影响着儿童的文化观念和行为习惯的建立。① 可以说，儿童所处的文化场不同，则会成长为不同文化身份的人。然而随着世界经济形态及其结构的转变，类似于小农经济时代的以地域文化为主要形式的文化场逐渐淡化。文化个体的频繁迁移导致了在同一文化空间内多种文化体共同存在的现实。在这种多元的文化场内，儿童个体自在的、无意识的、潜移默化的自然文化习得在某种程度上会导致儿童的内在价值混乱。因此，儿童文化成长所需的文化来源便需要成人进行甄选、整合，并选择适宜于国家生存和发展的文化要素，通过家庭教育、社区影响和学校课程的形式进行传承。美国幼儿园主要通过创设学前文化课程的形式，为儿童的文化习得提供了特定的文化场和文化学习资源。

在美国学前文化课程中传承传统文化方面的具体实践还表现在：第一，为了给儿童创造一个相对完整且文化指向相对明确的文化场空间，在美国学前文化课程的组织和实施过程中，都会尽可能地发挥美国幼儿园、家庭和社区的联合作用，并做到从家庭文化出发，经过学校文化和社区文化的干预后，再回到家庭文化之中，让儿童在相对稳定的文化氛围内获得自然成长。第二，在课程标准和课程目标的处理上，美国学前文化课程一方面理性地适应着美国标准化

---

① 孙杰远，徐莉．人类学视野下的教育自觉［M］．桂林：广西师范大学出版社，2007：39.

的现实要求，实际上从儿童的未来学业发展水平上来看也并未拉低美国学生的整体学业成就。另一方面在结合本体文化的要求上，美国学前文化课程在社会统一标准和个体文化成长标准的均衡实践中完成了文化的传递。第三，在课程内容的选择上，教育者既注重显性的外在文化，又强调隐性的内在文化，旨在帮助儿童获得内外一致的文化特征。第四，在课程实施上，美国学前文化课程强调文化知识的生活体验性。文化本就是以生活的形态而存在的，文化课程通过"每一天"的视角，以情景体验式的主题活动为载体，以多样化的教学手段和教学素材为工具，尽可能地减少文化习得的知识教学特征，在充分激发儿童的兴趣和关注点的基础上，完成儿童文化自在和潜移默化的自然习得。第五，在课程评价上，美国学前文化课程着重于过程性评价和终结性评价的配合实施。教师通过收集儿童的日常评价材料，撰写阶段性观察记录，结合指标性评价工具，获得相对客观的终结性评价结论，进而指导新一轮的课程实施，并继续开展前后持续性的评价材料收集工作。总之，美国学前文化课程在权衡社会多元文化传承要求的基础上，以和谐平稳的姿态实现了文化的传承。

第四章

美国学前文化课程中的多元文化教育措施

西方社会追求平等权和民权的运动从 17 世纪前后开始萌芽，经过百年的时代转变，美国现代意义上的以维护平等权、民权和反偏见为指向的多元文化教育的发展起源可以追溯到 20 世纪的 60 年代。在马丁·路德·金领导的民权运动、约翰·肯尼迪总统被刺事件、美国青年掀起的反主流文化的嬉皮士运动、反越南战争运动等历史事件的影响下，美国社会在当时的未来走向充满了危机和不确定性。在美国主流价值取向受到诸多因素挑战的背景下，美国政府通过 1964 年向贫困宣战等国家计划开始改善美国处境不利者的境遇。美国教育者杰罗姆·西摩·布鲁纳（Jerome Seymour Bruner）和爱德华·齐格勒（Edward F Zigler）等开始倡导为贫困儿童和不同文化背景的儿童实施服务教育计划，以确保儿童的平等受教育权和保障未来的公民权利。美国政府针对基础教育出台了"开端计划""早期开端计划""跟进计划"（Project Follow Through）以及旨在支持儿童在完成文化传承的情况下获得英语语言技能的"支持年幼英语语言学习者项目"（Supporting Young English Language Learners，ELLs）等，① 这些教育措施和研究者的教育实践推动了美国多元文化教育的发展。联合国教科文组织在 2000 年提出了"对抗暴力和偏见的最好武器便是和平"，这里的"和平"被解释为和谐、容忍、无偏见、平等。② 美国为了改变社会危机而在美国课堂上打造"和平文化"，这种文化其实和多元文化所追求的平等和反偏见是相通的。多元文化追求的是文化之间的相互理解和共同繁荣。而要做到文化上的理解，便需要文化之间的沟通和互动。只有了解和认识了他者文化，才能在保存本体文化上获得更为广阔的视野和恰当的途径。因此，只有更为准确的把握所处社会和时代的多样性文化形态和统一性共同体文化走向，才能在保证民族国家整体繁荣发展的基础上有的放

---

① MELENDEZ W R. BECK V O. Teaching Young Children in Multicultural Classrooms: Issues, Concepts, and Strategies (Second Edition) [M]. Connecticut: Thomson Delmar Learning, 2007: 198- 208.

② UNESCO. Education for a Culture of Peace [EB/OL]. Unesco Website, 2005-05-14.

矢地保存个体文化。

纵观美国学前教育及其课程的构建，其传统文化的内容选择和实施方式追求丰富且适宜，这在塑造美国人身份特征上起到了非常重要的作用。然而为了适应多元文化社会和全球一体化时代的发展进程，美国学前教育并未单纯地极力宣扬个体文化而排斥外来文化，其学前文化课程在传承本族文化和塑造本体身份的同时，也在培养儿童获得多元文化的意识，进而发展跨文化交流与合作的能力，从而适应现代社会的客观要求。而成长成为具有公民意识与责任感的美国人是其当下的根本教育目的之一，当然也是其国家文化的生存之道。由此我们需要进一步明确一点，美国文化在客观和本质上涵盖了传统文化以及多元文化相互作用所形成的新的文化形态。可以说，美国学前文化课程的核心内容应当是美国多元文化。因此，在了解美国学前文化课程传承传统文化内涵及内容的基础上，需要进一步探究其课程中的多元文化因素，才能更为全面、真实、透彻的理解该课程在传承文化方面所蕴含的内在教育观念及其教育定位。

第一节　美国学前文化课程
传承国家统一文化的教育措施

美国学前文化课程并非自始至终全是传统文化和传统习俗的内容，而是在传统文化的基础上，本着能够帮助儿童在未来的社会文化生活中获得良好适应性和发展成就的原则而构建文化课程的内容。例如，儿童每天在幼儿园所参与的第一个活动，确切来说是一项仪式，便是歌颂祖国。在教师的带领下，每天早晨会有一个儿童手举国旗，其他儿童和教师会手抚心脏，大家一起高唱"你是一面伟大的老国旗"（You Are A Grand Old Flag）等极具美国意义的歌曲（参阅图4-1）。这种每日的常规活动培养了儿童热爱祖国、忠诚祖国，以成为美国人而感到自豪的社会情感。这也为儿童未来走入美国社会而奠定了开放的、归属的、自然的心理和意识基础。

图4-1 在J园的各个班级里，每天早晨的第一件事，就是教师带领孩子们歌唱祖国。
（资料来源：笔者拍摄于J园，左图拍摄于2015-5-1，中图拍摄于2015-1-7，右图拍摄于2015-1-6）

从美国学前文化课程的内容选择上来看，除了来自世界各地的文化基础之外，美国本土所产生的文化也被视为美国文化传承内容的重要组成部分。也就是说，美国人会和孩子们一起分享和参与在美国本土所生成的各种文化内容。例如，美国的感恩节（Thanksgiving Day）、阵亡烈士纪念日（Memorial Day）、独立日或国庆节（Independence Day）、哥伦布节（Columbus Day）、十月的劳动节（Labor Day）等。美国人庆祝各种节日的主要方式便是游行，而孩子们也总是乐于参与其中，这种方式也可以帮助孩子们恰当地表达自己，拓展社会视野和交往能力，为孩子们在未来顺利融入社会生活提供了很好的锻炼和成长机会（参阅图4-2）。

图4-2 在大哈特福德举行的烈士纪念日大游行活动。第一、二幅图是成年人游行队伍，第三幅图是幼儿园组织的儿童游行队伍，第四幅图是J园为烈士纪念日而布置的主题墙，其中突出的标语为"让自由之声回响"（Let Freedom Ring）。
（资料来源：笔者拍摄于大哈特福德某主干道和J园，2015-5-25）

美国儿童除了可以通过以上这些在固定时间内开展的规律化活动而获得美国国家文化以外，幼儿园的日常课程更是他们了解民主平等、独立自由等美国精神以及培养爱国主义、思维判断力、实用主义、参与能力、法律意识、责任心、竞争力、高效率等意识形态和社会核心价值观念的重要途径。美国幼儿园的日常课程大多会以一个设定的主题为指向，用一周或两周的时间围绕该主题，通过多领域活动和丰富的教学手段予以落实。每个学期的不同主题课程是培养儿童获得价值观念和习得适应社会生活所需技能的最为直接的方式。从此类课程传达美国国家文化的角度来看，我们可以将其归入美国学前文化课程的范围。以此视角来探究美国学前文化课程有助于我们从整体上感知美国幼儿园是如何进行文化传承的，传承了哪些文化、文化的内外活力怎样以及美国在保存传统文化与应对现实生活文化之间矛盾的处理方式。以恐龙主题活动为例，我们可以从中窥探出在美国幼儿园的课程里除了传统文化之外，还交织着大量美国统一的文化观念。

J园在2015年5月11日至5月15日这一周（周六日休息）开展了恐龙主题活动。主题活动的目标在于：发展儿童的观察力、想象力、动手操作能力和生活技能；懂得相互交流与协作，分享知识和想法，并解决困难，发展团队合作的意识和能力；会观察、比较、认识恐龙的种类；教师与儿童一起探讨恐龙，从而了解其外形特征和生活习性等自然知识；帮助儿童对恐龙产生强烈的好奇心，并通过及时的问答，培养儿童探索精神和学习能力；儿童能够通过美术的方式表现自己所认识的恐龙世界，也能够体验到创造的成就感和游戏的乐趣。具体的活动环节包括以下五方面。

第一，环境布置。幼儿园的每一次主题综合课程的开展都会伴有相应的环境布置，目的在于让儿童身临其境，从感官上随时随地给予儿童刺激和回应（参阅图4-3）。从图4-3中可以看出，幼儿园将教室变成了恐龙的世界，儿童可以随时看到恐龙的外貌和生活环境，也可以随手拿到关于恐龙的书籍、玩教具等。

图4-3　恐龙主题活动期间的环境布置。主题墙上的恐龙及恐龙蛋都是本班儿童制作的，并在教师的帮助下，一起做成了主题墙。

（资料来源：笔者拍摄于 J 园，2015-5-15）

　　第二，恐龙饼干的制作。教师根据制作饼干的书籍，给孩子们讲解配料的详细信息，并演示恐龙饼干的做法。美国人在制作食物时会严格按照配方比例，用不同尺寸的汤匙和量杯等进行配料，儿童可以从中认识克数、尺寸、比例等数学概念。在饼干的制作过程中，教师会指导儿童全程参与，并观察儿童的做法。然而，无论儿童做出怎样形状的恐龙饼干都是值得鼓励的。制作恐龙饼干的活动对锻炼儿童的动手能力、生活技能、观察力和创造力是很有帮助的（参阅图4-4）。

图4-4　第一行左图是孩子们在一起用搅拌机和面，中图和右图是孩子们用模具将面团压出恐龙形状后往上撒巧克力豆。第二行左图是讲解制作恐龙饼干的书籍，中图是孩子们制作出的恐龙饼干（饼干旁边写有制作者的姓名），右图是教师在幼儿园的烤箱里烤制孩子们制作的饼干。

（资料来源：笔者拍摄于 J 园，2015-5-15）

第三，恐龙书籍的阅读。美国幼儿园针对每一次的主题活动都会有相应的配套书籍供师幼使用，阅读永远是幼儿园的主旋律（参阅图4-5）。

图4-5 恐龙主题活动期间，师幼可以用到的一部分有关恐龙的儿童书籍。

（资料来源：笔者拍摄于J园，2015-5-15）

第四，恐龙拼图的游戏。拼图在美国幼儿园里是十分常见的玩教具。拼图可以很好地培养儿童的探索意识、视觉辨别能力、认识物体的相互联系及完整性、动手能力、观察力、耐心细致的品格以及与伙伴的合作能力等。特别是儿童与儿童之间共同完成一幅拼图时，会使大家获得极大的成就感和自信心，也可以促进儿童之间友谊和感情的建立，并感受到集体合作的好处（参阅图4-6）。

图4-6 第一行图片是幼儿园里供儿童使用的各种恐龙拼图。第二行左图和中图是孩子们自由形成的拼图小组，在拼图的过程中，孩子们通过不断地交流和尝试，共同完成了拼图游戏。右图是全体儿童每人涂一部分颜色完成的色彩拼图，图的上方教师写了一句话"当我们合作的时候，看看我们做到了什么！"（Look what we can make when we all work together！）

（资料来源：笔者拍摄于J园，2015-5-15）

第五，图画日志本的运用。日志本在主题活动中扮演着重要的角色，一方面可以让儿童进行写画，锻炼其观察力、想象力、动手能力、独立思考能力、表达能力等；另一方面可以检验孩子们在主题活动中的所学。日志本的内容记录了儿童成长的每一步，每一次主题活动中日志本的运用都可看作阶段性评价材料的积累，经过一段固定的时间，便可发现孩子们在不同能力方面的进步（参阅图4-7）。

图4-7 第一、二幅图是孩子们以恐龙为主题在进行写画，儿童经常在拿到日志本后会随意翻一页便开始画画，教师为了锻炼其秩序性和组织意识，便在新的一页上方用印章印了一个"D"字母（恐龙Dinosaur的首字母），以帮助孩子们发现日志本页码的顺序性。第三幅图是某儿童画的恐龙，该幼儿自己在图画的下方模拟着桌子上的恐龙纸牌写下了"恐龙"字样。第四幅图是某儿童完成画画后与教师正在交流自己画中所表达的想法，教师会将孩子们的表达直接记录在日志本上。

（资料来源：笔者拍摄于J园，2015-5-15）

恐龙主题活动是美国幼儿园常规活动课程的一部分，通过课程的实施，培养孩子们的社会技能和生活能力，这些点滴的能力发展都是孩子们未来步入社会成为合格美国公民的客观要求。总之，类似于恐龙主题活动的整合活动课程贯穿于幼儿园课程实施的始终，无论主题如何变换，对儿童的培养目的都是指向了适应未来的美国社会生活。

第二节 美国学前文化课程关注其他文化的教育措施

美国是一个多种族国家，各种族之间的相互理解与合作是社会整体发展与稳定的必然要求。美国幼儿园为了保证儿童能够更好地适应美国的社会现实，在学前文化课程内容的选择上融入了其他各种文化的元素，使学前文化课程增添了更多的多元文化色彩。例如，犹太学前文化课程会通过主题活动课程的方式加入美国爱尔兰裔的圣帕特里克节文化和美国墨西哥裔的五月五日节文化。笔者在调研结束后要离开康涅狄格州之前，也和孩子们分享了有关中国的传统文化内容，并通过讲好中国故事的方式帮助美国幼儿认识和理解中华民族文化。只有多元化的文化课程内容，才能呈现给孩子们一个真实的世界，才能以更开阔的视野来思考和面对社会生活。无论是社会处境相对较好的白人，还是处境相对较差的非洲裔人，他们的文化都会出现在文化课程里。在马丁·路德·金纪念日的那一周，美国学前文化课程便会开展纪念黑人民权运动的马丁·路德·金的主题教学活动（Martin Luther King Activities）。该活动的主要目的在于通过儿童能够接受的活动形式和内容，传递给儿童自由、平等以及反对偏见的理念。具体活动情况如下。

第一，活动背景。美国将每年一月的第三个星期一设定为马丁·路德·金纪念日。美国各地会通过发表演讲、举行纪念仪式、瞻仰马丁·路德·金的纪念雕像等活动表示纪念，并传播民权、平等、公正等思想（参阅图4-8）。

图4-8　中国雕塑家雷宜锌创作的高约9米的马丁·路德·金大型纪念雕像，该雕像位于华盛顿国家广场，与林肯纪念堂遥相辉映，可以显示出马丁·路德·金倡导的思想对美国影响至深。

（资料来源：笔者拍摄于华盛顿，2015-6-30）

第二，主题活动环境布置。该主题活动在环境上旨在突出一个理念，即不同肤色的儿童可以平等地坐在一起，可以一起玩耍、一起学习、一起生活（参阅图4-9）。

图 4-9　左图是班级里的日历表格，在 2015 年 1 月 19 日的地方贴有马丁·路德·金的小头像，而且在顶端贴有马丁·路德·金的大头像表示这个纪念日比较重要。中图是主题墙上的马丁·路德·金的画像，并标有"我有一个梦想"的演说标题。右图展示了不同肤色的孩子们开心地在一起。

（资料来源：笔者拍摄于 J 园，2015-1-19）

　　第三，制作友谊小吃（Friendship Snack）。友谊小吃活动是此次主题活动中比较有特色且寓意深刻的活动。JT1 教师会提前准备好巧克力豆、南瓜子、蓝莓、树莓、小饼干、其他豆类等分装在小杯子里，然后分发给所有儿童。儿童每人轮流将杯子里的食物倒到大的搅拌盆里，然后轮流进行搅拌，将其充分混合（参阅图 4-10）。在活动的过程中，教师会和孩子们分享其中的道理。教师会告诉孩子们，当我们吃一样东西时味道常常是单调的，然而混合后味道会变得丰富而好吃。进而教师会让孩子们根据自己的理解去想象，不同肤色的小朋友相互融合，才会让我们生活的世界更加丰富多彩。这一环节让孩子们通过视觉、味觉以及想象力感受了颇为抽象的文化平等和融合的理念。

图 4-10　教师和孩子们一起制作友谊小吃

（资料来源：笔者拍摄于 J 园，2015-1-19）

　　第四，阅读活动。JT1 教师和孩子们一起分享了苏斯博士创作的儿童图画书

《史尼奇及其他故事》（Sneetches and Other Stories），该故事讲述了腹部有五角星的史尼奇看不起腹部什么都没有的史尼奇的故事，最终所有史尼奇通过一部机器来改变腹部的图案以追求不同，结果所有史尼奇发现大家都是一样的。通过这样一个故事，让孩子们思考其实人类也是一样的，虽然我们有不同的肤色、不同的长相、眼睛和头发的颜色也是不同的，但是我们的本质是一样的，我们可以交流、可以分享思想、可以相互帮助、可以合作克服困难等等，所以我们是平等的，我们是自由的。

从马丁·路德·金主题活动中我们可以感受到，各个国家和族群都是应当被尊重的，人生而平等，只有多样化文化体的存在，才能赋予社会前进的多元化动力。从维护本体文化生存的视角来看，在类似于马丁·路德·金的思想的各种族群追求平等自由的人类共同追求上，所有族群的诉求都是一样的。如果我们的视野再宏观一些，无论是美国的盎格鲁–撒克逊后裔，还是日耳曼后裔，抑或法兰西或拉丁后裔，在踏上去往北美征程之初，不也是为了追求自由和平等的吗？换句话说，人类追求自由平等的文化信念是相通的，这注定了我们无论是任何肤色的人群都需要去了解和理解他者文化，才能在合作的基础上完成共同的夙愿。从理论上讲，我们为了本民族的生存与发展就需要秉承文化相对论的主张坚守自我文化；同样，我们还是为了本民族的生存与发展也需要遵循文化进化论的观点完成文化的相互融合，从而激发文化发展的活力，而这种整合的文化也许并非仅具有单一的文化特征，而是多彩的一元文化，比如中华民族共同体意识和中华民族文化便是充满文化生命力和多元文化的统一体文化。从现实来看，无论任何种族从任何立场出发，本族的个体成员在保留了本族身份特征的基础上最大化的容纳他者文化，对自身所追求、所向往持有的文化是大有裨益的，这也是获得文化选择主动权的重要条件。因此，美国人需要将多元文化适当地融合吸收，对内有利于传统文化的留存，对外有利于影响国家文化的发展，这在最大程度上维护了美国人的文化生存状态。

第三节　美国幼儿园的常规文化特征

一、美国幼儿园的一日生活时间及其活动安排

美国幼儿园的一日生活时间和活动安排由教师根据本班儿童的实际情况来

制定，一般会有一日计划（参阅图4-11）和一周计划（参阅图4-12）。根据图4-11的内容，笔者整理出了J园的常规一日作息及活动安排（参阅表4-1）。表4-1所示的内容并非某一个班级的具体安排，由于每个班的自主灵活性较大，笔者整合了各班的情况，呈现出大概的各类活动安排计划，所示内容会比班级的实际活动内容丰富和复杂些，各班的时间安排也会略有差异。在一周活动计划方面，各个班级所使用的周计划表略微相似，只是内容选择上会由班级教师决定（参阅表4-2）。教师在课程实施的前一周都会根据活动主题和教学目标来选择下一周里每天的主要活动形式，搭配一日计划，完成儿童课程的安排。

图4-11　图一、二是J园JT1教师的大班班级一日安排。图三是JT3教师的大班班级一日安排。图四是JT5教师的TK班一日安排。

（资料来源：笔者拍摄于J园，一、二图拍摄于2014-12-22；三图拍摄于2015-1-6；四图拍摄于2015-1-7）

表4-1　J园儿童的一日生活安排表（时间为美国东部时区冬令时）

时间	活动安排
7：30-8：30	进园、洗手
8：45-9：30	安静的室内自由活动
9：30-9：55	早晨圆圈活动（活动前有歌唱祖国的仪式）
10：00-10：15	洗手、点心时间
10：15-11：00	自由活动时间（音乐、体育、阅读活动等）
11：00-11：15	整理教室时间
11：15-11：30	户外活动（每个月时间一调整）
11：30-12：00	自由选择活动（大组或小组活动等）

续表

时间	活动安排
12：00-12：30	洗手、午餐
13：30-15：15	游泳课或体育运动
15：15-15：30	洗手、点心时间
15：30-16：00	户外活动
16：00-16：30	讲故事和阅读时间
16：30-17：20	游戏和桌面玩具时间
17：30	离园

（资料来源：笔者根据图 5-11 绘制）

图 4-12　左图和中图是 JT3 教师班级周计划表。右图是 JT5 教师班级周计划表。

（资料来源：笔者拍摄于 J 园，左图和中图拍摄于 2015-1-6，右图拍摄于 2015-1-7）

表 4-2　J 园班级活动周计划表

周计划表					
班级： 周次：	周活动目标：				
	星期一	星期二	星期三	星期四	星期五
积木区/大运动区（Block Area/Large Motor Area）					
感知发展区（Sensory Table）					
玩教具（Manipulatives）					

续表

	星期一	星期二	星期三	星期四	星期五
戏剧活动（Dramatic Play）					
科学：实验、探索、橡皮泥、烹饪（Science：Experiment，Exploration，Playdough，Cooking）					
艺术探索（Art Exploration）					
大组活动时间：阅读、唱歌、活动、讨论（Large Group Time：Books，Songs，Activities，Discussion）					
小组活动时间（Small Group Time）					
画架时间（Easel，利用大画架开展的活动）					
捕捉活动（Catch，教室外的其他场所活动）					
书写区角活动（Writing Center）					
特别事件（Special Events）					
午后兴趣活动（Afternoon Enrichment）					

（资料来源：笔者根据图5-12等绘制）

美国幼儿园的一日常规活动设置符合美国幼儿园的普遍形式，在每天的幼儿园生活中，儿童还会有一些行为规范予以学习。例如，教师会列出一个月里每天的儿童负责人或志愿者，该儿童要负责一天中的早晨问好、点人数、组织收拾玩具等任务，这项儿童志愿者安排是幼儿园每日常规的一部分。此外，每个班级还有一个简短的日常行为规范（参阅图4-13）。总之，美国幼儿园在课程实践和发展中需要紧跟美国社会的统一要求。

图 4-13　左图是 JT1 教师班级里的儿童志愿者安排表，表中标注了每天的儿童志愿者姓名。右图是 JT3 教师班级所规定的儿童行为规范，包括善待你的朋友、举止文明、步行进入教室等。

（资料来源：笔者拍摄于 J 园，左图拍摄于 2015-1-5，右图拍摄于 2015-1-6）

二、美国幼儿园接受多元化的学前教育理论指导——以美国幼儿园的瑞吉欧特征为例

美国幼儿园所依据的常见教育理念有蒙台梭利、华德福、瑞吉欧、班克街、光谱方案、高瞻课程、发展适宜性教育实践等，除了极为传统的幼儿园之外，大部分的美国幼儿园在设置办园理念的时候均会遵循某一主流学前教育理论，这不但可以促进儿童个体发展，还让幼儿园符合了社会发展的时代要求。通过了解瑞吉欧式的美国幼儿园可以帮助我们从侧面来认识美国幼儿园的实际情况。瑞吉欧教育理念下的美国幼儿园最为突出的特点通常包括艺术角（关注艺术）、种植角、自然科学探索等。通过以下四个方面可以大致了解到瑞吉欧式的美国幼儿园。

第一，在艺术探索方面。首先，瑞吉欧教育注重对光和影的运用，孩子们总是会被发光源、物体以及反射面之间奇妙的关系所吸引，并自然地产生很大的探索兴趣。教师通过引导儿童去观察改变物体的形状、结构和数量等来改变光影的呈现景象，从而让孩子们了解其中的关系和原理。帮助孩子们恰当地运用光影设备，往往会收到意想不到的教学效果（参阅图 4-14）。其次，瑞吉欧教育非常注重艺术工作室的设置，在这一区域内，孩子们可以获得丰富的艺术探索媒介工具和材料，并自由地进行绘画、纸塑、拼贴画、小物品制作等活动（参阅图 4-15）。

图 4-14　左图是教室里的一个灯箱桌子，将塑料薄片积木和透明杯子放在桌子上，孩子们便可自主拼接和摆出各种形状，积木和杯子都是透光的，因此会产生特别的光影视觉效果。中图是常用的光影设备即投影仪，它比灯箱桌子更加灵活，可以向多个方向的反射面投射，而且光影效果可以多变。右图是投影仪投射至墙面的项链等物体的影子。

（资料来源：左图笔者拍摄于 S 园，2015-1-14。中图、右图笔者拍摄于 R 园，2015-5-5）

图 4-15　幼儿园教室里的艺术工作区域内摆放着孩子们可以进行艺术探索的材料和工具

（资料来源：笔者拍摄于 S 园，2015-1-14）

　　第二，在自然探索方面。瑞吉欧教育倡导让孩子们感受自然和探索自然。当我们走进瑞吉欧式的教室时，会发现到处都有植物的存在，到处都是自然的颜色。孩子们在这一环境中，可以运用放大镜、铲子、夹子等工具去观察这些植物。而且当教师和儿童一起参与活动时，他们大多会运用未加工的自然材料（参阅图4-16）。

图4-16　左图是教室里随处可见的植物，右图是孩子们的自然活动材料。

（资料来源：笔者拍摄于S园，2015-1-14）

　　第三，在主题活动方面。S园的教师通常会根据儿童的兴趣来确定活动主题。如果孩子们喜欢苹果，则会选择以苹果为主题来组织活动，活动的组织原则是给孩子们充足的时间和空间去探索。例如，在以"土豆"为主题的活动中，教师会以种土豆、唱土豆、画土豆等方式帮助孩子们来认识土豆。教室里的大部分地方还会布置上与土豆相关的玩具、书籍、图片等活动材料，以方便儿童接触到主题物。儿童通过一个主题活动，便可获得对于该主题的尽可能全面的了解（参阅图4-17）。

图4-17　第一幅图是孩子们所画的土豆，这些画的主题是"土豆依然有生命"，教师会告诉孩子们，土豆被大家画到纸上之后，它便以色彩、线条等图画的形式存在于纸上，这是它的另一种生命存在形式。这种"仍然有生命"的解释方式会让孩子们更加认真和投入地对待自己的图画作品。在图画过程中，教师会告诉孩子们可以用不同的颜色、工具、画画技术等来表现大家的想法、感受和经历。同时，幼儿在画画过程中还可以相互合作。第二幅图的主题是"用色彩来分类土豆"，孩子们可以选择各种颜色来画出不同的土豆。第三、四幅图是孩子们种土豆的过程，其主题是"我们感受到土豆的成长"，图中多张照片记录了孩子们观察土豆成长的情况。

（资料来源：笔者拍摄于S园，2015-1-14）

　　第四，强调阅读和写作。瑞吉欧式的幼儿园除了通过艺术、自然、环境创设等来发挥儿童的一百种语言之外，还特别鼓励孩子们写作，并且认为书写错误是正常的，关键在于敢于书写和认真地书写。教室中也会有很多儿童书籍，并且定期更换，由教师审核书的内容，从而让儿童在大量阅读的基础上学习书写（参阅图 4-18）。

图 4-18　S 园里两个教室的读书区域，设计得非常舒适，书架上的书会定期更换。

（资料来源：笔者拍摄于 S 园，2015-1-14）

从整体上看，美国幼儿园会以某一主流学前教育理念为指导，结合自身文化特征的传导需求和方式，来设计符合儿童成长和发展的学前教育模式。其实无论是瑞吉欧教育、蒙台梭利教育，还是其他学前教育思想，重视和尊重每一名儿童都是其基本准则，这就为美国幼儿园开展多元文化教育提供了指导。例如，华德福教育的一个重要主张就是服务多样化的儿童。华德福的课程也通过整合文化内容来尊重儿童的多元文化背景。① 例如，瑞吉欧教学法的四个核心要素为：鼓励合作的关系、建构有效的环境、开发基于项目的课程、用多种方式记录学习情况。② 这些要素支撑了包容性教学的发展，将多样化背景和特殊需要儿童融入同一所幼儿园当中③，这种带着全纳教育特征的思想也为实践多元文化教育开辟了道路。总之，美国幼儿园借助于主流学前教育思想的指引，为儿童的多元文化意识和能力的培养提供了多样化的教育途径。

综上所述，美国的多元文化主义就是要解决或解释美国最重大的社会问题之一即美国种族多样化问题④，其核心内容便是解决由移民等原因所造成的社会

---

① 乔治·S. 莫里森. 学前教育：从蒙台梭利到瑞吉欧（第 11 版）［M］. 祝莉丽，周佳，高波，译. 北京：中国人民大学出版社，2014：167.

② EDMIASTON R K, FITZGERALD L M. How Reggio Emilia Encourages Inclusion ［J］. Educational Leadership, 2000, 58（1）：66.

③ 乔治·S. 莫里森. 学前教育：从蒙台梭利到瑞吉欧（第 11 版）［M］. 祝莉丽，周佳，高波，译. 北京：中国人民大学出版社，2014：163.

④ 董小川. 美国文化概论［M］. 北京：人民出版社，2006：38.

内部种族之间的文化差异所产生的诸多社会矛盾问题。而教育多元化以及多元文化教育是协调和解决种族多元化、语言多元化、阶级多元化等问题的有效途径。实施多元文化教育从文化立场上便需要对内自觉，对外理解和开放。进而在文化实践中帮助一代又一代的幼儿实现在成为国家公民的基础上完成多元文化相互呼应的社会文化形态的塑造。而要创造多元文化相互呼应的社会形态，首先需要避免由单一的文化融合将社会文化改造成单向度文化，因为在该文化场域内的人会变成毫无文化判断力的单向度文化群体，这种文化进化论在现实中的延伸，会忽略和降低了文化的生存活力；其次，还需要避免由极端的文化独立将社会文化分裂成相互隔绝的、封闭文化丛生的社会文化形态，因为在该文化场域内的人会成为文化孤立、文化排他、文化冷漠的文化群体，这种文化相对论在现实中的拓展，会为文化分裂主义提供条件，从而导致文化发展的静态停滞乃至文化体之间的暴力冲突。因此，各国在处理文化关系时，需要在国家文化统一性认同的基础上，发展文化互助、文化理解、文化互赏的"各美其美、美人之美"式的文化相互呼应的社会文化形态。

从社会文化的大环境引申至美国幼儿园文化的小环境来看，美国幼儿园在具备一般幼儿园特征的基础上，结合主流学前教育理念，并以开放融合的态度来接纳多元文化，这便在文化意识上符合了时代文化走向。总之，美国学前文化课程在社会多元文化的氛围中，在主流学前教育思想的影响下，选择了以开放融合的态度在幼儿园日常生活和教学中发挥着文化选择和文化实践的直接作用，也作为文化传承的一线实践手段处理着多元文化之间的文化融合问题。

本章小结　美国学前文化课程的文化综合特征

纵观美国学前文化课程的课程理念、课程标准、课程目标、课程内容、课程实施、课程评价等课程相关要素，在其课程内涵上表现出了以下文化特征。

第一，美国学前文化课程具有文化包容性（文化多样性）。在以传统文化为主线、以美国多元文化为重要组成部分的课程设计中，给予了儿童丰富的文化视野、文化知识以及文化能力，这对美国儿童适应现实的美国社会生活提供了扎实的文化底蕴和能力基础。

第二，美国学前文化课程具有文化实践性。有关教学的文化实践性研究认为，文化是教学活动的内在规定性存在。即教学实践本身应该是一种文化性实践，教学活动就是经由知识传递而至文化交往的实践行动。① 推广至课程实践层面上，课程的创设和实施的内在质的规定性也可以说是文化，课程的实践也应该视为社会文化与个体文化、师与生之间的文化交往实践。基于此，美国学前文化课程在尊重和理解儿童及其家庭既有文化样态的基础上，以多元文化的形式帮助儿童进行积极的文化再成长，这为儿童在多元文化的现实生活中获得有效的文化发展资源和合理的文化重组机遇提供了可能。

第三，美国学前文化课程具有文化感染力。在课程的创设思路上，美国学前文化课程集中突出了文化的生活性、真实性、体验性和情境性等，这些特点增强了文化传播的感染力，也对儿童的内心给予了文化触动和文化震撼。同时，文化课程内容来自儿童身边的事，使儿童更有认同感和熟悉感，也便增强了文化传播的感染力和有效性。

第四，美国学前文化课程具有文化现代性。文化所表征的是人类社会中的意义、价值、观念等象征性层面。现代性是对种种现代现象、现代事件、现代过程乃至整个现代社会特性的高度概括。而文化现代性则是现代性的文化层面。② 由此观点来看，美国学前文化课程并未仅限于传统文化的层面上来诠释处于美国社会中的各族裔的文化意义、价值和观念。而是在传统思想的基础上，引入当下的社会现象、美国人的主流生活事件以及美国主流的社会特征等，完成对学前文化课程的文化现代性意义构建，帮助儿童在拥有传统思维的同时，发展指向现代与未来的文化视野。

第五，美国学前文化课程具有文化连续性。基于社会物质生产发展以及人们生活的连续性，文化的发展也具有连续性和历史继承性。③ 在文化感悟和习得的过程中，儿童往往需要经过从感性认识、主观体会到内化思考和抽象理解的同化过程，这就要求美国学前文化课程在文化内容的选择和教授方面做到前后的连续性和一贯性。同时，文化是相对固定的思维意识和处事方式，文化习得中的内涵断裂和前后内容的冲突自然会导致学习者对文化认同的质疑和思维内化的错乱。因此，从美国学前文化课程在目标选择上便厘定了文化的连续性特征。

---

① 程良宏. 教学的文化实践性研究：走向新的教学理解 [J]. 全球教育展望，2015（5）：17.
② 邓永芳. 文化现代性引论 [D]. 北京：中共中央党校，2007：1.
③ 潘黎，钟春平. 文化、经济行为与经济发展——基于经济学视角和文化内在特性的研究前沿 [J]. 国外社会科学，2015（6）：20.

　　总之，美国学前文化课程一方面为儿童抉择和整合了美国民众所面对的历史与现代、各族群的诸多文化，另一方面为儿童构建和创设了适宜于儿童文化需求和发展的传递方式。美国学前文化课程以培养心系国家文化的美国人为最终目标，将在美国社会文化与世界文化历史潮流的激荡中权衡着自身未来的文化取向和国家文化的未来归宿。

第五章

美国学前文化课程对我国学前文化课程实施的启示

　　学前教育是培养儿童的主要途径，也是继承和发展文化的主要手段。基于学前儿童的成长特点，其语言学习、文化习得、获得基本知识的能力和技能等方面均处于关键阶段和基础阶段。接受过良好的学前教育的儿童在未来的学业和生活上都会发展的更为顺利且获得成就的概率会相应增加。因此，大力发展学前教育有利于国家经济和文化的共同繁荣。学前课程是学前教育实践的主要手段，对学前教育课程中课程教学质量的高度、课程目标的深度、课程内容的广度、课程实施的适宜度、课程评价的真实度等的追求，直接受到国家整体学前教育水平发展程度的影响。《国家中长期教育改革和发展规划纲要（2010—2020年）》（以下简称《纲要》）实施以来，我国学前教育在普及率的提高、学前教育资源的扩大、学前教育经费的增长、师资队伍的建设等方面取得了长足的发展。从我国学前教育发展的历史进程和我国的具体国情来看，当下的学前教育发展成就是跨越式的。例如，我国教育部相关文献显示，2014年，我国全国幼儿教职工人数比2009年增加了157.1万人，翻了一番；全国幼儿园总数比2009年增长51.9%；在园幼儿总数达到4050.7万人，比2009年增加1392.9万人。[①] 在教育部提供的《各级教育毛入学率国际比较表》中显示，我国学前三年毛入园率在2014年达到70.5%，比2009年提高近了20个百分点，提前6年实现《纲要》提出的"到2020年达到70%"的目标。[②]

　　我国学前教育在取得长足发展的同时，由于发展起步较晚，城乡差别明显，教育经费有限，师资队伍建设滞后等原因，我国当下的学前教育处于从追求教育数量向追求教育质量转变的历史阶段。在未普及学前教育的情况下，对学前教育质量的追求便需要花费更长的时间。例如，在学前文化课程建设方面，从教师的角度来说，学前教师的专业化水平不同，教师的文化意识存在差异，很

---

① 王湛. 坚持政府主导，大力推进教育公共服务 [N]. 中国教育报，2015-12-12（02）.

② 中华人民共和国教育部. 教育规划纲要实施5年：我国教育发展水平跃居世界中上行列 [EB/OL]. 中华人民共和国教育部网站，2015-12-11.

多幼儿园的保育看护大于教育培养，教师对整体社会的文化走向认识欠缺，对学前文化课程的解读片面化等状况，会导致学前文化课程忽视文化的有效传递方式，这会影响儿童对我国多元文化一体格局客观现实的认识。从家长的角度来说，一方面，在学前教育发展相对薄弱的地区，家长的唯一要求便是孩子有学可上，至于课程内容如何实施、教育质量的高低等鲜有质疑；另一方面，在学前教育发展相对发达的地区，家长的要求大多在于培养孩子适应未来社会的能力，而诸多能力之中的文化合作、文化理解和文化交往等文化能力重视不足，一定程度上的原因在于此种能力的培养对于提升学业分数没有立竿见影的效果。总之，面对历史发展中的学前教育的诸多问题，我国广大教育工作者切忌急功近利，而要以教育发展规律及社会发展现实进程为基点，在符合客观条件的前提下，追求更高层次的教育水平与质量。因此，发展当下的学前文化教育的基本思路在于：第一，继续推进全国学前教育的整体发展；第二，转变整体社会对多元文化的认识，铸牢中华民族共同体意识；第三，引导有条件的学前教育机构开展基于文化均衡实践观的学前文化课程的实践探索。总之，学前文化课程的建设与实施要在学前教育整体发展的历史进程中扎实推进。除此之外，在学前文化课程建设层面，只有将学前文化课程的课程标准、课程目标、课程内容、课程实施、课程评价等在国家文化导向和儿童个体文化发展需求之间进行合理规划和均衡实践，便能凝聚各族人民的力量，推进中华民族文化的积极发展。

一、教育应以一个社会教育系统的形式呈现出来

20 世纪 70 年代末，美国教育技术学家贝拉·H. 巴纳赛（Bela H. Banathy）等人提出了"宏观社会教育系统"的思想。该思想将目光越过传统学校教学系统的局限，投向广阔的社会大领域，并认为有着巨大潜在学习资源的社会系统应与教育有关。[1] 传统的教育系统仅限定在学校教育的范畴，教育教学的开展一般只会依赖于学制内的教育资源。然而经过教育者有目的地加工过的教育资源难以以全面生动的面貌呈现给学生，因此，随着教育信息化的发展，整合社会多系统的信息资源为教育服务是改善教育质量和人才培养的必然选择。也只有将学校教育系统与社会其他具备教育资源的系统统一协调起来，并将教育以一个社会教育系统的形式呈现出来，才能最大化地整合全社会的教育资源，从而

---

① 张舒予. 论巴纳赛的"宏观社会教育系统"[J]. 比较教育研究，1998（5）：32-34.

为学生提供多元化的学习渠道和学习素材。这也是将教育内容从社会中提炼到教育系统内，再从教育系统内还原为社会现实的过程。在这样一个循环往复的交互过程中，学生可以通过尽可能多地接触到教育资源的方式真正理解知识的内涵以及实践的意义。

从美国幼儿园的学前文化课程来说，在同一个文化课程教学主题下，教师除了运用幼儿园内部的教育资源来组织相应的教学活动之外，还会利用当地公共图书馆组织的学前文化活动与图书展览，最大限度的发挥社区等文化资源，以及寒暑期文化冬（夏）令营活动等广泛的社会教育资源来补充文化课程主题活动，从而为孩子们提供多元化的教育视野，帮助其更为深刻地理解课程主题的内涵。当教育可以以一个社会教育系统的形式为儿童提供教育资源时，其学前课程也便自然地利用起社会的一切教育因素将课程的实施以社会课程系统的形式呈现了出来，这为课程的开展提供了广阔的空间和实施思路，也激活了师幼的学习交往途径，提升了课程实施的活力与质量。基于以上思路，我国的学前文化课程在设计和实施的时候，可以将幼儿园的文化资源与社会的文化职能机构、公共文化设施与场所、具备相应文化的企业单位等文化教育资源整合起来，并以教育政策和法规的形式约束占有社会文化资源的团体和个人积极的配合学校机构的课程实施，由此形成全社会统一协调的教育大系统，既保证了教育经费的合理控制，又为孩子们提供了深入探索知识和技能的广阔领域。

二、明确厘定我国学前文化课程的课程标准及目标

美国学前文化课程所遵循的课程标准和目标是在美国标准化运动、提升基础教育质量、反贫困运动、各族裔争取民权斗争、对抗金融危机等历史事件的相互交织和博弈中不断制定和实施的。美国的国家课程标准为全美学生的学业成就发展注明了发展指标，也为提升学生的整体学业水平起到了指导和评估作用。在遵循国家课程标准的基础上，美国各州结合当地实际教育发展水平，出台了相应的州课程标准。同时在美国社会层面上，也会在实际调研和教学实践探索中，结合一线学校的教学现状和相应的教育理论提出可供选择的课程发展标准。此外，美国幼儿园为保证儿童的个性化发展以及满足儿童和家庭的文化需求，在具体课程目标上，对文化的认知发展层次也做出了明确的规定。由此形成了在统一的国家课程标准基础上，参照州和社会层面的课程指导，结合文化课程的地方化课程目标，为学前文化课程提供符合主流社会文化发展要求和

个体内部文化发展需要之间相互平衡的课程指导框架。

基于美国的课程标准和目标制定的实践经验，我国学前文化课程在实施之前也需要有条款明确的课程指导框架。我国的《基础教育课程改革纲要（试行）》（以下简称《纲要》）指出，课程标准规定了各门课程的性质、目标、内容框架，提出了教学和评价建议，是国家管理和评价课程的基础。在幼儿园教育上，该《纲要》提出要依据幼儿身心发展特点和教育规律，培养幼儿良好行为习惯，促进幼儿身心全面和谐发展。①

在教育政策文件的宏观导向下，我们首先需要明确全国儿童的学业发展方向以及未来需要达到的发展水平，由此保证我国未来的经济发展和人民由文化提升所获得的更高的文化生活质量。在其中需要进一步明确国家的文化导向，提升文化理解教育的层次，明确指出在多元文化的时代，应以"各族尊重"和"国家认同"的结合为宏观指向，并由此整合和细化多元文化的课程发展目标和内容。

其次，我国学前文化课程的设置需要在国家课程改革与发展导向的基础上，结合地方经济和文化发展水平，提出因地制宜的课程标准，并进一步考虑传统文化传承的现实需求，制定出详细的学前文化课程发展目标，构建出将国家课程标准与地方儿童的文化发展需求相结合的学前文化课程指导框架。

最后，从具体的课程标准内容来看，美国学前文化课程遵循国家课程标准、CTELDS、创造性课程标准等关于双语教育发展框架、社会与情感发展领域中关于社会文化交往和理解的指标以及认知发展和艺术领域等关于文化发展的内容，并结合本体文化的发展需求制定出了4维度5层级的综合课程目标体系，从而为美国学前文化课程的实施提供了翔实的参考指南。我国学前文化课程的制定思想应在尊重和理解他者文化的基础上，明确中华民族内部文化习得的传承特点，制定出符合中华民族儿童多元文化意识和能力发展，有效保存中华民族本体文化，以及顺应儿童成长规律的学前文化课程标准和目标体系。

三、整体规划我国学前文化课程的课程内容

美国学前文化课程在文化二分法的基础上，通过丰富多彩的活动课程为儿童呈现文化内容。我国学前文化课程在内容的选择上需要参照一定的标准和

---

① 中华人民共和国教育部. 教育部关于印发《基础教育课程改革纲要（试行）》的通知［EB/OL］. 中华人民共和国教育部网站，2001-06-08.

原则。

第一，文化目的性原则。在选择文化课程内容时，需要将国家课程标准、地方课程标准和课程具体目标相结合作为文化甄选的依据。在国家整体文化层面，需要选取能够体现中华民族优良传统和具有现代性思维的文化内容，特别是能够反映当代社会主义核心价值观念的现实文化内容和主题。在地方文化层面，需要选取儿童所生活的环境中存在的各种文化元素，帮助儿童真实的认识其所生活的文化现实环境。

第二，文化适宜性原则。在选择文化课程内容时，要尊重儿童的文化需求和实际的文化发展能力，要按照儿童的文化理解程度制定出分阶段的文化内容学习的层级，确保儿童在完成前一个文化学习等级的基础上再开展新的文化等级内容的学习。此外，还要注意选择适合儿童学习的文化内容，传统文化中往往会夹杂着不易于儿童接受的民间故事，这些内容应当小心处理，从而保护儿童的安全感和理性认识。

第三，文化生活性原则。文化是社会生活的产物，社会生活又改造着文化的内涵与外延。在学前文化课程中，文化内容的选择离不开其生活特征。文化涉及饮食文化、服饰文化、居住文化、社区文化等，通过为孩子们提供生活中丰富的文化，特别是贴近儿童生活的文化，可以帮助他们认识真实的社会文化。另外，有些文化内容过于抽象化，而要让孩子们理解就需要增加其生活性特征，将抽象的文化思维转化为现实的生活情境，让孩子们直观的感知和体会。

第四，文化兴趣化原则。对于孩子们来说，文化是看不见摸不着的东西，更难以在脑海中勾画出来。具有趣味性和参与性强的文化内容往往更能吸引儿童的注意。例如，选择能够充分体现传统文化的民间游戏或者具有积极意义的民间故事来增加文化课程的趣味性，从而激发儿童的文化学习兴趣。

第五，文化价值导向原则。在文化内容的选择上要明确突出文化的价值导向，要以培养具备中华民族共同体意识、具有文化自觉和文化自省能力、以中华民族文化为主要特征的中国人作为最终的文化培养目标。

总之，我国学前文化课程内容的选择要在整体规划的基础上，融入丰富的中华民族文化内容，特别是为儿童选择积极向上的、丰富多彩的、意义深刻的、符合儿童文化需求的中华民族文化的优秀成分。

四、多元化和适宜化的构建我国学前文化课程的课程实施方式

课程实施是指把课程计划付诸实践的过程，它是达到预期课程目标的基本途径。① 幼儿园课程是实现幼儿园教育目的的手段，是帮助幼儿获得有益的学习经验，促进身心全面和谐发展的各种活动的总和。这里所谓的"各种活动"是指有目的、有计划地引导幼儿生动活泼、主动活动的多种形式的教育过程。② 而这一教育过程的实现载体便是课程的实施方式和手段。在参照美国学前文化课程实施特点的基础上，对于我国学前文化课程实施方式的构建来说，可以从以下方面予以参照。

第一，协调现代学前教育理念与传统文化传播手段以确立课程实施的最佳方式。有学者认为课程实施过程实质上就是要缩小现有的实际做法与课程设计者所提出的实际做法之间的差距。③ 无论是课程的设计者还是实施课程的一线教师都需要明确地了解课程设计的意图和目标。我国学前文化课程承担着文化传承的使命，而责任再大也需要尊重儿童的身心发展规律，否则会事倍功半。因此，需要改革以往的由教师安排十分详细的学科课程的形式为孩子们灌输知识的状况，转而以活动课程和围绕社会文化生活开展的核心课程的方式，在现代学前教育理念的指导下，为孩子们提供多元化和适宜化的课程实施方式。此外，大多现代学前教育思想的萌发地集中于西方世界，而极具中国传统的文化内容还需要中国传统的文化传播手段予以补充实施。例如，我国阳明学在教育理念上倡导"涵养诱掖"之道，清代王筠在其《教童子法》中谈及幼教之法时一再重申善教之术与讲求诱导鼓舞方法的不可分关系。他提道："孔子善诱，孟子教亦多术。故遇笨拙执拗之弟子，必多方以诱之。既得其机之所在，即从此鼓舞之，蔑不欢欣，而惟命是从矣。"这中间除了诱导，还特别念及学生的智愚不一，以及好的教育与欢欣快乐的学习经验的关系。④ 从"涵养诱掖"和愉快的学习体验等教育思想中，我们可以有所启发。文化是我们的生活方式，儿童只有在愉快的习得和深刻的理解的基础上，才能真正认同。同时文化极具敏感性，

---

① 全国十二所重点师范大学联合编写. 教育学基础［M］. 北京：教育科学出版社，2008：173.

② 冯晓霞. 幼儿园课程［M］. 北京：北京师范大学出版社，2001：14.

③ 全国十二所重点师范大学联合编写. 教育学基础［M］. 北京：教育科学出版社，2008：173.

④ 熊秉真. 中国孩子的历史：童年忆往［M］. 桂林：广西师范大学出版社，2008：149.

若教学方法失当，则儿童会抵触某种文化内容，表明该文化与其已有文化观念相冲突，若强行灌输必然引来痛苦的生活，又怎能达到人生文化立场的一致呢？因此，在现代学前教育思想的基础上，我们应当深入挖掘我国传统教育思想中的精华，由于有着相同的文化底蕴，这些传统教育思想会更易于我们儿童的接受。因此，传统认同与现代进步的结合，才能确立课程实施的最佳方式。

第二，固化的民族文化环境设置要降低仪式感和压迫感，要将民族文化适宜化的融入课程内容和实施之中。教师在环境布置上要围绕着课程主题和儿童的阶段性学习重点展开，并充分利用教室空间和视觉媒介物，为儿童创造直观的学习环境。在民族文化内容上，教师可以选取一面主题墙及几块辅助地方作为普及本族文化的区域，切忌将教室乃至整个幼儿园所有的环境都布置成某一固定的民族文化知识点且长期不更换，而是应该综合儿童文化发展所需来进行布置。避免单一固定的文化点的原因在于，一方面这会造成儿童的文化错觉，让儿童在文化意识中认为自己只是生活在某一文化的社会里，但事实是现代儿童必须在成年后面对多元文化的社会，同时还要培养熟悉主体文化社会的能力，所以只有为儿童呈现出真实的文化社会，才能帮助其在未来的生活中获得主动感和自如感。另一方面，幼儿园毕竟是育人的场所，并非单纯进行文化与信仰传播的地方，因此除了普及民族文化知识外，还需要利用环境普及丰富的普通话和汉语言文字、科学数学、社会认知、艺术体育等教学内容。为儿童提供多元化的知识，将民族文化作为知识体系中的一部分，既可以完成民族文化的传承，又可以降低由于幼儿园处处都是民族文化元素给儿童带来的历史沉重感和责任压迫感。需要注意的是，常规化的环境布置要降低民族文化元素的视觉冲击对儿童所造成的压力，并非降低民族文化的传承力度，我们要将民族文化适宜化的融入课程内容之中。例如，当开展以某民族节日文化为主题的活动课程时，动态的主题墙可以布置民族节日文化的元素，并通过环境布置将整个幼儿园渲染出民族文化的氛围，因为这样的氛围就是真实的民族文化氛围，我们就是要让孩子们沉浸在该氛围之中从而体会到该节日所蕴含的文化思想。当该主题活动结束后，环境的布置又要换成下个活动主题。这样的做法，既避免了儿童的文化传承压力，又让孩子们真切地理解了中华民族文化的丰富性和先进性。

第三，在学前文化课程中融入双语双文化教育。双语社会现象的形成受到了民族关系、文化教育、民族心理、社会地位、社会生活需要、语言政策等的影响，面对复杂的历史和社会文化，人们往往需要利用双语来解决文化差异问题。由此而来的双语教育则反过来影响着民族关系、文化教育、民族心理等以上诸多方面。无论语言与文化之间谁决定着谁，二者密不可分的关系是一个定论。因此在双语教育中融入和强化双文化的内容，有利于双语和双文化两者相互补充和支持。我们之所以强调双文化的问题，是因为美国的双语发展现状所给予我们的警示。从美国民间来看，很多少数族裔都可以用两种或更多的语言进行熟练的交流，其中的原因可能是不同语言的美国人之间的通婚很常见，也可能是移民的第一、二代会英语和来源国的语言，再有的原因便是系统的双语学校教育。无论原因如何，他们都需要在语言和文化的习得环境中获得双语。例如，在美国犹太幼儿园，双语双文化的习得主要通过学前文化课程来完成，他们充分发挥懂得希伯来语和英语的双语教师的作用，从而完成双语双文化的习得。从美国官方语言政策上看，美国政府的双语教育目的主要在于使少数族裔学生成功地过渡到主流语言即英语，以便他们尽快地融入社会和主流文化，而并非为了培养掌握两种语言和双元文化的人才。① 因此，美国双语的习得大多要依靠民间传播和地方学校机构来完成，这和美国的移民国家性质相关。我国的双语教育与美国是有差异的，一方面，我国的少数民族就生活在或者很容易找到文化的聚集地，在这样的环境下，民族语言很容易习得。另一方面，我国少数民族在中华民族多元一体格局中，在充分认知和习得中华民族文化的基础上，习得双语后对建设民族地区是有益处的，长远来说，也是我国整体文化经济水平发展的必然要求。换句话说，双语双文化教育在推动各族人民铸牢中华民族共同体意识和习得民族文化交往技能的基础上对中华民族具有多方共赢的意义，这不仅关乎文化多样化传承，也关系着各民族经济的发展和整体人民生活水平的提升。因此，我国双语教育政策的直接指向便是双语双文化人才的培养。而美国没有这样的诉求，大多数少数族裔文化并非根生于美国本土，很少存在利用少数民族双语人才建设民族地区的状况，因此美国由少数族裔自己承担主要的双语双文化教育责任。相比来说，我国的双语双文化教育环境更为优越，从国家到地方的教育目标和需求一致，这对我国多元文化传承和经济共同发展均有着天时地利人和的条件。我国的双语教育实践还证明了，实行双语双文化教学能大大提高教学质量，有利于开发少数民族儿童的智力。② 基于此，我们可以借鉴美国犹太学前双语双文化教育的实施方式，为我国各族儿童在最初

---

① 刘艳芬，周玉忠. 美国 20 世纪双语教育发展状况解析［J］. 外语学刊，2011（4）：120.

② 戴庆厦，董艳. 中国少数民族双语教育的历史沿革（下）［J］. 民族教育研究，1997（1）：55.

的学前文化课程中便融入双语双文化教育，由此培养出具有文化共同体意识和民族地区文化实践能力的双语人才。

第四，以主题活动的形式开展学前文化课程。幼儿园的主题活动有着操作灵活性，教学手段多元化，整合多教学领域功能，主题知识全面性、系统性和整体性等优势，特别是可以根据时间、社会事件、节日、儿童的发展水平、儿童的兴趣等设置主题点，并按照活动时间长短和组织复杂程度有针对性地分为短期小主题活动和长期大主题活动，还可以整合幼儿园、家庭、社区、社会机构和组织等教育资源，为儿童提供真实而丰富的课程体验，从而在儿童的适宜化培养、尊重儿童身心发展规律、促进儿童思考和动手能力发展等方面发挥积极的作用。此外，由于主题活动贴近生活，便更能激发儿童的兴趣和注意力。而儿童的生活就是由不同的文化元素组合而成的，因此利用文化主题活动的形式可以更好地为文化课程的实施服务。美国学前文化课程在实施过程中便充分地开发了文化主题活动的功能，围绕着一个文化主题或某一社会事件展开，综合运用语言、社会情感、认知、科学等教学领域，整合学校、家庭和社会教育资源，帮助儿童在实际参与、情景体验、协同合作、交流反思中认知和内化文化主题知识点，在一次文化主题活动之后，儿童往往会在课后长时间与伙伴或家长讨论文化内容，并对下次文化主题存有期待感。与主题活动相比，传统的单一讲授方式难以让年龄偏低的儿童理解教师想要表达的文化内容，同时由于文化是个相对抽象的概念，除了言语难以表达透彻之外，单一形式的呈现也很难让孩子们理解。因此，对于文化知识的传播就需要发挥各领域、多手段、生动形象地将同一文化点以不同的方式表现给儿童，当儿童发现所有感性认知之间存在某种特定的文化表达与联系时，便可以顺利地完成文化的内化过程。因此，以文化主题活动的形式为主，配合其他传统教学方法，适合我国学前文化课程的实施。

总之，学前文化课程可以利用的实施方式根据不同的现实需求和条件会有多种选择，然而无论具体教学手段如何，都需要格外注意文化传播与其他科学知识的教授之间是有差异性的，只有文化适宜化地运用多元化实施手段将不同文化主题以不同的外显表象呈现给儿童并加以引导时，才能达到更好的学前文化课程的实施效果。

五、合理创设我国学前文化课程的课程评价体系

无论是目标评价模式、CIPP 评价模式、自然主义评价模式、外观评价模式、差距评价模式，还是其他整合和改良后的课程评价模式。在具体的课程评价实施过程中，概括起来都会涉及直线式评价或循环式评价的思路定位，如何更为客观的收集评价信息和数据，如何在主观判断中获得更接近儿童发展水平的客观结论，如何协调课程目标出发点、实施过程与实施结果的关系，儿童能力发展的实然与应然之间的距离等问题。当然，在面对诸多有可能影响对儿童的评价结论、对儿童的培养建议和课程改革等的客观有效性的因素时，一个完美的评价模式是难以存在的，或者即使存在也会让学前教师难以把握。因此，针对不同的课程目标和内容，在课程实施过程中选取相对合理的评价手段是较为可行的。

美国学前文化课程的课程评价主要关注儿童文化发展的过程性评价与终结性评价的相结合。在过程性评价资料收集的过程中，教师会根据与儿童的交流，对教学的案例分析，让儿童写画日志本，观察儿童的日常行为，征询和收集其他教师、外来志愿者、社区工作人员等的观察所见和建议，并发挥家园合作的作用，从而尽可能地了解到孩子对某一文化知识的认识和理解程度，形成过程性的阶梯式小评语。在终结性评价时，教师会依据过程性评价材料和结论，比对课程标准和目标，在详尽的评价指标体系中，获得对儿童的整体文化发展进度的认识，并基于此，为儿童提出未来的发展建议，同时对课程实施、家园合作、多种教育资源的整合方式等提出参考性建议，进而在高一层次的文化评价循环中开展新的课程评价。

基于对美国学前文化课程评价的认识，我国需要根据不同地区的不同幼儿园的文化现实状况采取合理的评价手段。例如，我国蒙古族幼儿园会通过民间游戏的方式帮助儿童学习传统文化。因此，在幼儿园游戏课程中常运用摔跤等游戏来培养儿童的素质。摔跤游戏既能强身健体，又能锻炼儿童的手脚协调，还能发展儿童的智能。教师在摔跤游戏中对儿童做出评价时就需要选取对应的发展领域来做出合理的评价。教师要确定儿童的身体发展，并在此基础上，将评价的重点放在儿童是否通过身体运动感悟到勇敢和团结的意义等社会情感领域的内容。教师需要通过广泛收集材料，从儿童的表达、对他人的态度、写画中的表现、他人的评价等形成多方验证，从而确定儿童在摔跤中获得的不是争强好胜和欺软怕硬的认识，而是通过摔跤理解强身健体和与人互动且相互团结的快乐。当然，在某些评价细节上要视情况而定评价手段。比如，摔跤中的服饰文化，提到摔跤，孩子们就自然意识到要穿什么，穿着的细节和礼仪特点等都能清晰地说出来，就表明儿童理解了摔跤服饰文化的内容，在此基础上就可以做出一个相对准确的过程性评价，而不必动用过多的教育资源来验证一个本已相对明确的评价结论了。总之，学前文化课程的评价目的在于掌握儿童的文化发展程度，并为未来更加高效和适宜的文化课程实施提供参考建议，因此，有针对性的、合理的、适宜的评价手段就是学前文化课程所要运用的评价方式。

在以上这些微观的课程评价手段的基础上，我国还需要进一步制定出相对稳定和操作性较强的学前文化课程评价体系，用以指导评价的具体实践工作。由于学前文化课程有着较强的地区差别，在构建评价体系时，需要注意以下原则并构建出相应的评价指标。

第一，文化统筹性原则。我国学前教育在中华文化多元一体格局中，既传播传统文化和现代文明，又重视多元文化的教育。① 因此，学前文化课程评价体系的建构就需要在统筹中华文化的基础上，选取符合多元文化相结合并进行文化分类的理论，类似于美国幼儿园根据文化的二分法为儿童选择合适的文化内容一样。在文化分类的基础上，分解出文化评价的一级指标，诸如语言文化、服饰文化、饮食文化、节日文化、心理文化等，完成对儿童文化意识和行为发展进行初步对照分类的评价。

第二，文化分领域原则。在中华民族内部各民族分支文化相结合并形成分类的基础上，根据分类文化的特点，进行分领域甄别，将不同的文化侧重点分化至健康、语言、社会、科学、艺术等五大教学领域之中，从而形成文化评价的二级指标，由此可以进一步确定儿童文化行为的分领域发展情况。

第三，文化的直观化与抽象化原则。根据所要传承的某一文化知识点从直观性到抽象性的难易程度，分出若干理解层级，形成文化评价的三级指标，从而确定儿童在某一文化发展领域中的理解程度的认识水平。

在以上三项原则的基础上所形成的指标评价体系，在对儿童进行比对评价和终结性评价时具有稳定性和易操作性的特点。但是做出指标认定之前，教师需要通过合理的多样化的质性评价手段进行评价资料和数据的收集，并不断得出过程性评价结论，从而实现评价目标、过程与结果的相互对应与验证，并最终形成符合我国儿童文化习得规律及文化传承特点的学前文化课程的课程评价实践体系。

---

① 张布和. 建设和谐文化视角的少数民族教育质量评价研究 [D]. 北京：中央民族大学，2007.

本章小结　我国学前文化课程
在实践探索中追寻文化共同繁荣的希望

基于我国人均国民收入和教育资源的限制，部分家长对幼儿园的要求还处于基本的保育水平和"看护型"需求，对课程质量及儿童文化习得并没有过多的要求。有研究指出，家长对幼儿园教育涉及的各方面内容重视程度由高到低依次为师资、保育及服务性项目、设施玩具、环境、教育管理、课程与教学、外在形象、家园合作及游戏活动、民族教育等相关内容。① 可以看出，幼儿园的传统文化课程地位并不高，甚至都不会专门去组织和实施相应的文化课程。与此相对，城市中的民族幼儿园在设计民族文化课程时也存在问题。笔者在搜集民族幼儿园资料时发现，经济发展水平较好的城市为了解决少数民族儿童的入园问题，往往会设立民族幼儿园。然而部分民族幼儿园为了表现其在切实地传承少数民族文化，常常在环境布置等外显特征中过于强调民族元素，却在课程组织上方法单一、缺乏文化特色和文化内涵，这种将民族文化课程没有很好的予以创设和实施的情况，仅仅是应付家长的文化要求或社会的文化舆论，反而会让非民族地区的少数民族儿童产生文化认识上的错乱和无助感。总之，我国学前文化课程的创设和实施还处在起步阶段，有的地区甚至还处在将要起步的阶段。但随着我国经济、文化、国家政策的发展和推进，全国教育资源均衡化和公平化的不断落实，在各族人民对高质量学前教育的要求和学校机构提供优质的学前课程之间必然会形成顺利对接。当全国人民从对幼儿园的保育要求发展为促进儿童的多领域成长、为儿童未来幸福生活打下知识和能力基础、培养传承中华民族文化意识和能力、成长成为有所成就的社会主义的建设者和接班人的时候，学前文化课程也将随着我国教育在实践探索的历史进程中，为我国文化共同繁荣带来现实的文化希望。

---

① 黄怡冰. 少数民族地区家长对幼儿园教育的需求研究——以广西壮族自治区 Y 市为例 ［D］. 西安：陕西师范大学，2011.

第六章

学前文化课程中基于文化主体间性的文化均衡实践观的构建

从文化的角度出发，由主客二元论走向主体间的交往实践，要求文化主体之间开展"真诚"和"忘我"的对话，有效对话的发起又要求文化主体之间的理解与互识，文化主体之间的认知进一步要求文化能力与文化技术的培养，而文化能力与文化技术的习得需要具备恰当的文化观念与文化意识的导向。在全面描述和解构美国学前文化课程中的文化均衡实践措施的前提下，解释我国学前教育领域中在文化主体间性基础上的文化均衡实践观的构建，可以为公共性社会的建设提供文化观念的支持与引导。学前课程中文化理念反思的内在推演路径如图 6-1 所示。

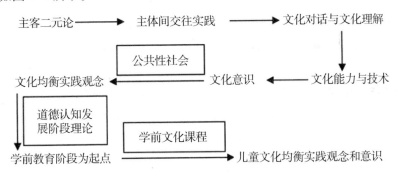

图 6-1　以文化为主线揭示出培养儿童文化均衡实践观念的内在逻辑层次示意图

第一节　全球化背景下文化主体之间的关系问题概述

当谈到文化主体的关系时，我们先要界定文化主体的具体旨意。而当涉及对主体的具体规定和主客体具体关系时，便需要引入主体形态的概念。主体形态是指主体的具体存在形式或状态，也是对具体主体进行分类的概念。对于处于同一历史形态的主体来说，现实主体的具体社会存在形态叫作主体的社会形态，该形态可以分为个体、集体、社会总体和人类总体几种形态。① 从社会文化关系角度出发，文化主体可分为这样四种形态：

第一，个体形态的文化主体。文化是在人的个体之间以及人与物之间的相互作用过程中形成的，个体文化特征的相互作用可以形成更具识别特征的整体文化，而现实中的文化实践又要通过具有该文化特征的个体的人来完成，文化个体的活跃程度直接影响着该文化的存在状态。法国存在主义哲学家萨特（Sartre）指出，借助于"写作"这种文化的产物，人把自己投射到其中，又在其中认出自己，只有这面好挑剔的镜子向他反映出他的尊荣。② 萨特作为个体文化主体在文化实践中呈现出其主体性特征，因此在文化活动中，现实的主体就是处于文化活动中的人本身。在文化传承过程中，个体形态的文化主体是文化思想与文化实践的直接承担者。

第二，集团形态的文化主体。个体在一定的规则下形成具有不同特征和不同层次的群体，该群体也可称为某种共同体。匈牙利马克思主义思想家阿格妮丝·赫勒（Agnes Heller）认为"共同体"是可以在其中获得相对同质的价值体系，以及个人必须从属于结构化的和有组织的团体或单位。③ 在一个结构化和有组织的团体或单位内部的个体是有着相同或相似的价值取向和共同的实践目标与利益追求的。例如，学校里的一个班级，在同一个班级文化中，学生个体在相似的成长目标和任务的维系下，追求班集体的共同发展。良好的班集体为学生的发展提供了支持，学生的积极发展又推动了良好班集体的建立。例如，人们生活的社区，积极的社区文化会带给个体健康的生活条件和环境，个体为获得适宜的生活环境有所付出，从而形成个体与群体紧密联系的社区文化共同体。集团形态的文化主体是个体社会化和个人化的直接承担者。④ 该主体形态将文化个体与文化个体、文化个体与其生活的文化环境相互联系起来，完成了分散的文化个体步入文化社会化的过程。

第三，社会总体形态的文化主体。文化群体或文化共同体之间发生互动时，便会产生文化共同体的分裂或融合。文化共同体内部的文化特征便在文化的擿

---

① 高清海. 马克思主义哲学基础（下册）[M]. 北京：北京师范大学出版社，2012：118-119.

② 萨特. 词语 [M]. 潘培庆，译. 北京：生活·读书·新知三联书店，1898：182-183.

③ 阿格妮丝·赫勒. 日常生活 [M]. 衣俊卿，译. 重庆：重庆出版社，1990：38.

④ 项贤明. 泛教育论——广义教育学的初步探索 [M]. 太原：山西教育出版社，2004：30.

弃与拓展中进行代际传递。当文化共同体的文化融合力量足以容纳多个文化群体，并且群体成员的文化利益、文化思想、文化情感等走向一致性时，便会出现大型集团形式的社会文化体。该文化体以文化的整体性形态而存在，并以整体主体的身份面对客体。例如，一个特定的民族便可视为社会总体形态的文化主体，民族的内部文化对家庭、学校、社区等的运行方式和生存状态起着制约作用，反过来这些文化群体又对文化的传承和独立状态起到维持作用。此外，我们将国家、阶级、政党等以文化和意识形态的认同为基础，与整体社会结构直接相关的社会共同体①均归为社会总体形态的文化主体，这些文化主体之间以及与自然之间的关系中体现其整体主体性。

第四，类形态的文化主体。类主体形态是指世界上不同国家、地域和民族作为认识和改造自然的主体的内在统一性。② 人类的文化或文明就是在这种类主体的类本质的对象化中产生和发展起来的。阿格妮丝·赫勒认为，人类文化主要在"自在的"类本质对象化中，即在工具和物品中、在习惯体系中、在语言中积累，它们的持续性等同于社会生活的持续性，通过它们，我们可以了解一定社会整体在任何给定时期所达到的平均程度的发展。③ 人类作为一个文化共同体在对象化的文化活动中发展文化是文化实践的最高级追求。人类社会现存的多种文化样态及其丰富与发展也正是类形态下的文化主体的类主体性的外在现实，也反映着类主体性在文化领域的发展水平。

总之，直接承载着文化要素的个体文化主体在集团文化主体中实现了文化社会化，集团文化主体在与自然和其他文化主体相互作用中形成了独特的文化环境，该文化环境又为改造个体文化主体提供了直接的文化信息和文化干预。同样地，集团文化主体、社会文化主体与类文化主体均在吸收了彼此的合理文化内核的基础上相互影响、制约和发展。高层次文化主体并非低层次文化主体的简单机械相加所形成的文化共同体，高层次文化主体是低层次文化主体之间所持有的本质统一性，高层次文化主体以低层次文化主体为存在基础，也以促进低层次文化主体的发展为自身发展的前提。

---

① 项贤明．泛教育论——广义教育学的初步探索［M］．太原：山西教育出版社，2004：30.

② 高清海．马克思主义哲学基础（下册）［M］．北京：北京师范大学出版社，2012：122.

③ 郭湛．主体性哲学——人的存在及其意义［M］．北京：中国人民大学出版社，2010：95.

人们对文化主体的认识程度依附于其社会的发展进程与水平。当人类处于血缘共同体或原始人群时代，人类的生活方式、意识观念、行为习惯均带有浓郁的自然化特征，可以说，这个时代人类的文化主体意识十分模糊，本能的意识超越了主客体观念。随着生产力的发展，当人类进入农耕文明时，形成了以自然客体至上为中心的文明。[①] 人类对自然以及超自然的过度依赖，限制了人类文化实践的能动性，对文化主体的追寻依旧沉寂。当步入工业文明时，人类迅速强大的实践力量催促着人们脱离自然的束缚，走向自我中心。由笛卡尔的"我思故我在"开启的主客二元论中的主体是一种单子式存在的主体，由此衍生出的个人中心主义和人类中心论都以征服客观世界为目的。当人类文化被束缚于"物的依赖性"时，拜金主义、利己主义等使文化主体之间形成对立，文化活力的降低和文化走向的狭隘化使人们难以在客观的文化互动中真正的认识文化主体。当人类进入全球化时代，科学与信息技术迅速发展，世界经济、政治、文化等在趋向一体化的进程中呈现着多元化的特征。人类的主体能动性被无限放大。在全球化进程加快、世界经济持续发展的大背景下，只有拥有国际意识、国际交往能力和国际竞争能力的人，才会在日益激烈的国际竞争中处于优势地位。这使得人类的不同群体从以往的征服自然客体转向了以自然客体为媒介进行的主体之间的合作与博弈。过去的以人为文化主体，以自然和人的自然属性为文化客体，文化作为主客体实践中的对立统一物，呈现着自然的人化进程。这种"主体—客体"的思维与实践模式是与当时社会经济与文化发展相适应的。如今，不同的文化主体之间难以封闭地从事自然实践活动，个体的实践能力在全球化的背景下显得分外薄弱。这便要求文化主体之间寻求更加深入地了解和协作，以达成共同认识和改造自然的目的。在这一过程中，文化主客体关系的存在从以往的为了维持文化实践活动这一个目的，又衍生出在文化实践活动中去认识其他文化主体的目的。在文化主体相互认识的过程中，作为镜像面，文化主体会从其他文化主体的发展中反观自身，从而进一步完善和发展本体文化主体在文化实践中的文化主体性。这类似于德国哲学家埃德蒙德·胡塞尔（Edmund Husserl）对交互主体性的描述："作为心理物理的对象，特别是当他们与身体相结合时，他们就是'在'世界'中'的。另一方面，我同时又把他人经验为对这个世界来说的主体，他人同样能经验到这个世界，而这同一个世界也正是我本人所经验到的那个世界，同时，这个世界也同样能经验到我，就像我

---

① 任平. 交往实践与主体际 [M]. 苏州：苏州大学出版社，1999：277.

经验到它和在它之中的他人那样。"① 至此，人类对文化主体意识的认识逐渐明朗，也逐步摆脱了以自然物质为参照认识自己的自我中心主义，在以自然客体和他者的对象化活动中，人类便在新的交往实践和公共性意识中丰富着各种文化样态的内涵与发展取向。

从全球化的现实状况来看，文化的共享、知识的互通、智慧的贡献、信息的往来、技术的交流、合作的共建等是人类推动现代社会前进的核心理念。联合国共同对抗贫困、疾病、极端恐怖主义，世界经济体相互联合应对全球金融危机、各国相互支持以维持全球生态环境的健康发展等，都表明人类所面对的自然的内涵与外延在不断扩张，人类在适应和改造自然的进程中也必将呈现出新的文化意识和发展新的文化能力。从主体的社会形态的角度来看，全球化背景下的全球市场化、网络信息技术的发展等将个体形态的文化主体的活动广度与深度无限扩大，文化个体要从多元化文化意识、文化理解、文化交流能力等方面来应对现实的挑战。全球化背景下的人口流动、资本快速转移等将集团形态的文化主体的实践领域和交往对象频繁地更替，该文化主体将焦点集中于信息与环境的共享，与他者文化体的合作与融合之中。全球化背景下的资源分配、产业形式、文化立场等将社会总体形态的文化主体的发展路径转向对外谋求合作、对内完善制度。全球化背景下所产生的生态危机、经济危机、文化危机等也要求类形态的文化主体承担起人类生存和发展的共同责任，组成类群体的部分群体之间的有机协调和共同繁荣才能保证人类文明的走向充满希望。以上列举的这些大致的全球化时代的实践活动归因、表象与出路难以精确地描述出信息化时代的复杂关系体之间的交织程度，然而这些大致的活动现象都共同反映出，文化主客体思维模式已转向了主体间性的文化交往实践。

在主体间性的文化交往实践中，需要对现实生活世界中的文化体之间的文化关系进行重新的认识。例如，如果将美国文化和少数族裔文化看作两个集团形态的文化主体，二者之间在面对同一客观事物进行文化交往时，如何达到"互识"和"共识"，便取决于二者的文化立场与价值取向。我们进一步将二者的关系具体化至美国犹太幼儿园的学前教育领域，将美国犹太儿童和美国其他种族的儿童看作两个民族文化的文化主体，二者所处的文化环境以及所接受的文化教育将直接影响二者的交往关系，该种关系的确立也将直接影响美国社会

① 埃德蒙德·胡塞尔．生活世界现象学［M］．倪梁康，张廷国，译．上海：上海译文出版社，2002：152-153.

的整体文化形态，并进一步决定部分文化群体的效能之和是大于还是小于社会整体文化的效能。

　　基于此，从美国学前文化课程的构成与实施来看，一方面，由美国政府的标准化运动所推动的各层级的课程标准的细化，使得课程目标在趋同发展中培养着儿童相近的文化认识。同时，建立在主流文化基础上的课程理念与实施方式也使得处于主流环境中的美国幼儿园更为接近国家统一文化。这种文化进化论的文化取向帮助儿童步入主流文化的同时淡化了作为个体文化主体的本体特征。另一方面，由美国教育机构所设定的学前文化发展目标、为幼儿提供的文化儿童书籍、以文化情景体验等方式的课程实施等，均帮助儿童明确其个体文化身份特征。这种文化相对论的文化取向帮助儿童找寻了历史却隔阂了现代。然而，值得注意的是，美国学前文化课程并未走向上述的任何一端，而是在国家文化导向、个体文化本位、铭记历史并面向现代的思路中描画出美国整体文化的全貌。美国个体文化主体对内心系传统文化，对外适应并推动着美国社会的前进。这对处于多元文化时代的文化走向提供了人类宝贵的文化实践样例，而这一样例本质上是对文化均衡论及文化均衡实践的良好诠释。因此，在主体间性的文化交往实践中，文化体之间的文化关系可以用文化的均衡理论来予以指导和启发。

第二节　历史实践中的文化均衡论与文化均衡论的现实实践

　　社会文化在均衡融合与自我变迁中生发出崭新的样态，这是人类提升生活品质与作用自然的和谐走向。需要注意的是，文化均衡并非文化平均化，不是各种文化在社会整体文化当中所占的数量化比例完全一致，文化均衡不是量化概念，而是以维持多样性文化与社会的快速一致性发展为标准，将各种文化所发挥的作用、所产生的积极效应协调起来，从而使得社会整体乃至全人类享受美好的世界。文化就好像自然界中不同的动物一样，有的多、有的少，有的影响大、有的影响小，我们不能因为其影响小就将其消灭，也不能为了保护数量少的而将所有的动物平均化，我们不能追求将熊猫的数量与角马的数量等同，我们需要追求的是自然界的平衡，自然环境的优化，万事万物的和谐共处、积极发展。而要达到这一文化发展目的，就需要根据社会文化发展背景和时代特征，勾画出适宜于当下文化建设的文化均衡理论与方式，而事实上，人类从未停止过对文化均衡思想的追寻，从历史上看，我们大致可以发现以下一些含有文化均衡思想的理论，从这些理论思想中我们也可以获得启发当下社会所需的文化均衡理论构建的智慧之源。

第一，中庸思想中的文化均衡论思想。中庸思想在孔子之前便有所提及，如"人心惟危，道心惟微，惟精惟一，允执厥中"。① 这里的"允执厥中"，就意指"中庸"是一件事物内部存在着相互对立、相互依赖的矛盾着的两个方面对立统一的平衡性与和谐性，是事物存在、发展、变化的基本规律。② 自孔子开始，学者在不同时期对中庸思想的解释逐渐丰富。《论语》道"中庸之为德也，其至矣乎！民鲜久矣。""中庸精神"在自然与社会两个方面均注重适度与均衡，在"天人关系"中主要表现在天道与人道的合一上。人性与天性的和谐相生，对君子提出了内在修为与外在践行相互合一的高要求，成为历代君子追求至诚至仁的目标。③ 蔡元培在国家西学东渐和文化保守主义论争激烈之时，提出了学术派别的相对性、兼容并包、中庸科学观等，为国家走出了一条"调和"的中西文化之路。④ 文化学家黄文山在面对复兴中国文化和思考世界文化远景时，提出了以"中庸型文化"为核心的"会通文化"。⑤ 中庸思想不是折中主义，而是强调凡事有度，过犹不及。中庸既强调个人德行的修为，又注重"天人合一"的人与自然的和谐。中庸既是一种方法、一种德行，又是客观事物发展中的内在规律。在不同的社会背景下，对中庸的解读各有所侧重，但目的都是将可以统一起来的相互矛盾的事物进行调和，从而促进人类文化与社会文化的有效发展。也就是将类形态的文化主体之中的各次级文化主体通过文化的调和达到和谐相处、共同发展的目的。这里的调和便也是文化的均衡化处理。

第二，协和社会论中的文化均衡论思想。美国人类学家露丝·本尼迪克特（Ruth Benedict）提出了协和社会论理论，认为社会应当是为了共同利益而相互合作、协调行动的社会。⑥ 这与美国社会学家塔尔科特·帕森斯（Talcott Parsons）的社会均衡论思想的内涵较为相似。社会均衡论认为社会的常态是处

---

① ［清］阮元. 十三经注疏［M］. 北京：中华书局，1980：136.
② 雷庆翼. "中""中庸""中和"平议［J］. 孔子研究，2000（3）：11.
③ 王岳川. "中庸"的超越性思想与普世性价值［J］. 社会科学战线，2009（5）：134.
④ 汤广全. 论蔡元培的中庸观［J］. 云南师范大学学报（哲学社会科学版），2007（2）：7-11.
⑤ 黄有东. 民族本位·中庸型文化：黄文山的"文化出路"观述论［J］. 现代哲学，2010（4）：124.
⑥ 邓伟志. "和谐社会"浅说［J］. 上海大学学报（社会科学版），2005（2）：8.

于平衡的状态，短暂的变迁是为了达到新的平衡。由此引申至文化领域，多元文化社会中的各类文化体的平衡状态保证了社会文化的稳定以及文化群体之间的和谐相处。倘若某一文化体在社会发展中发生偏离或失调，在没有任何调整性干预的情况下，便可能导致社会文化系统的崩溃或出现新的文化平衡结构。例如，当文化偏见在美国社会中愈演愈烈时，弱势文化群体会通过游行、罢工等方式预警社会文化的失调，如果没有文化新政予以平衡，则会导致各类弱势群体进一步的动乱，从而威胁当下社会结构的存在。如果官方予以干预，则社会文化重新走向平衡。此处的维持文化平衡的过程，便也是文化之间相互均衡的实践，其目的依然是在尊重各种文化的前提下共同促进社会的唯一性稳定平衡结构的构建，实现社会整体的稳步发展。

第三，社会共生论中的文化均衡论思想。"共生"一词最早由德国生物学家安东·德贝里（Anton de Bary）于 1879 年提出。20 世纪后叶，共生理论被用于社会科学研究领域。该理论讲求存在于共生体系之中的各社会利益主体需要在合适的"度"之内分享社会资源，从而达到社会的和谐稳定。胡守钧针对我国社会转型时期所出现的社会问题，根据社会共生论思想探讨了社会共生态体系之中的经济共生态、政治共生态和文化共生态等。其中文化共生态是指多种文化主体在合适的度之下，分享资讯，自由创造并且传播精神产品所形成的文化和谐关系。① 社会要达到文化共生态的状态，就要将本土文化与他者文化、历史文化与现代文化等根据不同的时代发展背景进行文化调和与共生培养。在打造文化共生态的过程中，还要合理协调社会共生的三大要素，即以人为社会共生关系文化主体，以文化资源为社会共生关系客体，以文化规律、习俗、道德、法律等为社会共生关系的制约与维持条件。只有以上三者合理配合，才能促进社会文化稳定与各文化体共生关系的建立。

第四，钟摆理论中的文化均衡论思想。英国人类学家埃德蒙·利奇（Edmund Leach）提出了社会政治形态的"动态平衡"观点，即所有社会在任何时期都只是维持一种不安定的平衡，处于一种不断变迁和可能改变的状态。② 这一观点可以用利奇提出的关于克钦政治制度的"钟摆模式"来解释。人类社会的"发展"就像钟摆一样，从一个极端到另一个极端之间来回摇摆，从而在较

---

① 胡守钧. 社会共生论 ［J］. 湖北社会科学，2000（3）：12.

② 张丽梅，胡鸿保. 没有历史的民族志——从马凌诺斯基出发 ［J］. 社会学研究，2012（2）：189.

长时段内维持一种动态的平衡。若要维持社会的制度化"钟摆模式",避免其在摆动中走向崩溃,或者帮助其暂时摆脱周期性摆动所带来的社会动荡,就需要通过干预减小钟摆幅度或暂歇性摆脱周期性钟摆的影响。举例来说,美国社会以高度的法制平衡了种族之间的关系,并将关注点从个体之间转化为国家与个体之间,所有人都以遵守国家法律为准则,减少歧视与偏见,从而在一定程度上化解了种族之间的冲突。同时也促使了人们的文化意识在遵守法律与保留文化之间进行权衡,而非文化之间的直接碰撞与斗争。由此可以看出,虽然社会政治制度处于动态变化之中,但通过教育、法制、文化交往等手段是可以帮助社会在较小的振幅中向前发展的。利奇的钟摆理论加入了结构的冲突,但其理论导向依旧是"平衡"。因此,基于钟摆理论所描述的社会发展模型,我们可以利用社会某种要素的杠杆作用,帮助影响社会摆动的动因之间形成均衡发展,从而维持相对安定与和谐的社会形态。

第五,博弈论中的文化均衡论思想。博弈论是研究行为主体之间相互作用时的策略选择理论。① 根据博弈各方是否能达成有约束力的协议而分成合作博弈论与非合作博弈论(即纳什均衡)。前者强调团体合作和公平公正,对于不同文化的民族来说,如果选择文化合作,则有可能实现各文化博弈方的文化发展,也有可能一方文化得到发展其他方文化保持不变,然而无论哪种结果,各方合作都能实现整体社会文化的发展。但是,文化的保存与发展关乎一个民族的身份认同和文化主体地位,因此各民族会更加赞同在各民族文化共同发展的前提下实现社会文化的整体发展。当该合作模式无法维持时,为了达到各自文化发展目标和利益,各民族便可能在交往合作中产生冲突。在这种情况下,各方个别化的利己自主决策也可能在非合作框架内导致更为低效的文化发展。因此需要社会建立起制度化的文化交流合作机制,保证文化之间相互尊重、平等合作,均衡各文化体的博弈策略选择,在集体理性的导向下实现个体理性的文化诉求。因此,在我国铸牢中华民族共同体意识便是维护国家文化健康发展的根本保障。

第六,张岱年的"以和为贵"中的文化均衡论思想。我国自古便有"以和为贵"的思想,中国现代哲学家张岱年认为儒家"以和为贵"的思想在历史上曾经起了促进民族团结、增强民族凝聚力、促进民族融和、加强民族文化的同化力等的积极作用。② 在现代语义下,张岱年认为"以和为贵"可以诠释为肯

---

① 张保伟. 生态文化生成与发展的博弈论思考 [J]. 理论与改革, 2008(6): 102.

② 张岱年. 中国文化的基本精神 [J]. 党的文献, 2006(1): 95.

定多样性的统一。一切事物都是对立的统一体，事物的内在矛盾双方在对立统一中推动事物发展。文化是多样性的，但同时又要统一于社会整体文化之中，各种文化在矛盾互动中推动了社会统一文化的发展。因此，应该在承认文化之间存在矛盾对立与差异的前提下，通过协调和解决矛盾从而达到多样性文化在更高层次的统一。总之，张岱年"以和为贵"的思想反对文化的机械调和，主张解决文化的内在矛盾并实现多样性文化在本质上的共同发展和协调统一。

第七，费孝通的"文化自觉性"中的文化均衡论思想。中国社会人类学家费孝通认为文化的转型与发展除了"除旧立新"之外，还可以"推陈出新"和"温故知新"，在旧文化的基础上可以结合新的文化环境发展出新文化，在这一过程中可以通过"文化自觉"使人对其本体文化有"自知之明"，自知之明是加强文化转型的自主能力，也是确保选择新文化自主地位的要求。① 从文化均衡的角度来看，文化自觉是处理旧文化在新文化时代、新文化环境中转型为新文化的思路和途径。文化自觉否定了将文化传统视为现代文化发展羁绊的观念，主张在认清传统文化特色和发展趋势的基础上均衡旧文化观念和新时代要求，避免文化之间的冲突，实现传统文化与现代文化的融合，本体文化与他者文化关系的协调。因此，文化自觉性在处理各类文化关系时，通过强调主体性意识和文化发展的自我主动性，实现了历史文化与现代文化、自我文化与他人文化的均衡与相互补充。

这些历史实践中的文化均衡论，针对人类的不同历史时期，不同学科领域，不同的文化现实等，呈现出了不同的理论表达方式和侧重点。从整体来看，文化的均衡论思想集中表达了在处理文化自身问题和文化关系问题时，要立足于实践有"度"，追求文化多样性基础上的文化统一，有意识自主地协调各文化体的平衡与共生，从而保持社会文化结构的稳定。历史上直接运用"文化均衡论"这一词语的是荷兰文化史学家赫伊津哈。他主张社会的和谐发展在于人们对物质文明和精神文明的均衡追求，要维持均衡的文化发展就需要处理好社会中的"游戏"因素。该主张意味着通过某一固定时空中的自愿活动或事业来维持社会文明的均衡追求与协调发展。赫伊津哈的文化均衡论与历史之中诸多的文化均衡论思想有着相近的文化主张。总之，虽然我们无法罗列出所有具有文化均衡论主张的理论，但其内涵的相通性已经可以帮助我们来认识文化关系的处理方式。

---

① 费孝通. 关于"文化自觉"的一些自白 [J]. 学术研究，2003 (7)：5.

　　在文化均衡论的现实实践方面，过去人们之间相互联系的频率很低，大多数情况下局限于个体形态文化主体乃至集团形态文化主体之间的互动。随着时代的进步，人类文化实践的方式和途径日益复杂化，各类文化主体的文化实践层次上也发生了彻底的转变。当人类的联系越发紧密之时，人类的差异便会越发明显。当前的文化实践活动从主要面对自然转向了主要面对同样具有文化主体性的他者，因此，通过对立和冲突的方式难以解决今日的文化关系问题，人类便需要通过文化均衡论的思想来谋求文化生存与发展。举例来说，美国犹太人在文化取向的抉择上，要处理美国主流现代文化与犹太传统文化之间的关系。美国犹太人越走近历史形态的生活，则传统文化特征越明显；而越接近于现代形态生活，则现代社会文化特征越明显。因此，美国犹太文化在过去与现代之间，寻求着适宜于自身生存的曾经的生活、现代的生活、抑或具有过去特征的现代生活。然而无论怎样，美国犹太人都需要维持主流文化与传统文化之间的张力，因为这种张力正是推动美国犹太文化再生产与延续的动力。总之，美国犹太人所走进的具有过去特征的现代生活便是文化均衡论在现实实践的产物，而这一时代的产物也必将有益于其他多元文化社会中各类文化主体的文化生存与文化发展。

第三节　学前文化课程中文化主体之间的文化均衡实践

　　与民族个体相对的是社会的整体结构，结构形态的差异也将决定处于该结构中各民族的文化状态与地位。人类学家维克多·特纳（Victor Turner）认为正常的"社会结构"是一种有阶层、地位差别的体系。他进一步提出了具有生成能力的反结构，反结构以中介性和共同体为特征。在中介过程中，共同经历仪式过渡阶段的社会元素彼此之间形成了共同体关系，这是一种平等、直接、非理性、没有社会分层、未受外界干扰、以存在为基础的关系，是一种"我与你"的关系，共同体所表现的关系是反结构的。① 通过社会的反结构体制所衍生出的具有反结构特征的社会元素，例如节庆文化课程，可以促进各文化主体之间消除隔阂和紧张，构建和谐的人际关系。进而在文化主体社会化后，对社会反结

---

① 维克多·特纳. 戏剧、场景及隐喻：人类社会的象征性行为［M］. 刘珩，石毅，译. 北京：民族出版社，2007：328-330.

构的追求将有利于促进不同阶层的平等，保障社会稳定。社会反结构通过将社会内部成员的"我（主体）与它（客体）"关系转变为"我（主体）与你（主体）"的关系，来消除"社会结构"中的不平等。而社会关系的转变，需要社会内部成员通过"理解"与"对话"等交往实践活动，建立起主体间的民主平等关系。从以上分析我们可以了解到，无论是文化个体还是社会文化整体都需要脱离封闭的自我中心，从主体间性的交往实践活动出发开展文化均衡实践，以确保文化主体之间的平等与和谐关系的建立。

从具体文化实践活动来看文化主体之间的文化均衡实践。以美国学前文化课程为例，与该课程相关的具体文化主体可以涉及国家、社会教育团体、幼儿园、教师、幼儿、家长等。每一层次的文化主体的文化立场与观念都会存在一定程度的差异，诸多矛盾体的文化复式诉求导致主体间相互作用时要注重与他者的相互关照。主体之间文化的均衡并非相互妥协和退让，而是以自我文化发展需求为立足点，借助一定的客体媒介协调文化差异，实现各类文化主体的均衡发展。这里阐述的文化均衡实践可以视为追求多方均有发展的合作博弈关系的建立。从美国学前文化课程的实施情况来看：在课程标准和目标方面，美国联邦政府和州政府根据国家整体发展情况利用教育投资导向确保教育水平发展的社会一致性，而以创造性课程为代表的社会教育团体和地方施教机构则更加侧重于儿童内在成长需求，因而更注重个体发展的适宜性和多样性，二者形成一对矛盾的统一体。在课程内容方面，美国学制内年级越高的学生学业压力越大，中学教育阶段学生所在学校的教育质量越好则其学业压力也就越大。① 为了帮助儿童在未来获得更好的学业成就，无论幼儿园的民族特征如何显著，学前主流文化课程始终是教学的重点。在课程实施方面，由于美国幼儿园大多招收多样化文化背景的儿童，在学前文化课程中，便格外强调理解、对话、交流和包容的文化态度与文化处理方式，帮助儿童在文化情境中自我感知本体文化的内涵，以及领悟不同文化背景的同伴在面对同一文化事物时彼此的关系处理方式。在课程评价方面，教师并不会强迫所有儿童对各类文化知识的掌握程度，而是鼓励儿童感受彼此文化的魅力与乐趣。

从美国学前文化课程中，我们可以进一步分析出，美国在培养下一代的文化意识与能力的倾向性上，走向了对自由价值的尊重。基于"人类在结构中生

---

① 这里的学业成就不能单纯地理解为死记硬背的知识，而是在知识习得的基础上阅读、自立、分析问题、运动等能力的发展。

存，在反结构中成长"① 的指向，美国学前教育运用以节庆文化活动为中介方式，将学前教师、不同文化背景的儿童、家长、社区人员等通过共同的经历将彼此融入共同体关系中，帮助各类不同文化主体形成平等和谐且不受外界干扰的真诚的对话关系和自然地发生主体间性视域下的交往行为。人类学中还有一种观点认为，要注意儿童对自身的经历、参与、活动以及社会文化中的关系等方面的描述。霍克和詹姆斯（Hockey and James）指出，儿童作为行动者具有自己的权利，这传递出个体在众多持续的张力中进行参与和分担的意味。② 美国学前文化课程立足保持文化多样性、关注差异、注重交流和包容的理念。这便为儿童这一学前教育领域中的主要文化主体的文化均衡实践提供了平台，一方面儿童从某种文化背景中来，并在文化体验中获得文化成长；另一方面儿童在与其他文化相关者的差异中进一步识别自己的文化特征。儿童的文化成长过程也是伴随其内在文化均衡判断与习得的过程，在这一过程中，儿童需要通过课程所传递的文化对话、交流、理解等文化处理手段来应对文化均衡实践的客观要求。从美国学前文化课程的实践中可以揭示出美国学前教育的文化选择，即在多元文化中追寻文化的均衡，在"对话"和"交往实践"中完成多层级文化主体之间"我与你"的视域融合，在文化理解与包容差异中解决文化矛盾并形成文化认识的统一。

综上所述，学前文化课程中文化主体之间的文化均衡实践就是通过主体间交往实践的实现，推动各文化主体的"我与你"关系的构建，进而追求文化个体的文化自省，以及社会形态文化主体内部的共同体关系的构建，从而维持个体文化的平等发展以及社会文化的统一稳定。

第四节　文化均衡实践观的构建

前面已对"文化均衡论"的相关思想做了初步的梳理，可以发现文化的均衡论思想集中表达了在处理文化自身问题和文化关系问题时，要立足于实践有"度"，追求文化多样性基础上的文化统一，有意识自主地协调各文化体的平衡

---

① 维克多·特纳. 戏剧、场景及隐喻：人类社会的象征性行为［M］. 刘珩，石毅，译. 北京：民族出版社，2007：361.

② 奈杰尔·拉波特，乔安娜·奥弗林. 社会文化人类学的关键概念［M］. 鲍雯妍，张亚辉，译. 北京：华夏出版社，2005：26-27.

与共生，从而保持社会文化结构的稳定。构建文化理论思想的目的在于指导人们开展有效的文化实践。有学者指出，可以把文化生产、文化交往和文化消费看作表征"文化实践"的三种基本样态。其中"文化交往"则指通过一个文化系统内部各部门之间以及不同文化系统之间的交往实践，实现彼此的沟通、解释和共识，从而为不同文化主体提供共同认可的行为规范或者合法自在的发展路向。① 文化交往的出发点在于协调不同文化系统之间的关系，其落脚点在于帮助不同文化主体之间形成文化共识并确定文化发展路径。文化交往的过程可以被视为文化均衡实践的过程，文化交往的结果可以被看作文化均衡论在指导文化实践中的终极目标。而从文化均衡论的指导，到文化均衡实践，再到文化交往目标的实现，都要求文化主体具有一定的文化均衡实践观。文化均衡实践观可以视为文化交往中不同文化主体之间所应持有的文化交往态度与观念。在文化均衡实践观的引导下，各文化主体才能展开彼此平等、理解、真诚、忘我的对话与交往互动，也只有真正摒除了信息不对称、彻底的唯我主义、阶层地位的差异、心理认知期望的落差等，才能实现文化主体之间的沟通、解释和共识，也才能实现文化交往的最终目标。基于此，文化均衡实践观的构建便成为维持文化交往的核心要素。

　　从人与自然的关系出发，"文化观念"是指以观念的或精神的形式所体现的处理人与自然的关系的一般方式。从民族个体出发，"文化观念"是由一个民族的世界观、人生观、价值观念所构成的文化深层结构，它是以往历史所积淀下来的民族心态结构。② 文化观念的正确引导和培养可以帮助人们合理地处理人与自然的关系，也可以更为深刻地理解本民族的文化立场与文化心态。根据劳伦斯·科尔伯格（Lawrence Kohlberg）的道德发展阶段论和让·皮亚杰划分的道德认知发展阶段可以发现，儿童从 3 岁左右便开始具有道德层面的认知，并认为社会规则是固定不变的，其行为背后也逐渐出现以文化为导向的主观动机。因此，需要从幼年便开始培养儿童获得积极正向的文化观念。除了家庭和社区对儿童的文化干预外，儿童文化观念的系统性形成场所在于学前教育领域。通过有规划地开展文化方面的学前课程，可以有针对性的、系统的在与儿童的文化交往中传递给儿童积极的文化观念。需要注意的是，文化观念的传递并非文化的单向灌输，而是需要师幼之间积极互动，儿童在文化经验中经过自我判断与

---

① 郝立新，路向峰. 文化实践初探［J］. 哲学研究，2012（6）：117.
② 任敏. 文化观念变革研讨会侧记［J］. 哲学动态，1992（8）：1.

内化形成固定的文化观念。例如，美国学前文化课程在培养儿童文化均衡实践观念时，通过儿童易于接受的方式，开展了对美国的忠诚教育、对黑人民权运动的介绍、对传统文化的体验、对美国社会的认识等，帮助儿童从小便开始思考和处理自身文化与诸多他者文化之间的关系。文化均衡实践观念的树立，激发了美国对文化均衡实践能力的追求。文化意识与文化能力的获得最终帮助美国内部顺利地在不同人群中开展对话与合作。因此，对多元文化进行文化均衡处理，是保证国家文化共同发展的有效途径。

根据我国多元文化一体的国情，构建文化均衡实践观符合我国文化发展的现实要求。我国各级各类创设学前课程的引导者、干预者和直接建构者在打造学前文化课程时，应该选择中华民族的优秀文化内容，旨在培养文化均衡实践观，进而培养各民族之间文化交流与合作的能力。由此而来，我国各民族便可以在文化共同发展中体现自我文化价值，在与他者的合作中拓展多元文化的积极影响。多元文化的共同繁荣、频繁互动、相互影响，便可以激活中华民族文化的内在活力。总之，全国各族人民在中华民族共同体意识的指引下，充分发挥文化自觉和文化自省，从文化均衡实践观念出发，合理处理多元文化的关系，共享并维护中华民族文化的繁荣发展。

本章小结　学前文化课程
在历史转型中推动着公共性社会的构建

在全球一体化进程中，人类的交往与互动活动日益频繁，不同国家、民族和个体之间的交流与融合充分刻画出了人类的类性化特征。由于类性是属于多质个体和多样个性构成的本质统一体，[①] 在宏观的类本位意识下，人类的个性化要求反而更为显著。此处的个性化的载体，一方面是指人的个体，另一方面是指民族和国家等人群共同体。这些类主体之下的各层级主体在历史的发展与积淀中形成了各具特色的文化特征。绚丽多彩的人类文化在交织中既丰富了人类整体文化，也为文化的个体差异和群体界限提供了相互映射的机遇。在人类文化类性化和个性化的矛盾张力中，人类整体文化也实现了多样文化和一体文化

---

① 高清海. 找回失去的"哲学自我"：哲学创新的生命本性［M］. 北京：北京师范大学出版社，2004：54.

的矛盾同一性。

进入 21 世纪，"一体化"与"多元化"格局并存的新全球化时代进一步激发了人们对公共性社会的关注和追求。公共性是指人们之间公共生活的本质属性，它表现为公开环境中、在具有差异性视点的评判下形成一种共同认识，进而巩固一种维系人们之间共同存在的意识的过程。① 社会公共性的价值取向在于合作、共生、共赢的和谐发展理念。在建设和谐的公共性社会的进程中，公众需要增强公共参与意识、公共服务精神，并成为具有公共德行和公共理性的公民。建立公共性社会的基础是每一个具有主体性的个人参与，但个人并不将他人作为凝视的客体，而是将他人视为可以与之照面、交流的主体。主体间的交往、对话是通向公共性的现实道路。② 因此，在文化领域，不同的文化主体在公共性社会中需要通过交往与对话参与到公共文化生活中，要在和谐的文化环境下，在积极的文化差异协调中，形成文化发展共识，并构建出维系文化共生和共赢的文化意识与文化发展路径。

在学前教育领域，学前文化课程的一项主要任务便是培养儿童获得处理各文化主体之间关系的意识和能力。该课程的目标指向在于帮助各文化主体处理文化的多样性与统一性的问题。社会中各文化主体间的和谐沟通、商榷与对话，既可以拓展本体文化的影响，也符合建设公共性社会的客观要求。可以说，以培养儿童文化均衡实践观念为基础的学前文化课程的旨趣便在于实现文化主体之间的公共性特征，进而在公共价值之中充分实现个人价值的追求。随着我国民众的公民意识的加强，对公共事务的参与度、对自我生存的公共环境与公共利益的关注度、对社会公平正义的透明度等提出了更高的要求。而这些要求实质上也是对建设公共性社会的诉求。由学前文化课程所推动的各民族之间的文化理解与文化交往，为我国各族人民在文化生活中所遇到的各文化主体之间的公共文化问题提供了有效的共同解决方式。因此，在我国社会的历史转型时期，学前文化课程的构建与实施在客观上推动了我国公共性社会的建设，而公共性社会的建设过程也便是实现各层级文化主体的内在文化价值的历史进程。

---

① 袁祖社 ."公共性"的价值信念及其文化理想［J］.中国人民大学学报 .2007（1）：81.

② 鲁洁，冯建军，等 .教育转型：理论、机制与建构［M］.北京：教育科学出版社，2013：243.

全文总结与展望

美国学前文化课程中不同文化矛盾体之间形成了持续的文化交织与碰撞，其过程表现出文化之间的均衡化处理与实践，其结果呈现出文化均衡实践观念以及能力的建立与提升。在力求真实、深刻、综合地剖析美国学前文化课程的基础上，本研究认为我国学前文化课程可以在实践中予以借鉴和进行本土化处理，并在学前文化课程建设上实现全向度发展。在学前课程与文化的理念层面，我国学前文化课程需要在全球化的背景下，以文化均衡论思想为参照，充分认识学前课程中文化主体之间进行文化均衡实践的内涵与内容，在培养儿童文化均衡实践观念的基础上，推动我国公共性社会的构建与发展。总之，学前教育的有效实施可以提高民众的文化素质，推动经济的繁荣发展，传承优秀传统文化。学前文化课程又是学前教育中传承文化的主要途径之一，因此，该课程的适宜化构建与实施对我国学前教育的发展以及文化的共同进步具有基础性和关键性的教育意义及价值。

回顾本研究的研究历程与成果产出的全过程，笔者虽然获得了一些研究认识与结论，但由于多种主客观因素的存在与影响，使得本研究还存在需要进一步研究与反思之处。例如，在田野资料的收集与分析方面，笔者意识到在收集研究资料的过程中要着眼于收集新的和特有的材料，要了解研究场所所处的地区文化差异，要反复核实收集资料的准确性，要关注研究计划以外的有价值的研究资料等。但是英语语言及英语文化的差异多少会影响笔者对文化现象的解读，对资料准确度的把握，以及对眼前有价值的研究资料的识别和收集工作。例如，本研究的开展遵循了从抽象理论到具体实践再到抽象理论的螺旋上升的研究过程。然而笔者的理论功底及研究水平所限，使已有理论与实践调研的结合程度完成的不够，根据实践研究所提升的理论层次高度也有待进一步完善。例如，笔者已经占有了更多的研究素材和实践调研材料，然而由于文章篇幅以及行文结构所限，只能在未来的研究中予以充实。总之，问题不单单是以上所及，笔者会进一步通过多次返回调研场所、请教专家学者、提升自我研究能力等方法，以求实现本研究成果的细化与完善。此外，本研究力求呈现出真实的美国学前文化课程，在此基础上，希望读者能够通过本研究对该课程现象的描述获得仁者见仁、智者见智的文化认识与理论思考。

结束语
共享多元文化的色彩时代——寻回人类的本真

　　多样性在这个世界上最好的展示者莫过于自然，她的色彩斑斓、形态各异，她的巧夺天工、生动写意无不让人类敬之、畏之、感之、叹之！人类是自然之子，同样也传承了自然的多样性，我们有着不同的肤色、不同的语言、不同的文化、不同的思维方式。太多时候，一个民族所做的正常行为在另一个民族看来则是多么的不可思议。然而正是这种不可思议，恰恰是根源于自然之意。太多时候，我们总美慕他人所拥有的文化，我们总想体验他人的生活之美。然而殊不知自然已经赋予我们最快乐的拥有。我们理解通过文化进化论的方式可以主观地融合各种文化的优势，让人类生活得更加美好，然而客观上却导致诸多文化的消逝。我们也赞许通过文化相对论的方式主观地留存每一样文化，让人类的生活继续丰富多彩，然而客观上却导致诸多文化与他者的格格不入。于是，我们要发问，如何才能共发展？如何才能去分歧？如何才能将文化的美好与生活的幸福紧密相连？其实，答案就在人类最初来自的地方，那里是自然之意的暗示，那里是人类遗忘太久的初衷。当关注和铭记人类本真的人变得越来越少的时候，好在我们还有方法将其寻回。理解、对话、同源、和谐、生态、共享等等，其实都表达着同样的追求，都指向在文化均衡思想的指引下，文化众类主体以文化均衡实践观念为文化思考视角和文化实践立场，去实现文化的和谐发展，然而这是只有儿童才能接受和践行的梦想。因此，只要我们将多样性文化和谐统一发展的种子播撒在儿童的内心，让其生根发芽，擦去覆盖人类本真的尘埃，未来世界的文化和谐，社会文化的多元与共进，世界之美在色彩时代的熠熠生辉终将与自然之美相得益彰！

参考文献

一、中文文献

1. 著作类

［1］爱德华·泰勒.原始文化：神话、哲学、宗教、语言、艺术和习俗发展之研究［M］.连树声，译.上海：上海文艺出版社，1992.

［2］埃德蒙德·胡塞尔.生活世界现象学［M］.倪梁康，张廷国，译.上海：上海译文出版社，2002.

［3］艾尔·巴比.社会研究方法（第11版）［M］.邱泽奇，译.北京：华夏出版社，2009.

［4］艾伦·巴纳德.人类学历史与理论［M］.王建民，刘源，许丹，译.北京：华夏出版社，2006.

［5］阿尔君·阿帕杜莱.消散的现代性：全球化的文化维度［M］.刘冉，译.上海：上海三联书店，2012.

［6］阿格妮丝·赫勒.日常生活［M］.衣俊卿，译.重庆：重庆出版社，1990.

［7］萨特.词语［M］.潘培庆，译.北京：生活·读书·新知三联书店，1898.

［8］本尼迪克特·安德森.想象的共同体：民族主义的起源与散布［M］.吴叡人，译.上海：上海人民出版社，2011.

［9］陈桂生.教育学的建构［M］.上海：华东师范大学出版社，2008.

［10］曹能秀.学前比较教育［M］.上海：华东师范大学出版社，2009.

［11］陈时见，何茜.幼儿园课程的国际比较［M］.重庆：西南师范大学出版社，2011.

[12] 陈向明. 质的研究方法与社会科学研究 [M]. 北京：教育科学出版社，2012.

[13] 黛安·翠斯特·道治，劳拉·柯克，凯特·海洛曼. 幼儿园创造性课程（上）[M]. 吕素美，译. 南京：南京师范大学出版社，2006.

[14] 大卫·杰弗里·史密斯. 全球化与后现代教育学 [M]. 郭洋生，译. 北京：教育科学出版社，2000.

[15] 董小川. 美国文化概论 [M]. 北京：人民出版社，2006.

[16] 迪尔凯姆. 社会学方法的准则 [M]. 狄玉明，译. 北京：商务印书馆，1995.

[17] 冯建军. 当代主体教育论：走向类主体的教育 [M]. 南京：江苏教育出版社，2004.

[18] 弗朗兹·博厄斯. 人类学与现代生活 [M]. 刘莎，谭晓勤，张卓宏，译. 北京：华夏出版社，1999.

[19] 风笑天. 社会学研究方法（第3版）[M]. 北京：中国人民大学出版社，2009.

[20] 傅有德，等. 犹太哲学史（上、下卷）[M]. 北京：中国人民大学出版社，2008.

[21] 冯增俊，陈时见，项贤明. 当代比较教育学 [M]. 北京：人民教育出版社，2008.

[22] 高清海. 马克思主义哲学基础（上、下册）[M]. 北京：北京师范大学出版社，2012.

[23] 高清海. 找回失去的"哲学自我"：哲学创新的生命本性 [M]. 北京：北京师范大学出版社，2004.

[24] 郭献进，蓝七妹，李丽芬. 民族教育理论与政策述论 [M]. 长沙：湖南师范大学出版社，2011.

[25] 郭湛. 主体性哲学——人的存在及其意义 [M]. 北京：中国人民大学出版社，2010.

[26] 赫伯特·鲁宾，艾琳·鲁宾. 质性访谈方法：聆听与提问的艺术 [M]. 卢晖临，连佳佳，李丁，译. 重庆：重庆大学出版社，2010.

[27] 霍力岩，等. 美、英、日、印四国学前教育体制的比较研究 [M]. 北京：北京师范大学出版社，2013.

[28] 黄平，罗红光，许宝强. 当代西方社会学·人类学新词典 [M]. 长

春：吉林人民出版社，2003.

［29］黄淑娉，龚佩华. 文化人类学理论方法研究［M］. 广州：广东高等教育出版社，1996.

［30］贾珀尔·鲁普纳林，詹姆斯·约翰逊. 学前教育课程（第3版）［M］. 黄谨，裴小倩，柳倩，等译. 上海：华东师范大学出版社，2011.

［31］卡罗尔·格斯特维奇. 发展适宜性实践——早期教育课程与发展［M］. 霍力岩，等译. 北京：教育科学出版社，2011.

［32］卡洛琳·爱德华兹，莱拉·甘第尼，乔治·福尔曼. 儿童的一百种语言［M］. 罗雅芬，连英式，金乃琪，译. 南京：南京师范大学出版社，2006.

［33］肯特·科普曼，李·歌德哈特. 理解人类差异——美国的多元文化教育［M］. 滕星，朱姝，等译. 北京：中央民族大学出版社，2011.

［34］卡·雅斯贝尔斯，等. 哲学与信仰：雅斯贝尔斯哲学研究［M］. 鲁路，译. 北京：人民出版社，2010.

［35］路易·迪蒙. 论个体主义：对现代意识形态的人类学观点［M］. 谷方，译. 上海：上海人民出版社，2003.

［36］鲁洁，冯建军，王建华，等. 教育转型：理论、机制与建构［M］. 北京：教育科学出版社，2013.

［37］莱斯利·怀特. 文化的科学——人类与文明研究［M］. 沈原，黄克克，黄玲伊，译. 济南：山东人民出版社，1988.

［38］李生兰. 儿童的乐园：走进21世纪的美国学前教育［M］. 南京：南京师范大学出版社，2011.

［39］李召存. 追寻课程政策背后的教育意义——基于学前课程纲要的国际比较研究［M］. 上海：华东师范大学出版社，2012.

［40］林耀华. 民族学通论［M］. 北京：中央民族大学出版社，1997.

［41］陆有铨. 躁动的百年：20世纪的教育历程［M］. 北京：北京大学出版社，2012.

［42］刘晓东，卢乐珍，等. 学前教育学［M］. 南京：江苏教育出版社，2009.

［43］刘焱. 儿童游戏通论［M］. 北京：北京师范大学出版社，2004.

［44］马林诺夫斯基. 文化论［M］. 费孝通，译. 北京：中国民间文艺出版社，1987.

［45］马戎编. 西方民族社会学的理论与方法［M］. 天津：天津人民出版

社，1997.

[46] 玛利亚·蒙台梭利. 儿童的自发成长 [M]. 刘建芳，译. 天津：天津社会科学院出版社，2010.

[47] 奈杰尔·拉波特，乔安娜·奥弗林. 社会文化人类学的关键概念 [M]. 鲍雯妍，张亚辉，译. 北京：华夏出版社，2005.

[48] 潘光，陈超南，余建华. 犹太文明 [M]. 福州：福建教育出版社，2008.

[49] 庞丽娟. 文化传承与幼儿教育 [M]. 杭州：浙江教育出版社，2005.

[50] 全国十二所重点师范大学联合编写. 教育学基础 [M]. 北京：教育科学出版社，2008.

[51] 乔治·S. 莫里森. 学前教育：从蒙台梭利到瑞吉欧（第11版）[M]. 祝莉丽，周佳，高波，译. 北京：中国人民大学出版社，2014.

[52] 乔治·S. 莫里森. 当今美国儿童早期教育（第8版）[M]. 王全志，孟祥芝，李顺赋，等译. 北京：北京大学出版社，2004.

[53] 任平. 交往实践与主体际 [M]. 苏州：苏州大学出版社，1999.

[54] 史大胜. 美国儿童早期阅读教学研究——以康州大哈特福德地区为个案 [M]. 北京：北京师范大学出版社，2011.

[55] 石筠弢. 学前教育课程论 [M]. 北京：北京师范大学出版社，2014.

[56] 孙杰远，徐莉. 人类学视野下的教育自觉 [M]. 桂林：广西师范大学出版社，2007.

[57] 塞缪尔·亨廷顿. 文明的冲突与世界秩序的重建 [M]. 周琪，刘绯，张立平，等译. 北京：新华出版社，2009.

[58] 宋蜀华，白振声. 民族学理论与方法 [M]. 北京：中央民族大学出版社，1998.

[59] 宋占美. 美国学前教育课程标准的实践与思考 [M]. 上海：华东师范大学出版社，2014.

[60] [清] 阮元. 十三经注疏 [M]. 北京：中华书局，1980.

[61] 斯泰西·戈芬，凯瑟琳·威尔逊. 课程模式与早期教育 [M]. 李敏谊，译. 北京：教育科学出版社，2008.

[62] 唐淑，孔起英. 国外幼儿园课程 [M]. 南京：南京师范大学出版社，2009.

[63] 维克多·特纳. 戏剧、场景及隐喻：人类社会的象征性行为 [M].

刘珩，石毅，译．北京：民族出版社，2007.

[64] 威廉·亚当斯．人类学的哲学之根［M］．黄剑波，李文建，译．桂林：广西师范大学出版社，2006.

[65] 汪民安．文化研究关键词［M］．南京：江苏人民出版社，2007.

[66] 王世忠．少数民族教育发展研究［M］．北京：人民出版社，2013.

[67] 熊秉真．中国孩子的历史：童年忆往［M］．桂林：广西师范大学出版社，2008.

[68] 夏建中．文化人类学理论学派——文化研究的历史［M］．北京：中国人民大学出版社，1997.

[69] 项贤明．泛教育论——广义教育学的初步探索［M］．太原：山西教育出版社，2004.

[70] 袁爱玲．当代学前课程发展［M］．广州：广东高等教育出版社，2007.

[71] 游斌．希伯来圣经导论［M］．上海：上海三联书店，2015.

[72] 耶尔·塔米尔．自由主义的民族主义［M］．陶东风，译．上海：上海译文出版社，2005.

[73] 约翰·赫伊津哈．游戏的人［M］．舒炜，吕滇雯，俞国强，等译．杭州：中国美术学院出版社，1996.

[74] 约瑟夫·托宾，薛烨，唐泽真弓．重访三种文化中的幼儿园［M］．朱家雄，薛烨，译．上海：华东师范大学出版社，2014.

[75] 虞永平，等．学前课程的多视角透视［M］．南京：江苏教育出版社，2006.

[76] 周采，杨汉麟．外国学前教育史［M］．北京：北京师范大学出版社，2012.

[77] 周兢．国际学前教育政策比较研究［M］．上海：华东师范大学出版社，2012.

[78] 中国社会科学院语言研究所词典编辑室．现代汉语词典（第5版）［M］．北京：商务印书馆，2005.

[79] 朱家雄．国际视野下的学前教育［M］．上海：华东师范大学出版社，2007.

[80] 朱家雄，黄瑾，李召存，等．幼儿园课程的理论与实践［M］．上海：华东师范大学出版社，2012.

[81] 庄孔韶. 人类学通论 [M]. 太原：山西教育出版社, 2009.

[82] 庄锡昌, 孙志民. 文化人类学的理论构架 [M]. 杭州：浙江人民出版社, 1988.

[83] 张广智, 张广勇. 史学：文化中的文化 [M]. 上海：上海社会科学院出版社, 2003.

[84] 张倩红, 艾仁贵. 犹太文化 [M]. 北京：人民出版社, 2013.

[85] 张庆熊. 自我、主体际性与文化交流 [M]. 上海：上海人民出版社, 1999.

[86] 张天宝. 走向交往实践的主体性教育 [M]. 北京：教育科学出版社, 2005.

[87] 赵荣, 王恩涌, 张小林, 等. 人文地理学 [M]. 北京：高等教育出版社, 2000.

[88] 赵中建. 教育的使命：面向二十一世纪的教育宣言和行动纲领 [M]. 北京：教育科学出版社, 1996.

2. 期刊论文类

[1] 楚琳, 任志楠, 史大胜. 论民族教育研究方法的比较教育学视角 [J]. 民族教育研究, 2014 (6).

[2] 楚琳, 王栩. 美国联邦政府促进特殊需要儿童社会适应行为发展的教育对策研究 [J]. 内蒙古师范大学学报（教育科学版）, 2014 (6).

[3] 程良宏. 教学的文化实践性研究：走向新的教学理解 [J]. 全球教育展望, 2015 (5).

[4] 陈世联, 刘云艳. 西南六个少数民族儿童民族文化认同的比较研究 [J]. 学前教育研究, 2006 (11).

[5] 邓伟志. "和谐社会"浅说 [J]. 上海大学学报（社会科学版）, 2005 (2).

[6] 戴庆厦, 董艳. 中国少数民族双语教育的历史沿革（下）[J]. 民族教育研究, 1997 (1).

[7] 费孝通. 关于"文化自觉"的一些自白 [J]. 学术研究, 2003 (7).

[8] 冯晓霞. 生成课程与预成课程 [J]. 早期教育, 2001 (4).

[9] 关凯. 现代化与少数民族的文化变迁 [J]. 中南民族学院学报（人文社会科学版）, 2002 (6).

[10] 葛俐杉. 赫伊津哈游戏论对文化创新实践的启发 [J]. 贵州社会科

学，2014（12）.

[11] 顾明远，滕珺.论全球化背景下的民族理解教育 [J].教育学报，2015（4）.

[12] 郝立新，路向峰.文化实践初探 [J].哲学研究，2012（6）.

[13] 胡守钧.社会共生论 [J].湖北社会科学，2000（3）.

[14] 黄有东.民族本位·中庸型文化：黄文山的"文化出路"观述论 [J].现代哲学，2010（4）.

[15] 尖措吉.少数民族地区学前教育整合本土文化的思考——以互助土族地区为例 [J].学前教育研究，2013（3）.

[16] 罗爱玲.美国犹太人及其对美国文化的影响 [J].世界民族，2004（2）.

[17] 刘美慧，陈丽华.多元文化课程发展模式及其应用 [J].花莲师院学报，2000（10）.

[18] 刘艳芬，周玉忠.美国20世纪双语教育发展状况解析 [J].外语学刊，2011（4）.

[19] 李辉.综合课程的组织架构 [J].学前教育研究，2003（6）.

[20] 雷庆翼."中""中庸""中和"平议 [J].孔子研究，2000（3）.

[21] 马戎.关于"民族"定义 [J].云南民族学院学报（哲学社会科学版），2000（1）.

[22] 潘光.美国犹太人的成功与犹太文化特征 [J].美国研究，1999（3）.

[23] 任敏.文化观念变革研讨会侧记 [J].哲学动态，1992（8）.

[24] 苏德.少数民族多元文化教育的内容及其课程建构 [J].中央民族大学学报（哲学社会科学版），2008（1）.

[25] 史大胜.美国儿童早期教育的理念与实践探析 [J].外国教育研究，2009（5）.

[26] 汤广全.论蔡元培的中庸观 [J].云南师范大学学报（哲学社会科学版），2007（2）.

[27] 唐立新.多元文化背景下的美国犹太民族的生存发展之道 [J].深圳大学学报（人文社会科学版），2008（4）.

[28] 滕星.族群、文化差异与学校课程多样化 [J].江苏社会科学，2003（4）.

[29] 王国超，孟立军. 回顾与展望：我国民族教育研究述评 [J]. 学术论坛，2013（9）.

[30] 王鉴. 多元文化教育：西方民族教育的实践及其启示 [J]. 民族教育研究，2003（6）.

[31] 王岳川. "中庸" 的超越性思想与普世性价值 [J]. 社会科学战线，2009（5）.

[32] 万明钢. 从 "差异" 走向 "承认" 的多元文化教育 [J]. 教育研究，2008（11）.

[33] 吴琼，陈淑梅，楚琳. 美国康涅狄格州学前数学教育课程标准的内容及启示 [J]. 外国教育研究，2012（11）.

[34] 袁晗，张莉. 作品分析法在评价幼儿语言发展中的应用 [J]. 教育导刊·下半月，2013（11）.

[35] 严庆，胡芮. "族裔" 及其类型——族类群体身份的视角 [J]. 学术界，2014（8）.

[36] 袁祖社. "公共性" 的价值信念及其文化理想 [J]. 中国人民大学学报，2007（1）.

[37] 周兵. 赫伊津哈和他的文化史研究 [J]. 复旦学报（社会科学版），1999（2）.

[38] 张保伟. 生态文化生成与发展的博弈论思考 [J]. 理论与改革，2008（6）.

[39] 张岱年. 中国文化的基本精神 [J]. 党的文献，2006（1）.

[40] 张丽梅，胡鸿保. 没有历史的民族志——从马凌诺斯基出发 [J]. 社会学研究，2012（2）.

[41] 张娜娜. 美国海斯科普课程及对我国幼儿园课程设置的启示 [J]. 教育与教学研究，2014（2）.

[42] 张舒予. 论巴纳赛的 "宏观社会教育系统" [J]. 比较教育研究，1998（5）.

[43] 朱全红. 论美国族裔群体的双重文化认同 [J]. 学海，2006（1）.

[44] 左晓静. 反偏见教育及课程初探 [J]. 教育导刊·幼儿教育，2002（10）.

[45] 赵彦俊，卢政婷. 我国发展少数民族学前教育的成就、问题与建议——基于政策的视角 [J]. 民族教育研究，2015（1）.

3. 学位论文类

［1］陈夏．大学生的集体意识教育研究［D］．济南：山东师范大学，2012.

［2］邓永芳．文化现代性引论［D］．北京：中共中央党校，2007.

［3］黄怡冰．少数民族地区家长对幼儿园教育的需求研究——以广西壮族自治区 Y 市为例［D］．西安：陕西师范大学，2011.

［4］何玉国．本原之思：身份认同与犹太文化——德里达解构论管窥［D］．天津：南开大学，2013.

［5］刘小红．中国现当代幼儿园课程价值取向的流变与反思——基于课程文本的分析［D］．重庆：西南大学，2013.

［6］申春善．文化选择与民族文化课程建构——延边州个案研究［D］．北京：中央民族大学，2012.

［7］孙贺群．嬗变与走向：美国学前课程发展变革的历史研究［D］．长春：东北师范大学，2011.

［8］王春燕．中国学前课程百年发展、变革的历史与思考［D］．南京：南京师范大学，2003.

［9］杨晓萍．学前教育回归生活课程研究［D］．重庆：西南师范大学，2002.

［10］杨阳．以色列与美国犹太人关系研究［D］．上海：上海外国语大学，2010.

［11］张布和．建设和谐文化视角的少数民族教育质量评价研究［D］．北京：中央民族大学，2007.

［12］赵海燕．学前教育民俗文化课程研究［D］．重庆：西南大学，2012.

［13］张宇．美国联邦政府干预学前教育的历史演进研究［D］．长春：东北师范大学，2010.

［14］周智慧．多元文化背景下幼儿园课程文化适宜性研究［D］．长春：东北师范大学，2013.

4. 报刊及电子文献类

［1］王湛．坚持政府主导，大力推进教育公共服务［N］．中国教育报，2015-12-12（2）.

［2］联合国大会．儿童权利公约［R/OL］．联合国网站，1990-09-02.

［3］中华人民共和国教育部．教育部关于印发《幼儿园教育指导纲要（试

行）》的通知［R/OL］.中华人民共和国教育部网站，2001-07-02.

［4］中华人民共和国教育部.教育部办公厅关于印发《全国民族教育科研规划（2014—2020年）的通知》［R/OL］.中华人民共和国教育部网站，2014-11-03.

［5］中华人民共和国教育部.国家中长期教育改革和发展规划纲要（2010—2020年）［R/OL］.中华人民共和国教育部网站，2010-07-29.

［6］中华人民共和国教育部.教育部关于印发《3—6岁儿童学习与发展指南》的通知［R/OL］.中华人民共和国教育部网站，2012-10-09.

［7］中华人民共和国教育部.教育部关于印发《完善中华优秀传统文化教育指导纲要》的通知［R/OL］.中华人民共和国教育部网站，2014-03-26.

［8］中华人民共和国教育部.教育规划纲要实施5年：我国教育发展水平跃居世界中上行列［R/OL］.中华人民共和国教育部网站，2015-12-11.

［9］中华人民共和国教育部.教育部关于印发《基础教育课程改革纲要（试行）》的通知［R/OL］.中华人民共和国教育部网站，2001-06-08.

二、英文文献

1. 专著类

［1］HERTZBERG A. The French Enlightenment and the Jews［M］. New York：Columbia University Press，1968.

［2］HAUENSTEIN A D. A Conceptual Framework for Educational Objectives：A Holistic Approach to Traditional Taxonomies［M］. Lanham，Maryland：University Press of America，1998.

［3］HOLTZ B W. Early Childhood Jewish Education. The Best Practices Project in Jewish Education［M］. 2nd ed. New York：Council for Initiatives in Jewish Education，1996.

［4］WENGER B S. Making the Bible Modern：Children's Bibles and Jewish Education in Twentieth-Century America［M］. Ithaca：Cornell University Press，2004.

［5］HADDEN B，LUCE H R. Behavior：Analyzing Jewish Comics［M］. New York：Time Inc.，1978.

［6］BULLARD J. Creating Environments for Learning：Birth to Age Eight［M］. 2nd ed. New York：Pearson Education Inc.，2010.

[7] WHORF B. Collected Papers on Metalinguistics [M] . Washington D. C. : Dept. of State, Foreign Service Institute, 1952.

[8] EDWARDS C, GANDINI L, FORMAN G. The Hundred Languages of Children: The Reggio Emilia Approach to Early Childhood Education [M] . Norwood: Ablex, 1993.

[9] CLARK K B. Prejudice and Your Child [M] . Middletown: Wesleyan University Press, 1988.

[10] COPPLE C, SUE B. Developmentally Appropriate Practice in Early Childhood Programs Serving Children from Birth through Age 8 [M] . 3rd ed. Washington D. C. : National Association for the Education of Young Children, 2010.

[11] DANIEL K. Practical Pedagogy for the Jewish Classroom: Classroom Management, Instruction, and Curriculum Development, Santa Barbara [M] . California: Greenwood, 1999.

[12] BIALE D. Cultures of the Jews: A New History [M] . New York: Schocken Books, 2002.

[13] VITAL D. The Future of the Jews [M] . Cambridge, MA: Harvard University Press, 1990.

[14] DAVE R H, ARMSTRONG R J. Developing and Writing Behavioral Objectives [M] . Tucson: Educational Innovators Press, 1975.

[15] DERMAN S L, EDWARDS J O. Anti-Bias Education for Young Children and Ourselves [M] . Washington D. C. : NAEYC, 2010.

[16] DEVINEY J, DUNCAN S, HARRISa S, etal. Inspiring Spaces for Young Children, Silver Spring [M] . Boston: Gryphon House, Inc. , 2010.

[17] HALL E T. The silent language [M] . New York: Fawcett, 1976.

[18] EHRMANN E L. Readings in Modern Jewish History: From the American Revolution to the Present [M] . New York: Ktav Publishing House, Inc. , 1977.

[19] KITOV E. The Jew and His Home [M] . 4th ed. New York: Shengold Publishers, Inc. , 1967.

[20] MCLNTYRE E, ROSEBERY A, GONZALéZ N. Classroom Diversity: Connecting Curriculum to Students' Lives [M] . London: Heinemann, 2001.

[21] HOWARD G R. We Can't Teach What We Don't Know [M] . New York: Teachers College Press, 1999.

［22］ HARROW A J. A Taxonomy of the Psychomotor Domain：A Guide for Developing Behavioral Objectives ［M］. New York：David McKay Company, 1972.

［23］ LUTSKE H. The Book of Jewish Customs ［M］. Lanham：Jason Aronson Inc. , 1986.

［24］ HERNANDEZ H. Multicultural Education：A Teachers Guide to Content and Process ［M］. New York：Merrill, 1989.

［25］ KALLEN H M, BAYOR R H, WHITFIELD S J. Culture and Democracy in the United States ［M］. Piscataway：Transaction Publishers, 1997.

［26］ CHARLESWORTH J H. Jews and Christians：Exploring the Past, Present, and Future ［M］. Philadelphia：The American Interfaith Institute, 1990.

［27］ KRASNER J B. The Benderly Boys and American Jewish Education ［M］. Waltham：Brandeis University Press, 2011.

［28］ JONES E, NIMMO J. Emergent Curriculum ［M］. Washington D. C.：NAEYC, 1994.

［29］ WURM J P, GENISHI C. Working in the Reggio Way：A Beginner's Guide for American Teachers ［M］. St. Paul：Redleaf Press, 2005.

［30］ GOULD J, KOLB W L. Dictionary of Social Sciences ［M］. New York：The Free Press, 1964.

［31］ GUTTMANN J. Philosophies of Judaism－The history of Jewish philosophy from Biblical times to Franz Rosenzweig ［M］. New York：Holt, Rinehart and Winston, Inc. , 1964.

［32］ CADWELL L B. Bringing Reggio Emilia Home：An Innovative Approach to Early Childhood Education ［M］. 1st ed. New York：Teachers College Press, 1997.

［33］ DERMAN S L, LEEKEENAN D, NIMMO J. Leading Anti－Bias Early Childhood Programs：A Guide for Change ［M］. New York：Teachers College Press, 2014.

［34］ SANUA M R. Let Us Prove Strong：The American Jewish Committee 1945－2006 ［M］. Waltham：Brandeis University Press, 2007.

［35］ HANDELMA M S. Jewish Everyday：The Complete Handbook For Early Childhood Teachers ［M］. Denver：A. R. E. Publishing, Inc. , 2000.

［36］ HANDELMAN M S, SCHEIN D L. What's Jewish about Butterflies? 36 Dynamic, Engaging Lessons for the Early Childhood Classroom ［M］. Denver：

A. R. E. Publishing, Inc., 2004.

［37］HANDELMAN M S. Jewish and Me: Holidays, Springfield ［M］. Millburn: Behrman House, Inc., 2009.

［38］WHITEMAN M. The History of the Jews of Philadelphia from Colonial Times to the Age of Jackson ［M］. Philadelphia: The Jewish Publication Society of A-merica, 1975.

［39］KLEIN M D, CHEN D. Working with children from culturally diverse back-grounds ［M］. Albany: Delmar Thomson Learning, 2001.

［40］HERSKOVITS M J. Cultural Anthropology ［M］. New York: Alfred A. Knopt, 1964.

［41］NIETO S. Affirming Diversity: The Sociopolitical Context of Multicultural Education ［M］. 5th ed. Boston: Pearson Allyn & Bacon, 2004.

［42］KNOBEL P S. Gates of the Seasons: A Guide to the Jewish Year ［M］. New York: Central Conference of American Rabbis Press, 1983.

［43］DONIN R H H. To be A Jew: A Guide to Jewish Observance in Contempo-rary Life ［M］. New York: Basic Books, 1991.

［44］SARNA J D. JPS: the Americanization of Jewish Culture 1888—1988 ［M］. Philadelphia: The Jewish Publication Society, 1989.

［45］STACEY S. Emergent Curriculum in Early Childhood Education: From theory to practice ［M］. St. Paul: Redleaf Press, 2009.

［46］YORK S. Roots and Wings: Affirming Culture in Early Childhood Programs, St. Paul ［M］. St. Paul: Redleaf Press, 1991.

［47］BREDEKAMP S. Effective Practices in Early Childhood Education: Building a Foundation ［M］. New York: Pearson, 2009.

［48］ROCK T. A Table in the Wilderness, Eugene ［M］. Oregon: Wipf and Stock Publishers, 2015.

［49］MELENDEZ W R, BECK V O. Teaching Young Children in Multicultural Classrooms: Issues, Concepts, and Strategies, Stamford ［M］. 2nd ed. Connecticut: Thomson Delmar Learning, 2007.

2. 期刊论文类

［1］ADAM G, GOLDRINGold E, ROBINSON B, et al. Background and Training of Teachers in Jewish Schools: Current Status and Levers for Change ［J］. Religious

Education, 1997, 92 (4): 534-550.

[2] CHAZAN B. Israel in American Jewish Schools Revisited [J] . Journal of Jewish Education, 1979, 47 (2): 7-17.

[3] HOLTZA B W. Towards an Intrgrated Curriculum for the Jewish School [J] . Religious Education, 1980, 75 (5): 546-557.

[4] SPODEK B, SARACHO O N. Early Childhood Curriculum Construction and Classroom Practice [J] . Early Child Development and Care, 1990, 61 (1): 1-9.

[5] BRODY D L, Gorsetman C R. It's Part of the Fabric: Creating Context for the Successful Involvement of an Outside Expert of Jewish Early Childhood Education in School Change [J] . Journal of Jewish Education, 2013, 79 (3): 199-234.

[6] DICKINSON D K, SNOW C E. Interrelationships among Prereading and Oral Language Skills in Kindergartners from Two Social Classes [J] . Early Childhood Research Quarterly, 1987, 2 (1): 1-26.

[7] JONES E. The Emergence of Emergent Curriculum [J] . Young Children, 2012, 67 (2): 67.

[8] FISCH S M, LEMISH D, SPEZIA E, et al. Shalom Sesame: Using Media to Promote Jewish Education and Identity [J] . Journal of Jewish Education, 2013, 79 (3): 297- 314.

[9] LUNENBURG F C. Curriculum Models for Preschool Education: Theories and Approaches to Learning in the Early Years [J] . Schooling, 2011, 2 (1): 1-6.

[10] GANDINI L. Fundamentals of the Reggio Approach to Early Childhood Education [J] . Young Children, 1993, 49 (1): 4-8.

[11] SPIRO J D. Existentialism and Jewish Education [J] . Journal of Jewish Education, 1969, 39 (2): 13-18.

[12] JACOBS B M. Socialization into a Civilization: The Dewey - Kaplan Synthesis in American Jewish Schooling in the Early 20th Century [J] . Religious Education, 2009, 104 (2): 149-165.

[13] MORRELL J. Teacher Preparation and Diversity: When American Pre-service Teachers Aren't White and Middle Class [J] . International Journal of Multicultural Education, 2010, 12 (1): 1-17.

[14] TOBIN J, KURBAN F. Preschool Practitioners' and Immigrant Parents' Beliefs About Academics and Play in the Early Childhood Educational Curriculum in Five

Countries [J] . Orbis Scholae, 2010, 4 (2): 75-87.

[15] BERS M U, MATAS J, LIBMAN N. Livnot U'Lehibanot, to Build and to Be Built: Making Robots in Kindergarten to Explore Jewish Identity [J] . Diaspora, Indigenous, and Minority Education, 2013, 7 (3): 164-179.

[16] FEINBERGA M, SARACHOB O N, SPODEKB B. Early Childhood Curriculum in Jewish Education [J] . Early Child Development and Care, 1990, 61 (1): 27-33.

[17] MEIR M. Constructivism and Jewish Early Childhood Education [J] . Journal of Jewish Education, 2013, 79 (3): 315-334.

[18] DANIEL P. An American-Jewish Tragedy? Kallen's Vision and Jewish Education in America [J] . Studies in Jewish Education, 2009, 13: 339.

[19] GEFFEN P A. Heschel's Spiritual Humanism: Jewish Education for the Twenty-first Century [J] . Modern Judaism: A Journal of Jewish Ideas & Experience, 2009, 29 (1): 44-57.

[20] MORSHEAD R W. Taxonomy of Educational Objectives Handbook II: Affective Domain [J] . Studies in Philosophy and Education, 1965, 4 (1): 164-170.

[21] EDMIASTON R K, Fitzgerald L M. How Reggio Emilia Encourages Inclusion [J] . Educational Leadership, 2000, 58 (1): 66-69.

[22] EITEL R S, TALBERT K D. The Road to a National Curriculum: the Legal Aspects of the Common Core Standards, Race to the Top, and Conditional Waivers [J] . The Federalist Society for Law and Public Policy Studies, 2012, 13 (1): 13-37.

[23] KRONISH R. John Dewey and Horace M. Kallen on Cultural Pluralism: Their Impact on Jewish Education [J] . Jewish Social Studies, 1982, 44 (2): 135-148.

[24] BLUMENFIELD S M. The Education of the Jewish Teacher: Some Reflections [J] . Journal of Jewish Education, 1971, 40 (4): 46-49.

[25] AVNI S. Hebrew-only Language Policy in Religious Education [J] . Language Policy, 2012, 11 (2): 169-188.

[26] SIMPSON E J. The Classification of Educational Objectives: Psychomotor Domain [J] . Illinois Journal of Home Economics, 1966, 4: 45.

[27] VAN K A, GILLAM R B, HAMILTON L, et al. The Relationship between

Middle-Class Parents' Book-Sharing Discussion and Their Preschoolers' Abstract Language Development [J] . Journal of Speech, Language, and Hearing Research, 1998, 40 (6): 1261-1271.

[28] WAXMAN C L. The Centrality of Israel in American Jewish Life: A Sociological Analysis [J] . Judaism, 1976, 25 (2): 175.

[29] SIVAN Z. Israel Is Meant for Me: Kindergarteners' Conceptions of Israe [J] . Journal of Jewish Education, 2015, 81 (1): 4-34.

后　记

　　曾经无数次想象，本书即将付梓之际，我会是怎样的心情，我会有怎样的状态。于是常常预想，究竟是"春风得意马蹄疾，一日观尽长安花"的畅快时刻，还是历尽艰辛后的心如止水。时光流转，人生期盼中的每一段将来时，都会用体验中的进行时，抑或回味中的过去时为我们揭晓答案。本书真正将要出版的时候，恍然发现，我的答案，都蕴含在了"感恩"的心境之中。说到"感恩"，是对诸多给予美好人生可能的他者的回馈。

　　首先，我满怀诚意地感谢我的导师史大胜教授。恩师始终鼓励我在大量阅读和思考的基础上做出自己的研究判断，进而开展频繁地讨论，以求对论题的深刻认知。恩师还常常带我去参观各类幼儿园和学前教育机构。因为只有走到真正的教育实践场所，才能更加透彻地理解教育理论的内涵。在我飞赴美国开展调研时，恩师还把自己的美国好友介绍给我，并帮助我能够自由地出入美国的大学、幼儿园甚至当地美国人的家庭，这使得我很快地融入到我的研究田野点中，并且顺利且高效地开展研究工作。有限的笔墨难以悉数导师与我的师生情谊，只能暂且用"感谢"二字以示感恩之情。

　　其次，我诚挚地感谢当我身处异乡之时曾经帮助过我的人。感谢 Paige·Bray 博士邀请我去美国访学，为我的实地调研工作提供了机会。Bray 博士不但为我提供了美国大学里的办公室、图书馆、个人休息室等一切待遇，让我体会到主人般的存在感，还邀请我与她的家人一起去采摘、聚餐、参加节日文化活动。这一方面让我忘记了身在异乡的孤寂感，另一方面也让我真实地感受和认知了美国文化。感谢 Miller·Regina 教授，您热情友好地带着我跑遍了美国康涅狄格州大哈特福德当地的美国幼儿园，帮助我确定了最为合适的研究对象。Regina 教授还为我这样一个英文并不流利的外国人耐心地讲解美国文化，帮助我了解文化的历史，为我解答我所疑惑的当下的美国文化现象，这让我进一步理解了美国学前文化课程的来龙去脉。感谢美国哈特福德大学的狄志红老师及家人，您的鼓励和帮助让我的美国生活更加顺利。感谢 Rhonda·Wirth 园长、Michelle·Fontaine 园长、Feldman 园长、Pavla·Baram 老师、Sharon·Bercowetz 老师等美国友人的帮助，在你们的帮助下，我得以从容地收集到大量真实的美国幼儿园课程研究素材。还要感谢与我有交集的其他华人和部分中国留学生，你们让我了解到真正的美国生活文化，让我的异乡生活丰富多彩。

再次，我真诚地感谢所有曾经培养过我的母校，母校的文化和研究专长已经渗透到我的学术根基之中，并指引着我不断求索、创新。感谢我的同门、室友、同学、球友以及身边所有的友人。我还要充满感激之情地感谢我的家人。我离家求学和工作了多久，家人便默默地付出与支持了多久，虽然我已过而立之年，但是家人却依旧嘱咐："切勿挂念家中琐事，安心向学，志在四方。"未来岁月，只盼家人幸福安康！

最后，感谢我的工作单位北京联合大学师范学院对本书的支持和出版资助，感谢学前教育系的全体同仁对本书的帮助。我还要充满敬意地感谢光明日报出版社将本书入选至《光明社科文库》，感谢所有为本书的出版默默奉献的编辑部老师们，特别感谢张金良老师和王佳琪老师的辛勤付出！

虽然本书的定稿经过了多次反复修改，也得到了国内外诸多人士的支持和帮助，但是基于教育与文化的复杂性、著作者本人对他者教育与文化的理解性、教育与文化理论的革新性与发展性等诸多原因，使得本著作必然存在一些问题，敬请阅读和使用本书的广大读者以及专家给予指正，本人必将虚心地接受读者和专家的审视和批评，并不断地修订和完善本著作的框架与内容，使其不断优化和完善。

总之，文化的传承贯穿于人类社会发展的每时每刻，文化的自信、自觉、自省映衬出个人持有文化的良好状态，文化的传承、繁荣、创新折射出国家承载文化的历史进程。希望通过学前文化课程的研究，可以为文化的传递贡献微薄之力。

著 者

北京联合大学师范学院

2022 年 07 月 25 日